KB053377

은퇴 5년 전에
꼭 해야 할 것들

상상하고 설계하고 실현하라

Five years
before Retirement

은퇴 5년 전에
꼭 해야 할 것들

전기보 지음

미래지식

차례

Five years before Retirement

2장 은퇴가 뒤흔드는 것
&은퇴가 찾아주는 것

3장 누구와 어떻게 지낼 것인가?

Five years before Retirement

6장 나만의 라이프스타일을 구축하라

에필로그

상상하고 설계하고 실현하라

Five years before Retirement

— 프롤로그 —

은퇴 5년 전부터
은퇴 후 10년까지

내가 첫 번째 직장을 그만두고 제2의 인생을 시작한 지 정확하게 12년이 지났다. 은퇴의 개념을 어떻게 보느냐에 따라 차이가 있을 수는 있지만, 첫 번째 직장에서의 퇴직을 은퇴라고 본다면 은퇴 5년 전부터 은퇴 후 12년차까지를 합하면 총 17년이라는 시간이다.

그간 내 삶에도 큰 변화가 있었고, 정말 많은 사람들을 만났다. 17년간의 내 삶의 변화와 그간 만났던 많은 이들의 삶의 궤적을 정리해 보는 것이 의미가 있을 것이라 본다. 이 작업은 은퇴 후의 인생이라는 중대한 과정을 우리가 어떻게 바라보고 준비를 해야 하는지에 대해 시사점을 줄 수 있을 것이다.

나에게 첫 번째 직장에서의 퇴직은 정확히 설명하자면 예고되거나 계획되지 않은, 즉 의도하지 않았던 급작스러운 사건이었다. 그

때 나는 아직도 정년이 6년 이상 남아 있는 50대도 되기 전의 나이였다. 60세나 55세에 정년퇴직하는 사람들에 비하면 정말 이른, 예고 없는 퇴직이라고 볼 수 있다. 그만큼 충격이 컸고, 이후 부닥칠 새로운 삶에 대한 두려움도 컸다. 실제로 은퇴 후의 삶에 적응하기란 도무지 쉽지가 않았다.

경우에 따라서는 좌충우돌하기도 했고, 크게 실패해 후회로 남는 사건들도 많이 있었다. 하지만 은퇴생활에 적응하려고 했던 지난 시절을 되돌아보니 작은 전투에서는 승패가 엇갈리기는 했지만, 은퇴라는 전쟁 전체를 놓고 보았을 때는 남부럽지 않게 승리를 거두고 있다고 생각한다.

나를 아는 많은 이들 그리고 강의나 방송, 상담을 하며 만난 많은 이들의 평도 대체로 그러하다. 나름 성공했다고 할 수 있는 금융기관 임원의 삶과 비교해도 현재 삶의 모습이 전혀 뒤처지지 않는 것 같다. 직장에 몸담고 있을 때는 상상할 수도, 실행할 수도 없었던 것들을 해 나가는 것을 보고 부럽다고 말하는 사람들도 있다.

나처럼 정년을 많이 앞두고 갑자기 퇴직하는 사람들도 많고, 정년을 맞이해 자연스럽게 퇴직하는 복 받은 사람들도 많다. 그러나 정년보다 먼저 퇴직하든, 정년을 맞아 퇴직하든 성공적인 은퇴생활을 영위한다는 게 쉽지가 않다. 직장생활에서 은퇴생활로 옮겨 가려면 바람직한 전환이 요구되는데 그것이 보통 일이 아니기 때문이다.

여러 가지 이유가 있겠지만, 우선 은퇴생활로 성공적으로 전환한 모델을 찾기가 어렵다. 모범적인 선배들이 걸어간 길을 그저 성실하게 따라 하기만 해도 어느 정도 성공이 보장됐던 직장생활과는 차원이 다르기 때문이다. 설혹 은퇴생활의 롤모델을 찾았다 할지라도 나와는 여러 가지 측면에서 상황이 맞지가 않다. 결국 내게는 어울리지 않는 롤모델이 될 가능성이 크다. 이는 입사 후 개인별 속도의 차이는 있겠지만 크게 다르지 않게 안정적인 경력관리 식으로 진행되던 직장생활과는 너무나도 다른 은퇴생활의 환경 때문이다.

100명의 은퇴자들에게는 한두 가지의 성공 모델만 있는 것이 아니다. 정확히 말하면, 100명의 은퇴자들에게는 100가지의 저마다 다른 각자의 모델이 필요하다. 한데 퇴직한 후에도 직장생활을 하는 동안에 익숙해했던 표준화와 통일성을 따르려다 보면, 이러한 '은퇴생활의 개인차'를 스스로가 인식하지도, 인정하지도 못한다.

각자가 행복한 은퇴생활을 하기 위해서는 각자가 원하는 생활이 될 수 있도록 해야 한다. 은퇴 후 각자가 원하는 삶의 방식이나 조건들은 개개인마다 다를 수밖에 없기 때문이다. 각자가 원하는 은퇴생활은 모두 다른데 대부분의 사람들은 공통적으로 풍요롭고 여유 있으며 한가로운 은퇴생활을 꿈꾼다. 하지만 그렇게 될 확률은 매우 낮다. 우선 그런 삶을 보장받을 만큼의 경제적인 부를 축적한다는 것이 쉽지가 않다. 또 그런 부를 가졌다 해도 그런 삶을 영위한다는 것이 또한 쉽지 않다. 또 그렇게 산다고 해도 꼭 행복이 보장되는 것은 아니다.

그런 부를 갖지는 않았지만 자신이 간절히 원하는 그림을 그릴 도구와 장소만 주어진다면 그곳이 골방일지라도 좋다고 하는 사람도 있다. 물질적인 혜택을 스스로 포기하고 교통도 불편하고 시설도 열악하지만 주변 환경이 좋아 깊은 산속에서 혼자 생활하면서 자발적 빈곤을 택하는 사람도 있다. 가장 못사는 나라에 가서 정부에서 주는 구호품으로 가장 못사는 사람들을 돕는 생활을 꿈꾸는 사람들도 있다. 그들은 그런 삶이 행복하다고 말한다. 과연 부자로 여유롭게 사는 사람만 행복할까? 부자가 아닌 나머지 사람들은 사실 행복하지는 않은데 억지로 행복하다고 포장하며 사는 것일 뿐이라고 말하는 이들도 많다. 그들의 주장은 합리적인가?

그래서 은퇴생활을 하고 있는 많은 이들이 행복한 은퇴생활로 안정적인 전환을 하지 못한 원인을 찾아보았다. 가장 큰 이유는 우선 자신만의 행복한 은퇴생활에 대해 적절한 준비를 하지 않았다는 것이다. 우리에게는 태어나면서부터 죽음을 향해 가고 있다는 절체절명의 명제가 정해져 있다. 저 골목 모퉁이를 돌아서다가 그 명제대로 될 수도 있다. 그렇지만 우리는 결정적인 사건에 처하지 않고는 그럴 리 없다며 누구나 죽음을 외면하고 싶어 한다. 직장생활을 시작할 때도 당연하게 주어진 명제가 있다. 입사와 동시에 퇴직을 향해 가고 있다는 것이다. 그러나 대부분의 사람들이 은퇴에 대한 이 중차대한 명제 역시 의도적으로 외면한다.

또 설령 준비를 했다 할지라도 잘못된 방식으로 은퇴설계를 하기도 한다. 은퇴생활에서 가장 중요하다고 하는 재무적인 준비에만 온통 관심이 쏠려 정작 중요한 다른 많은 것들은 놓치고 마는 것이다. 이처럼 은퇴생활에서 중요한 요소들이 고려되지 않은 은퇴설계가 초래할 현실은 무엇인가? 잘못된 은퇴설계는 자신의 꿈이 실현되는 이상적인 날일 것이라 상상했던 은퇴 첫날부터 각종 문제를 유발할 것이다.

퇴직하기 이전부터 작년까지 은퇴설계와 관련된 책을 여러 권 썼다. 퇴직하기 직전에 쓴 『최고의 인생, 최고의 계획』부터 이후 『은퇴 지도 그리기』, 『다시 생각하는 은퇴경제학』, 『은퇴 후, 40년 어떻게 살 것인가』, 『은퇴 파산』에 이르기까지 은퇴생활에 관한 나의 생각을 나름대로 정리해 보았다. 그런데 정작 은퇴생활을 10여 년 해 보니 막상 피상적으로만 생각했던 여러 가지 상황들이 실제의 삶에서는 예상외의 차이를 보이기도 했다. 또한 내가 예상했던 것과 다른 행보를 보인 가정들도 여럿 보게 되어 은퇴생활에 대해 다시 정리해 볼 필요가 있다고 판단했다.

이 책에서는 '은퇴 5년 전에 꼭 해야 할 것들'이라는 주제로 은퇴 5년 전부터 무엇을 어떻게 준비해야 좀 더 효율적이고 바람직한 은퇴생활을 할 수 있는지 정리했다.

은퇴 시점은 은퇴를 어떻게 정의하느냐에 따라 달라질 수 있을 것이다. 나는 군대를 갔다 와서 처음 직장생활을 한 이후 몇 군데의 직장을 다니다가 그만두었는데, 첫 번째 직장에서 24년을 보냈다. 군 제대 후에 사회생활을 한 기간은 총 34년이니 가장 오랫동안 다녔던 첫 직장에서 나온 때를 은퇴 시점으로 보는 게 맞을 것이다.

그래서 첫 직장에서의 마지막 5년간을 '은퇴 전 5년'이라고 보았다. 그리고 첫 직장에서 퇴직한 이후를 '은퇴 후 과정'이라 해 그간의 일들을 정리해보고자 한다. 이 기록들은 의미가 있을 것이다.

사실 은퇴를 정년퇴직 기준으로 보면, 내가 다니던 회사는 당시 정년이 55세였다. 그런데 나는 49세에 퇴직했다. 55세 정년 나이를 기준으로 하면 은퇴 5년 전은 50세 때로 이미 퇴직한 이후의 기간에 속하므로 이 시기를 은퇴 전이라는 말로 설명하는 것은 의미가 없어서 은퇴 5년 전을 그렇게 정의한 것이다.

나는 2006년 9월, 정식으로 회사와 인연을 끊었다. 그러니까 정확하게 그 5년 전인 2001년부터 2006년까지의 내 직장생활을 돌아보고자 한다. 이 은퇴 전 5년의 시기는 '생애 기록'이라 할 만한 많은 일들이 있었다.

대부분의 직장인들이 그렇겠지만 퇴직 직전에는 정말로 많은 생애 기록들이 만들어진다. 나 역시 24년간의 직장생활 중 가장 다이내믹했던 시절이 바로 퇴직 직전이었다. 다행히 정년이 되어서 퇴직했다면 은퇴 이후가 많이 달라졌겠지만 어쩔 수 없이 자의 반 타의 반으로 결정된 퇴직이었기 때문에 만약 정년퇴직을 기준으로 은퇴 준비를 했다면 정말 크게 낭패를 보았을 것이다.

실제로 현재 정년퇴직보다는 명퇴나 조퇴 또는 구조조정으로 40대 후반부터 많이들 퇴직하고 있다. 특히 이러한 조기 퇴직자들에게는 나의 퇴직 전 준비 과정을 검토해 보는 것도 의미가 클 것으로 보인다.

2001년은 내가 회사생활을 하면서 보낸 가장 바쁜 한 해였다. 전국에 있는 100여 명의 지점장 중에서 선발되어 회사의 새로운 프로젝트 팀장으로서 임무를 수행한 해이다. 기존에 외부 영입 인사 중심으로 운영되었던 1차 프로젝트가 완료되고 그와 동시에 내가 직접 운영한 2차 프로젝트를 시작한 해이다. 1차 프로젝트를 통해 배운 노하우를 바탕으로 우리 회사만의 새로운 비즈니스 모델을 구축했다.

3개월 과정으로 프로젝트를 운영했다. 처음 한 달 동안은 선발된 후보자 34명과 연수원에서 주말을 제외하고 합숙을 했다. 하루 중서너 시간 잠자는 시간을 제외하고는 계속 트레이닝을 하는 강행군의 연속이었다. 무리를 하는 바람에 과로로 한밤중에 구급차에 실려가는 일도 있었다.

회사 전체로 보면 두 가지 프로젝트가 병행되고 있었다. 하나는내가 진행한 프로젝트로, 부녀자들로만 구성해 운영하던 기존 영업조직을 대졸 남자 조직제를 도입해서 고능률의 사원으로 양성하는프로젝트였다. 또 다른 하나는 역시 일의 고능률화를 도모하는 새로운 프로젝트였다. 그런데 그 모델이 되는 조직이 내가 운영하는 조직이어서 여러모로 회사의 관심이 높았다. 또한 상대적으로 많은 지원과 질시가 공존해 자랑스럽기도 하고 부담도 많이 된 시기였다.

프로젝트를 진행하면서 '평생직장보다는 평생직업'이라는 말을접하게 되었다. 급여 생활자보다는 자신만의 스케줄로 개인의 역량에 따라 냉정하게 평가받는 프리랜서 영업 조직에 대해 눈을 뜨게된 것이다. 내가 프로젝트를 진행하면서 들어온 후보자들이 트레이닝을 통해서 월 1000만 원 이상의 급여를 받아가는 것을 보았다. 그러면서 틀에 박힌 직장생활의 지루함을 보게 되었다. 또한 능력보다는 연공서열에 의해 결정되는 승진과 급여 체제의 불합리함에 대해서도 관심을 갖게 되었다.

전년도에 이어 프로젝트 수행을 위해 미국 금융회사에 연수를 다녀왔다. 해외 연수는 그동안 회사 내부밖에 몰랐던 나의 시야를 넓히는 데 큰 역할을 했다. 해당 프로젝트는 2000년도에 시작된 것인데 초년도는 기획하고 배우는 데 집중한 해였다면, 2001년도는 프로젝트에 대해 어느 정도 자신감을 갖게 해 주고 뿌리를 내릴 수 있도록 해 준 한 해였다. 그때까지도 기존의 영업 방식에 머무르고 싶어 하고, 새로운 조직에 반신반의하며 훼방을 놓던 다른 많은 조직원들과 차별화가 된 첫해로 기억된다.

퇴직 전 4년차에 해당하는 2002년도는 월드컵이 개최된 해였는데, 회사에서는 전년도에 시작한 2차 프로젝트의 성공적인 완수를 위해 총력전을 벌이던 시절이다. 개인적으로는 제1회 국제 공인 재무설계사라고 하는 CFP 시험에 응시하기 위해 공부를 시작한 해이기도 하다. 40대 중반의 나이에 8과목의 재무설계 관련 공부를 하기란 쉽지가 않았다. 더구나 프로젝트의 팀장으로서 수행해야 할 업무가 적지 않았다. 그럼에도 우리 팀이 추구하는 콘셉트가 전문 재무설계사였기 때문에 조직원에게 모범이 되기 위해서도 자격증을 따야만 하는 입장이었다.

그리고 그동안 몇 차례 방문했던 미국 금융회사에서도 이 자격증에 대해서는 많은 인정을 해주고 있었기 때문에 업무와는 별개로 이 자격을 꼭 따야만 했다. 한데 200시간 이상의 오프라인 수업을 들어야만 응시 자격이 주어졌다. 이 자격 요건을 충족시키기 위해 평일 이틀 저녁과 주말 동안 봄부터 시작해서 가을까지 수업을 들어야 했다. 긴 일정이었다. 학습에 집중해야 하는 6월에는 월드컵 경기가 한창이었다. 수업하는 곳이 월드컵 응원전의 한복판인 광화문 교보빌딩이었으니 밖에서 들리는 '대~한민국'이라는 응원의 함성이 그렇게 원망스러울 수가 없었다.

그런데 한국 FP협회가 주관하는 이 자격시험이 1회 시험이다 보니 교재를 구성하고 시험을 출제하는 일이 원만치가 못했다. 결국 가을로 예정됐던 시험은 겨울이 다 되어서야 치러졌다. 나름대로 열심히 한다고 했는데 결과를 보니 전 과목 중 몇 개 과목은 기준점을 넘었지만 총점에서 아슬아슬하게 합격점에 미달해 불합격하고 말았다. 그 바쁜 와중에도 1년 가까이를 이 시험을 위해서 매진했는데, 결과가 이렇게 되고 보니 그 허탈감은 이루 말할 수가 없었다.

협회에서는 1회 시험의 미진함을 인정하고, 원래는 봄에 치러야 하는 2회 시험을 2월에 치르겠다고 공고했다. 연말이고 설날이고를 가리지 않고 2회 시험 준비에 매진했다. 연말에 미국 출장 기회가 있었는데, 인천공항에서 뉴욕까지 가는 15시간 내내 비행기 안에서 화장실 한 번 가지 않고 계산기로 문제집을 풀었다. 호텔에 가서도 시차 때문에 잠이 오지 않아서 틈만 나면 문제를 풀었다.

그렇게 애쓴 결과, 다행히 턱걸이로 합격할 수 있었다. 2003년 4월의 일이다. 그때 취득한 CFP 자격증은 이후 내 후반 인생에서 중요한 역할을 하고 있다. 자격증을 따고 나니 협회에서는 그동안 교재를 만들고 출제를 했던 사람들이 사실은 자격 인증자가 아닌 일반인들로 구성되어 있어서 강사들도 가급적이면 현장 업무를 수행하는 자격 인증자들로 교체하려는 움직임이 있었다. 다행히 1회 합격자와 시험 일정이 큰 차이가 없는 2회 합격자이고, 회사 내에서의 위치와 하고 있는 업무 등이 고려되어 협회에서 회원 대표에게 맡기는 비상근 이사로 임명되고, 수험생을 대상으로 하는 강사와 문제 출제위원으로 선정되었다.

3회 자격시험을 준비하는 수험생들을 대상으로 하는 강사가 되어 주말에는 적지 않은 강사료 수입을 올릴 수 있었다. 출제위원으로 활동하면서는 보험뿐만이 아닌 여러 금융기관의 인사들과도 교류할 기회를 가질 수 있었다. 5월은 회사에 정기 임원 승진이 있는 달이었는데, 그동안 프로젝트 시행 성과가 반영되어 직장인의 꽃이라 할 수 있는 임원으로 승진하게 되었다. 300여 명의 입사동기 중 거의 선두주자로 임원이 된 셈이다.

9월에는 회사에서 외부 위탁해서 운영하는 서강대 최고경영자 과정에 입교했다. 한 학기 동안 진행되는 이 과정에서 정말 많은 사람들을 만나게 되었는데, 이들 역시 회사를 나와서 내가 정착을 해 나가는 동안 가장 큰 힘이 되어 준 인맥이다. 졸업한 지 10년이 넘었지만 아직도 이들 중 상당수와 교류하고 있다. 그중에서도 같은 반이었던 8명의 조원들과는 형제 이상의 우정을 나누고 있다. 졸업생들 중에는 이미 퇴직한 사람이 많은데 그중 몇몇은 승승장구해 굴지의 그룹 대표이사로 있기도 하다. 이들은 졸업생들 모임에 스폰서 역할을 톡톡히 한다.

2004년도는 퇴직하기 2년 전이다. 어찌 보면 인생 최고의 기간이라 해도 무리가 아니다. 회사에서는 프로젝트가 어느 정도 자리를 잡아 가고 있었고, 연말에는 팀장에서 본부장으로 승진했다. 내가 만든 부서가 본부로 승격해 내가 그 본부장이 된 것이다.

퇴직 직전 연도인 2005년도는 직장인으로서 맛볼 수 있는 최고점과 최저점을 같이 경험한 한 해였다. 전년 연말에 본부장으로 임명되어 회사 내에서는 본부장으로 누릴 수 있는 많은 것들을 누려 본 시기였다.

개인적으로는 그동안 알고 지내던 경희대학교에 재직 중인 대학 동문 후배 교수로부터 박사과정 입학 제의를 받고 입학을 하게 되었다. 대학 학부는 농공학과를 나왔고, 이후 보험회사를 다니는 동안 공부한 보험행정학 석사가 최종 학력이었는데, 평소 막연하게 동경만 했던 박사과정에 입학하게 된 것이다.

그러나 그해 8월, 예상치 못한 사건이 터진다. 본부장에서 해임된 것이다. 특별한 이유를 설명해 주지도 않았고, 그것을 따질 입장도 아니었다. 인사부 한쪽 구석에 대기발령된 임원들이 근무하는 공간에서 6개월을 지내다가 어쩔 수 없이 회사를 나오게 되었다. 우스갯소리로 하는 '임원은 임시직원의 준말'이라는 말이 실감나는 상황이었다.

대기발령이 나고 처음 한두 달은 재기를 위해 회장에게 사업계획을 설명하고, 여러 경로를 통해 복귀를 시도했다. 하지만 이내 별 의미 없는 활동임을 알게 되었다. 스스로도 굳이 구차하게 직장생활을 오래 하고 싶다는 생각을 버리게 되었다.

퇴직하기 직전 상대적으로 여유가 있는 시간을 이용해서 첫 번째 책을 출간했다. 그리고 퇴직 후를 대비하고자 마음의 준비를 하기 시작했다. 당시에 재취업을 한다는 것은 큰 관심 사항이 아니었다. 회사에서 그래도 높은 자리까지 올라가 봤지만, 반대급부로 받은 스트레스가 너무나 컸기 때문이다. 또한 누군가의 지시에 의해 삶이 조절되는 수동적인 삶을 더는 살고 싶지 않았다.

우선 퇴직 후 할 수 있는 일에 대해 여러 가지 경우의 수를 검토해 보았다. 그래도 가장 잘할 수 있고, 또 가능성도 있는 분야가 강의라는 생각이 들었다. 그래서 자격증 과정에 대해서 강사로서 활동을 잘할 수 있는 네트워크 및 금융분야 강의를 하기 위해 여러 가지 준비를 하기 시작했다. 이렇게 준비한 덕에 퇴직 후 상당 기간 수입을 보전할 수 있었다. 강사 일은 이후에 다른 경력을 쌓는 데도 자신감을 심어 주는 계기가 되었다.

퇴직 당년도인 2006년도에는 2월 말에 임원에서 해임되고 고문으로 6개월간을 지냈다. 그리고 24년 동안만큼은 내 인생의 전부라 할 수 있었던 회사와 결별하게 되었다. 그때 내 나이, 49세였다.

그해에는 참 많은 일이 있었다. 퇴직하기 전에 계획했던 대로 강의를 시작해 이후 한 해 동안 정말 많은 강의를 했다. 자격증 과정뿐만 아니라 금융연수원과 투자자교육협의회 등 여러 금융기관에서 직무교육을 진행했다. 다른 한편으로는 박사과정생으로서 공부에 집중했다. 또 그해 후반부에는 동업으로 새로운 회사를 창업하기도 했다. 평소 관심은 있었지만 실행에 옮기지는 못했던 사진을 처음 시작한 해이기도 하다.

퇴직 1년 후인 2007년도에는 퇴직 첫해 겪는 시행착오를 거듭하며 좌충우돌한 시기이다. 3월부터 건국대학교 평생교육원 과정에서 은퇴설계전문가 과정을 개설해 성황리에 운영했다. 5월에는 이를 바탕으로 '행복한은퇴연구소'를 설립하기도 했다. 사이버대학에서 외래교수로 임용되어 강의도 하고, 8월 말에는 대학원에서 박사학위를 받았다. 학위논문을 쓰기 위해 전년도 말부터 논문 심사가 있는 5월까지 거의 밤을 새다시피 했다. 그때 책상이 아니라 거실에서 상을 펼쳐 놓고 작업했더니 엉덩이와 복숭아뼈에 굳은살이 박이기도 했다.

대부분은 박사과정을 6학기나 7학기에 마치고, 일부는 10학기를 넘기고도 논문이 통과되지 못하기도 하는데 나는 5학기 만에 학위를 받았다. 여러 가지 이유가 있었지만 학위를 빨리 받아야 한다는 긴박감과 강박감이 작용한 결과이다. 학위를 받자마자 지도교수의 소개로 일반대학에서 강의를 시작했다. 대학 네 곳에서 시간강사로 강의했다.

아울러 동업으로 시작한 회사에서 금융컨설턴트로서도 열심히 활동했다. 그때 급여로 받은 연간 소득이 2억 원을 넘기도 했다. 수입면에서 회사에 다닐 때와 비교가 되지 않았다. 더구나 누군가로부터 통제도 받지 않고 자유롭게 활동해서 맺게 된 결실이라 보람이 더 컸다.

취미 활동도 열심히 했다. 국내 유명 출사지와 중국 등지를 다니면서 사진을 열심히 찍었다. 두 번째 저서인 『라이프맵』도 출간했다. 이 책은 그해 국립도서관에서 휴가철 사회과학 분야 추천도서로 지정되었다.

그런데 상대적으로 영업에 대한 부담감이 생기고, 동업자의 경영 능력에 의구심이 들기도 했다. 이러한 이유로 사업에 집중하는 데 문제가 생긴 한 해이기도 하다.

퇴직 3년차 연도인 2008년도는 동업자와 결별하고 영업에도 애로가 생겨서 퇴직 이후 가장 힘들었다. 세계적인 금융위기로 자산 설계를 해준 고객들 대부분의 자산이 반토막이 났다. 그 바람에 그 뒤치다꺼리를 하고 고객을 설득하는 데 진을 빼느라 새로운 영업은 극도의 부진에 빠졌다.

금융업계 전체적으로도 위기감이 너무 커서 마치 커다란 늪에 빠진 것 같았다. 여기에 동업을 하면서 그만둔 자격증 과정 강의도 다시 시작하기에는 후배들의 파이팅이 장애가 되었다. 상대적으로 많은 시간을 차지했던 대학교 시간강사 일은 교통비를 빼고 나면 수입에 큰 도움이 되지를 못했다. 전년도의 높은 수입에 맞춰진 소비 패턴을 감당하기에는 턱없이 적은 수입이었다. 결국 은퇴연구소 중심의 새로운 비즈니스 모델을 구축하는 게 시급한 과제였지만 쉽지가 않았다.

설상가상으로 건대 평생교육원 과정도 학교와의 수익 배분 문제로 학생 모집이 저조한 상황이었다. 더군다나 강남에 있었던 사무실은 동업자의 사업 부진으로 사무실을 비워 주게 되었다. 이후 후배가 운영하는 광화문의 사무실에 비서와 같이 자리를 옮기게 되었다. 충분한 검증과 준비 없이 급하게 시작한 동업의 결과였다.

하지만 외부 활동에는 더 집중해 삼성경제연구소에서 운영하는 SERI CEO 과정의 포토앤컬쳐라는 모임에 참여했다. 그것은 국내 최고의 사진작가 중 한 명인 조세현 작가로부터 사진을 체계적으로 배우는 계기가 되었다. 그해 연말에는 동호회 회원들의 사진 전시회에도 참가했다. 아울러 지인의 소개로 로타리클럽에 강의를 갔다가 그 모임 회원으로 가입해 로타리클럽 회원으로도 활동하게 되었다.

퇴직 4년차인 2009년도는 내 인생에 새로운 변화가 생긴 해이다. 그동안 대학의 시간강사로 지내다가 전임교수로 임용된 것이다. 동업한 회사에서 같이 일하던 동료가 자기 친구와 선배가 운영하는 대학에서 나와 비슷한 경력자를 교수로 임용하고 싶어 한다는 정보를 주었다. 설마 하며 지원했는데 여러 명의 지원자 중 최종 합격자로 선발돼 그해 9월 금융자산관리학과 교수로 임용되었다.

교수는 겸업이 금지되어 있다. 그래서 금융컨설턴트로서의 업무를 종결하고, 후배 사무실에 꾸렸던 집기도 집으로 다 옮겼다. 그리고 대학교수로서 근무를 시작했다. 대학교를 다니면서 꿈꿨던 그 대학교수가 된 것이다. 시간강사를 하면서 내 공간이 없어서 서러웠는데, 전임교수 연구실도 갖게 되었다.

그런데 학교로 자리를 옮기고 보니까 대학사회란 게 그리 만만치는 않았다. 이미 직장생활을 할 만큼 했고, 사회생활도 해 볼 만큼 했다고 생각했는데, 대학이라는 조직사회도 여간 녹록지가 않았다. 우선 대학을 운영하는 이사회와 교수들 간의 이해관계가 그러했다. 거기에 교수들 사이의 이해관계, 교수들과 교원들과의 관계, 그리고 그에 아울러 학생들과의 관계까지 무엇 하나 쉬운 게 없었다. 그렇다. 대학이라는 조직도 사회의 일반 조직이 갖고 있는 모든 갈등 요소를 다 내포하고 있는 것이다.

학교에 부임한 지 불과 한 학기를 채우지 못하고 이사장과 이사회 임원들이 교비를 횡령한 사건이 발생했다. 재단을 운영하던 이사진들이 지명수배가 되고, 총장은 갑자기 총장 자리를 교무처장이던 내게 미루고 사직을 해 버렸다. 결국 새로운 재단이 학교에 들어왔다. 그 와중에 기존 재단 추종자들과 새로운 재단 추종자들 사이에 갈등이 생기고, 우여곡절 끝에 새로운 총장이 부임했다. 그 사이 학교운영의 책임을 맡았던 나는 그 무거운 책임을 내려놓고 다시 학교생활에 임했다.

2010년도는 학교생활이 무난한 기간이었다. 방학 때는 사진 동호회 회원들과 나오시마에 다녀왔다. 10월에는 선진 금융기법을 배울 목적으로 미국 덴버에서 열리는 FP컨퍼런스에 참석하기 위해 출국했다. 이때 여유 시간을 이용해 록키산을 촬영하고 왔다. 로뎅갤러리에서 진행된 동호회의 두 번째 그룹전에도 참석했다. 세 번째 저서인 『다시 생각하는 은퇴경제학』이 출간된 해이기도 하다.

2011년 역시 학교생활과 취미생활이 이어진 한 해였다. 2월에는 동호회 회원들과 중국 원양제전과 라평이라는 곳에 출사를 다녀왔고, 인사동에서 세 번째 그룹전을 열었다.

여름방학 때는 아이슬란드로 출사를 갔다. 버킷 리스트에 올라가 있는 의미 있는 장소였는데, 온라인상에서 만난 6명이서 지프차 한 대를 빌려 보름 동안 아이슬란드 전역을 6천 킬로 정도 일주하며 사진을 찍어 와서 연말에 첫 번째 개인전을 열었다.

2012년은 백두산 천지에서 아침을 맞이했다. 백두산 천지의 새해 첫 일출을 찍으러 아들과 함께 동호회를 따라 출사를 간 것이다. 5월에는 차마고도를 촬영하러 중국으로 해서 티베트를 다녀왔다. 3월에는 탤런트 이순재 씨가 원장으로 있는 MBC 문화예술포럼에 가입해서 활동을 하게 되었다. 60여 명의 사회 각계각층의 인사들이 모인 사교모임인데, 한 학기 동안 수업을 듣고 친목을 도모한다.

또 엑스퍼트라고 하는 전문 교육기관에 은퇴설계 과정을 사이버 강좌로 개설했는데 수입은 인세 식으로 받기로 했다. YTN라디오 〈곽수종의 생생경제〉에 매주 금요일 게스트로 출연해 6개월간 은퇴 상담을 진행하기도 했다.

당시 은퇴연구소를 학교 부설로 운영하면서 외부 강의와 방송 활동을 했다. 그런데 당시만 해도 은퇴연구소가 많지가 않았다. 금융기관 산하가 아닌 일반 연구소는 아예 없었다. 해서 자연스럽게 특정 상품 소개를 하지 않는 연구소로 차별화가 되었다. 그 덕분에 기업체나 방송에서 꽤 인기 있는 연구소로 자리매김할 수 있었다.

어느 날 KBS 방송국에서 연락이 왔다. 〈아침마당〉에 나올 수 있느냐는 것이었다. 그러면서 의향이 있다면 강의하는 것을 사전에 참관해 보고 결정하겠다고 했다. 그래서 마침 하기로 한 국민은행 우수고객을 대상으로 하는 강연회에 양해를 구해 방송작가들을 참석시켰다. 강연을 보더니 방송을 하자고 했다.

생방송으로 〈아침마당〉 목요특강을 한 시간 진행했는데, 다른 여러 가지 강의나 방송들보다 많이 긴장되고, 보람도 컸다. 방송한 날 강남에 나갔는데 주부들이 뒤따라왔다. 오늘 방송에서 봤다고 인사를 하는 것이었다. 공중파의 위력을 실감한 순간이었다. 그전에도 여러 차례 방송에 출연한 적이 있지만 〈아침마당〉은 좀 더 특별했다. 그 이후로 강연을 하러 가면 강사 프로필에 꼭 이 항목이 소개되었다. 강연료도 올라갔다.

연말에는 헤이리에서 두 번째 사진 개인전을 한 달간 열었다. 또 연말부터 MBC라디오 〈양희은 강석우의 여성시대〉에서 매주 금요일 '브라보 마이 라이프'라는 코너를 9개월 동안 진행하게 되었다.

2012년은 학교생활로 많은 시간을 보냈다. 학교생활에 갈등이 생기기 시작한 해이기도 하다. 전년도부터 학교에서 기획처장을 맡아 업무를 수행하고 있었는데, 재단에 재무적인 문제가 생겨서 총장과 이사장 사이에 갈등이 깊어졌다.

기획처장인 내가 중재자 역할을 맡아서 양쪽을 조율하러 다녔다. 2012년 말, 총장과 이사장 간의 갈등은 극에 달했다. 총장이 출근을 포기해 2013년 2월, 내가 총장직무대행을 맡게 되었다. 입학식과 졸업식을 주도해서 진행했다. 그렇게 재무적인 해결안을 주지 않는 재단 이사장과 나와의 갈등이 시작되었다.

5개월여를 끌다가 나는 결국 전체 교직원을 모아 놓고 최후통첩을 했다. 내 의견을 받아들이지 못한 이사회에서는 새로운 직무대행을 임명하고, 나는 학과로 돌아왔다. 돌이켜보면 이 시기 나는 전임 총장과 재단 사이에서 서로가 자기의 입장을 떠넘기는 과정에서 피해자가 되었다. 특히 총장 퇴임 후에는 학교의 어려운 상황을 외면할 수 없었던 내 입장을 재단에서 악용했다는 생각이 든다. 사실 이때 나는 총장직무대행이라는 직책은 누릴 수 있었을지 몰라도, 그에 따르는 정당한 보수나 대우는 없는, 퇴직자들이 빠지기 쉬운 '직책의 올가미'에 빠진 것이라고 볼 수도 있다.

5월에는 캐슬렉스 골프장에서 세 번째 개인전을 열었다. 7월에는 꿈에 그리던 에콰도르의 갈라파고스 섬과 페루의 마추픽추로 출사를 다녀왔다. 9월에는 네 번째 저서인 『은퇴 후, 40년 어떻게 살 것인가』가 발간되었다.

11월에는 국립세종도서관에서 개관 기념으로 명사를 초청해 강연회를 개최했는데 여기에 초빙되어 강의를 진행했다. 12월에는 중국으로 출사를 갔는데, 일행 가운데 한 사람이 배낭에서 술병을 몇 개 꺼내는 것이었다. 웬 술이냐고 물었더니 자기가 담근 술이란다. 그때까지만 해도 나는 개인이 술을 담가 먹으면 안 되는 줄 알았는데, 자기가 먹을 술을 담가 먹는 것은 괜찮다는 것이었다. 그래서 어디서 술을 배웠냐고 물었더니 어디를 추천해 주면서 그 자리에서 국제전화로 바로 신청을 해 주었다.

2014년 1월부터 시작하는 과정이었는데, 정말 열심히 배웠다. 술을 배운 지 얼마 되지 않아 설날이 있었다. 술을 배우는 연구소의 소장에게 한 달 안에 쉽게 빚을 수 있는 술 레시피를 부탁해 그해 설날 차례주를 빚어 차례를 지냈다.

4월에는 네 번째 개인전을 열었는데, 지금까지 전시회들과는 다른 전시를 하고 싶었다. 그래서 전시회 제목을 이백의 시 "월하독작"으로 하고, 내가 빚은 가양주家釀酒, 집에서 빚은 술와 사진이 같이하는 전시회로 꾸몄다.

직접 담근 15종의 술을 갖다 놓고 전시회를 2주간 진행했다. 반응은 아주 좋았다. 나는 이미 그때 가양주와 함께하는 새로운 비즈니스를 구상하고 있었는데, 양조장을 직접 운영해 보고 싶었다. 그래서 양조장 여러 곳을 방문해서 노하우를 배우러 다녔다. 그런데 하나같이 술은 그냥 배우는 정도로 끝내고, 양조장은 절대로 하지 말라는 것이었다. 그 이유를 물었더니 우선 일이 너무 힘들고, 그렇게 힘들게 만든 술을 판매하는 일도 쉽지가 않다는 것이었다. 그래서 생각해낸 것이 술을 만들어서 직접 판매할 수 있는 주막을 운영하는 것이었다.

양조장은 고향의 부모님이 살고 있는 집에 짓고, 주막은 양조장 건너편 길옆에 오래전에 내가 사두었던 밭에 짓기로 했다. 당시 나는 학교생활이 별로 재미가 없었다. 그런데 내가 은퇴설계 강의를 다니면서 가장 강조한 게 무엇인가? 자기가 하고 싶은 일을 하면서 지내는 것이 가장 행복한 은퇴생활이라고 매일 주장하지 않았나? 그런데 정작 나는 어떤가? 교수 일은 즐겁지도 않고 스트레스도 심했다. 그럼에도 불구하고 자기가 하고 싶은 것을 해야 한다고 이야기를 하고 다녔으니, 나로서는 부담이 되지 않을 수가 없었다.

양조장 주인과 대학교수를 겸할 수는 없는 일이었다. 대학교수가 겸업이 안 되는 직종이기 때문이다. 65세까지 버티면서 사학연금이 보장되는 학교에 계속 남아 있을까? 아니면 불안하지만 내가 하고 싶어 하는 양조장 주인이 될까? 잠시 이러한 고민을 하기는 했지만, 결국 양조장을 택했다.

양조장은 내가 하면 되는데, 주막 운영이 문제였다. 특히 주막 운영의 핵심이라 할 주방장을 누가 하느냐가 큰 고민이었다. 첫 번째 후보로 생각했던 아내는 시골로 가는 것, 그것도 시댁이 있는 고향으로 가는 것에 대해 극도의 거부감을 보여 후보에서 탈락했다. 다음 후보가 40여 년 동안 식당을 운영하신 어머님이었다. 그런데 어머니는 평생 식당 일을 한 게 지겨워서라도 다시는 그 일을 못하겠다고 했다.

결국 주방장 후보자는 나밖에 없었다. 나는 사실 그때까지만 해도 라면이나 간신히 끓일 줄 알았다. 그래서 그때부터 한식, 일식, 사찰요리, 약선요리, 김치 담그기, 육포 만들기, 떡 만들기, 식초 만들기 등을 전문가를 찾아다니며 배우기 시작했다. 그때는 이미 양조장 허가 신청을 해 놓았고, 고향인 포천 산정호수 근처에서는 주막 공사가 시작되고 있었다. 매일 서울과 산정호수를 오가며 술과 음식 만드는 방법을 배우기 시작했다.

양조장과 주막은 내가 학교를 그만두는 9월 초를 기준으로 오픈하기로 했다. 술을 배우기 시작한 지 불과 8개월 사이에 탁주와 약주, 증류주 3개 부문의 양조장 면허와, 나대지인 밭에다가 초가집 모양으로 짓는 주막 공사가 동시에 진행되고 있었던 것이다. 둘 다 9월 또는 아무리 늦어도 산정호수에 1년 중 방문객이 가장 많은 10월의 둘째 주 이전에는 마무리되어야 하는 일이었다.

술을 배우기 시작한 1월부터 주막을 오픈한 10월 3일 개천절까지 거의 철인처럼 살았다. 회사에서 프로젝트를 진행하면서 한 달 동안 연수원에서 밤을 새웠던 것 이상으로 정말로 많은 일들을 했다. 은퇴를 하고 나서 겪었던 시행착오를 반복할 수는 없었기 때문에 더 집중할 수밖에 없기도 했다. 처음 출시한 술의 라인업으로 8가지를 선정했는데, 지금까지 시판되지 않은 술들로 탁주 3종, 약주 2종, 증류주 3종이었다.

재료는 팥과 흑미, 지역 특산물인 억새와 야관문 등을 사용했다. 처음 술을 시작한 것이다 보니 레시피도 없고 술의 적정 도수 결정도 직접 해야 하는 등 어려움의 연속이었다. 술을 직접 빚고 도수를 정하고 주질 검사와 술병 선택, 상표 디자인, 포장박스 제작 등 난생 처음 해보는 일들이 계속되었다. 다행히 술 연구소의 소개로 알게 된 전통주 허가 전문 컨설턴트의 도움이 큰 힘이 되었다.

사업이 진행되는 도중 스코틀랜드에 있는 스카치위스키 증류소를 탐방할 기회가 있었다. 열흘 정도의 일정으로 스코틀랜드의 위스키 증류소 여러 곳을 탐방했다. 그중에서도 스카치위스키의 시발점이고 아직도 많은 증류소가 운영 중인 아일라 섬의 보모아 증류소에서 숙식을 하며 증류 시설을 체험하는 프로그램이었다.

아내와 같이 프로그램을 신청하고 그 여행을 다녀왔다. 양조장 운영에 대해 별로 탐탁지 않게 생각하던 아내가 처음에는 안 간다고 하다가 결국 동반했고, 여행 후에 태도가 많이 달라지기는 했다. 그런데 열흘 정도를 같이 여행하다 보니 서로 예민해져 있어 여행 마지막 날 아주 사소한 문제로 다투다가 결국 귀국하면 이혼을 하기로 하는 큰 싸움으로 번지고 말았다.

다행히 칼로 물 베기로 끝나기는 했지만, 그동안 양조장 운영과 시골살이를 놓고 서로에게 쌓였던 불만이 한꺼번에 표출된 것으로 생각된다. 부부 동반 여행도 자주 해 봐야지 이렇게 갑자기 하면 탈이 생기곤 한다.

10월 3일에 주막을 오픈하고 정신이 없는데, 마침 하나뿐인 아들의 결혼식이 오픈 바로 다음 주였다. 그때가 억새꽃 축제 기간이라 정신이 더 없는데 결혼식이 겹친 것이다. 당초 작은 결혼식을 하기로 하고 가까운 몇 분만 모시기로 했다. 그런데 식장이 서울이다 보니 고향에 있는 부모님과 형제들의 가족만 해도 인원이 꽤 많아서 결국 전세 버스 한 대를 대절해서 움직일 수밖에 없었다.

같은 동네에서 자라서 둘이 같이 대학과 대학원을 다닌 아들 내외는 직장이 있는 수원에서 살기로 했다. 아무튼 결혼을 한다고 하니 결혼 비용이 문제였다. 애초에 대학원 학비부터는 알아서 하기로 약속하고, 결혼 비용도 자기가 준비한 만큼만 추가로 보태 주기로 했었다. 한데 직장생활을 한 2년 하고도 큰돈을 모으지는 못했던 아들에게 융자금까지 본인 준비금으로 인정해 주기로 했다. 그렇게 전세 자금의 반에 해당하는 금액을 보태 주었다.

2015년도는 주막과 양조장의 자리 잡기에 집중한 해였다. 주막과 양조장을 오픈하고 보니 술은 내 맘에 들지 않았고, 음식도 실수의 연속이었다. 간을 잘 맞추지 못하거나 태우기도 했다. 머릿속에 들어 있거나 레시피에는 적혀 있지만, 그것이 술이나 음식으로 만들어져 나오는 것은 최소한의 경험치가 필요한 일이었다.

흔히 하는 말로 개업 프리미엄이 사라지고 나니 새로운 시도가 필요했다. 손님도 뜸하고 기대했던 것처럼 술을 유통하겠다고 하는 곳도 없었다. 그래서 술에 들어가는 것들 중 가장 중요한 재료라 할 수 있는 누룩을 직접 만들기로 했다. 우리 양조장만의 쌀 흩임누룩을 개발하고 그해 5월에 좀 더 대중적인 새로운 술을 개발, 출시했다. 주막 메뉴에도 변화를 주어서 메뉴판도 바꾸었다. 다행히 새로운 술이 나오자마자 지인이 맛을 보고 국립국악원 우면당에서 열린 가야 금병창 이수자의 공연 뒤풀이주로 첫 선을 보이게 되었다.

그 술은 조선 3대 명주라고 하는 동정춘이라는 술을 복원한 것이었다. 이 술은 정말 효자상품이 되어 이후 양조장 매출의 70~80%를 차지하게 되었다. 주막에서도 우리 술에 맞는 새로운 안주와 식사를 만들었는데, 손님들의 반응이 조금씩 좋아지기 시작했다. 방송국에서 양조장과 주막을 같이하는 특별한 사례로 관심을 갖고 직접 촬영을 하러 와서 KBS TV와 채널 A에 주막과 양조장이 소개되기도 했다.

2015년은 주막과 양조장 운영에 차별화를 더한 해이기도 하다. 우선 양조장에서 빚는 술은 인터넷을 통한 통신판매 이외의 유통은 하지 않기로 했다. 아울러 주막에서도 다른 일체의 술은 판매하지 않고 우리 양조장에서 만든 가양주만 팔기로 했다. 일반 소주나 지역에서 유명한 일반 막걸리도 판매하지 않은 것이다.

음식도 주변 식당에서 많이 판매하는 메뉴는 취급하지 않고, 우리 주막에서만 할 수 있는 특별한 메뉴로 구성했다. 지나가다 주막이라고 해서 가볍게 막걸리나 한잔 하겠다고 들어오는 손님들은 처음 보는 프리미엄 막걸리에 부담감을 느껴 그냥 나가기도 했다. 굳이 소주를 마시겠다고 하는 손님들도 있었다. 나름대로 설명을 해서 동의하는 손님들은 이해를 하지만 전혀 이해를 못하는 손님들도 있었다. 특히 고향친구들이 한 번씩 방문을 해 보고는 충고를 하기도 했다. 일반 소주와 막걸리를 판매하면 더 자주 오겠다는 것이었다. 그리고 음식점을 운영 중인 친구들은 내가 음식점 경험이 없어서 그렇다면서 자기 말대로 하면 매상도 많이 오를 테니 그렇게 하라고 조언을 해 주기도 했다.

그 자리에서는 알았다고 대답했지만, 나는 그렇게 하고 싶지 않았다. 우선 그 친구 말대로 하면 손님도 많아지고 매출도 늘어나겠지만, 그렇게 되면 내가 너무 바빠지고 그 뒤치다꺼리가 많아지는 것이 싫었다. 내가 시골에 내려온 이유는 자유롭게 내가 하고 싶은 일을 하려고 한 것인데 바빠지면 경제적으로 좀 더 도움은 되겠지만 내 삶의 만족도는 줄어들 것이라고 생각됐기 때문이다.

우리 주막은 쉬는 날이 정해져 있지 않다. 내가 주방장이다 보니 내가 없는 날은 운영을 할 수가 없기 때문이다. 방송이나 강의 의뢰가 오면 가급적 응하는 편인데 그날 주막은 문을 닫는다. 처음에는 손님들도 불만이 많았다. 특히 주막 건너편에 살고 계시는 부모님은 문이 열려 있지 않으면 무슨 일이 있냐며 전화를 하셨는데, 어디 출타 중이라고 하면 매우 언짢아 하셨다. 영업을 그렇게 하면 안 된다는 것이었다.

그렇게 한동안을 운영하다 보니까 이제 웬만한 고객들은 오늘 문 열었냐며 전화 문의를 하고 방문을 한다. 우연히 들렀다가 문이 열려 있으면 오늘 운 좋은 날이라고도 한다. 오지도 않는 손님을 기다린다고 무료하게 시간을 보내기보다는 우리가 원하는 시간에 손님을 받는 전략으로 바꾼 것인데, 그전에 비해 수입은 좀 차이가 날지 몰라도 만족도는 훨씬 높다.

서울 집 앞에 조그마한 고깃집이 문을 열었는데, 가게 문에 붙은 문구를 보고 깜짝 놀라 들어가 본 적이 있다. 'open 일하고 싶을 때, close 일하기 싫을 때'라고 씌어 있었다. 주인은 30대 초반의 남자로 여자친구와 같이 고깃집을 열었는데, 자기들은 일을 즐기며 하고 싶지 일에 매여 살고 싶지는 않다고 했다. 우리 주막도 이들의 생각과 크게 다르지 않은 방식으로 운영하고 있다.

9월에는 일본 후쿠오카에 있는 흑초 제조장에 흑초 제조법을 배우기 위해 다녀오기도 했다. 전통주의 마지막 단계는 식초라고들 한다. 우리 양조장에서도 식초를 만들고 제품화하기 위해 식초 영업 허가를 받았다.

2016년도는 양조장 운영 3년차에 해당하는 해였다. 햇수로는 3년차이지만 10월에 오픈했기 때문에 정확히 1년 정도 운영한 시점이었다. 이제 조금씩 단골손님도 생기고 외부에 가양주 양조장으로 알려져 단체로 술 빚기 체험을 오는 팀들도 생기면서 양조장과 주막 운영이 자리를 잡아 가는 시기였다.

추석 때는 농림축산식품부에서 우수 농산품들을 선발해서 기업체에 홍보하는 「한가위」라는 책자를 제작했는데, 우리 술이 막걸리로는 유일하게 선정되는 영광을 누리기도 했다. 10월에는 산정호수 명성산에서 개최되는 20회 억새꽃축제 추진위원장을 맡아 지금까지 관 주도로 운영하던 행사를 주민들이 주도하는 체험 중심의 행사로 바꾸어 한 달간 행사를 주관했다.

연말에는 그동안 양조장 운영 때문에 다녀오지 못했던 해외 출사를 갔다. 아이슬란드에서 신년맞이 불꽃놀이와 오로라를 찍기 위해 보름간의 해외 출사를 다녀왔다. 5년 전에 갔을 때는 여름으로 백야일 때였고, 이번에는 하루 종일 거의 해를 볼 수 없는 한겨울이었다.

오로라는 북극 지역에서 볼 수 있는 자연현상이다. 지구 밖에서 입사하는 대전 입자(전자 또는 양성자)가 지구 대기권 상층부의 기체와 마찰해 빛을 내는 현상이다. 이들 입자는 대부분 태양에서 방출된 것인데, 태양풍을 따라 지구 근처에 왔다가 지구 자기장에 이끌려 대기로 진입한 것이다.

자극에 가까운 북반구의 아이슬란드와 그린란드, 캐나다 등지에서 많이 관측되는데, 달빛과 구름의 상태에 따라 관측에 영향을 받는다. 우리가 갔을 때는 달이 커져 가는 시기였는데, 다행히 도착한 날 저녁에 우리 시간으로 1월 1일 아침에 극적인 오로라의 모습을 볼 수 있었다. 불행인지 다행인지 그날 이후로 보름 동안, 첫날 본 그런 오로라는 다시 볼 수 없었다. 그날 찍은 오로라 사진은 7월에 인사동에서 열린 6번째 개인전의 포스터에 사용되었다.

2월 말에는 그동안 5대륙 중 유일하게 가 본 적이 없는 아프리카로 여행할 기회가 생겼다. 내가 나가는 등산모임에서 아프리카 동반자를 구한다는 공고가 떠서 신청해서 가게 된 것이다. 케냐에 학교를 지어서 운영하고 있는 봉사단체에서 사진 촬영 도우미로 동반하자는 것이었다.

케냐에서 학교 개원식에 참석한 후 탄자니아, 잠비아, 짐바브웨, 보츠와나, 남아공을 여행하는 프로그램이었다. 케냐의 마사이 마라에서 사파리를 하며 아프리카 동물들과 마사이족의 삶의 모습을 카메라에 담았다. 세계 3대 폭포라는 빅토리아 폭포에서는 110미터 번지점프대에서 60세 기념 번지점프를 하기도 했다.

7월에는 하롱베이를 다녀왔던 대학친구들과 함께 벳푸에 부부 동반 여행을 다녀오기도 했다. 인사동에 있는 갤러리에서 작가 초대전을 하자고 해서 5번째 개인전을 열었다. 연초에 다녀온 아이슬란드 사진과 아프리카 사진 50점을 전시했다.

10월에는 전년도에 이어 억새꽃축제 추진위원장으로 축제를 진행했다. 연말에는 MBC와 막걸리 학교에서 진행한 2017 프리미엄 수제막걸리 콘테스트에서 우리 주력 제품인 '산정호수 동정춘 막걸리'가 25종의 내로라하는 막걸리 가운데서 2등을 차지하기도 했다. 대기업에서 생산하는 막걸리도 있었고, 나름의 전통을 가진 꽤 유명한 막걸리들도 출품됐는데 가장 작은 양조장, 그것도 3년밖에 되지 않은 우리 양조장의 술이 선정된 것이다. 그동안 여러 박람회장에서 시음을 하면서 술맛이 좋다는 이야기는 들었지만 그냥 인사치레로 여겨졌는데 실제로 객관적인 평가를 받은 것이다.

첫 직장 퇴직 후 12년이 지났다. 돌이켜보면 그 12년은 긴 시간이기도 하지만, 빨리 지나간 시간이기도 하다.

절대적인 시간으로 보면 12년은 결코 짧지 않은 시간이지만, 다른 한편으로 지나놓고 보니 내가 회사를 나오던 날이 마치 엊그제 같기도 한 것이다. 다른 퇴직자들도 만나 보면 대부분 퇴직 후에 보내는 시간들이 그러하다고 한다. 직장을 다닐 때는 어쨌든 급여의 반대급부로 내가 이룬 일들의 흔적이 남는다. 하지만 퇴직한 후에는 정신을 차리지 않으면 무엇을 했고 무엇을 이루었는지 별것도 없이 시간이 지나 버린다. 그렇게 나이만 먹게 되어 퇴직하고 나서 언제 이렇게 시간이 지났지, 반문할 때가 많다.

퇴직 후 12년은 24년간의 첫 직장생활보다 더 파란만장하게 지나갔다. 강의를 하거나 방송에 나가게 되면 내가 하는 것이 있다. 대기업 임원으로 지내던 내 직장 시절의 모습과, 세계 각국의 오지를 다니며 사진을 찍고, 빨간 구두를 신고 방송과 강의를 하고, 양조장에서 술을 담고, 주막 주방에서 앞치마를 두르고 일하는 현재의 모습을 함께 보여 주는 것이다. 그러면서 둘 중 어떻게 사는 것이 더 좋아 보이느냐고 물어본다. 대부분의 사람들이 현재의 내 모습이 더 좋아 보인다고 한다. 나 역시 지금의 내 삶이 훨씬 더 좋다.

이때 같이 던지는 질문이 있다. 실제로 대기업 임원으로 퇴직한 사람이 10여 년이 지나 회사생활 할 때보다 더 잘 지내는 것이 현실적으로 가능할까요? 여러분들이 현재 직장인이라면 퇴직하고 10년이 지났을 때 지금보다 더 좋아질 수 있을까요? 대부분 둘 다 어려울 것이라고 답한다. 이 책의 서두에서 퇴직하기 전후의 내 이야기를 길게 하는 것은 자랑이 목적이 아니다. 화려하지는 않지만 현직에 있을 때보다 재미있고 즐겁게 노후를 보내는 한 사례를 보여 주기 위함이다.

직장인이라면 누구나 꿈꾸는 수입과 명예가 어느 정도 보장된 임원으로서의 모습보다 시골 양조장 주인으로 사는 모습이 더 좋아 보인다는 것은 여러 가지를 시사한다. 두 방식의 삶 중 어떤 것이 더 좋을지를 평가하기란 쉽지 않다. 하지만 일반적인 기준으로 삶을 평가해 보면 가장 우선 기준인 얼마나 출세했느냐 다시 말해 더 유명해졌느냐를 기준으로 살펴본다면 퇴직 전 나와 현재의 나는 완전히 다른 사람이라고 할 수 있다.

당시에는 임원이기는 했지만 회사나 업계에서 몇몇이 이름을 아는 정도의 명성이었다. 하지만 지금은 자주는 아니지만 적어도 한 달에 한 번 이상은 공중파에 출연하는 꽤 유명인사가 되었다. 다른 평가 기준인 수입으로 판단할 수 있는데 퇴직 후 2, 3년 동안은 회사 다닐 때와 비교할 수 없는 소득을 올렸다. 하지만 이후 대학교수 시절과 시골 양조장 주인으로서의 소득은 그때에 미치지 못한다.

하지만 우리 부부가 큰 욕심 없이 여유롭게 생활하는 데에는 부족하지 않을 정도의 소득은 올리고 있다. 어쨌든 수입 총액만으로 놓고 보면 회사 다닐 때보다 지금이 적기는 하지만 수입원을 놓고 보면 얘기가 달라진다.

당시에 수입원은 오로지 급여뿐이었다. 하지만 지금은 양조장에서 제조하는 가양주 판매 수입과 주막 운영 수입, 그리고 방송과 강의 수입, 그리고 여러 군데 찍어 놓은 사이버 강의 인세와 사진전 수입, 몇 권의 책의 인세 등이 있다. 개인 연금제도 시행 초기에 가입한 연금 상품들로부터도 연금이 올해부터 지급된다. 금액이 많기는 했지만 그 수입이 중단되면 당장 먹고 살 일을 걱정해야 하는 직장생활에서의 급여보다, 큰 금액은 아니어도 여러 군데에서 다양하게 안정적으로 얻을 수 있는 현재의 수입이 훨씬 더 좋다.

이런 평가 말고 진정 내가 직장생활보다 지금이 좋은 것은 자유로움이다. 나는 빨간 구두를 신고 수염을 기르고 모자를 쓰고 다닌다. 빨간 구두는 보는 이들의 호불호가 갈리기는 하지만 나를 알리는 데에는 큰 역할을 했다. 내 이름과 얼굴을 잘 기억하지는 못해도 구두를 보고 나를 아주 많이들 알아보기 때문이다. 직장생활을 하는 동안 이런 복장으로 임원회의에 참석하고, 일년에 한두 번 장기 해외 여행을 간다고 하면 아마 당장 회사를 그만두게 되었을 것이다. 내가 사장이 아니고는 말이다.

많은 급여와 화려해 보이는 복리후생을 담보로 내 시간의 전부를 투자해야 하고, 언제 호출이 올지 몰라 항시 전전긍긍하며 경영진과 면담을 하거나 임원회의에 참석하고 업적 때문에 항상 빚진 듯한 생활을 다시는 하지 않아도 된다.

모든 시간표는 내가 짠다. 그리고 그것조차도 필요하다면 조정할 수 있다. 음식점은 일정한 시간에 문을 열고 일정한 요일에 휴무를 해야 하지만, 우리 주막은 그것조차도 내 일정에 맞춘다. 이처럼 후반 인생의 주인은 바로 나라는 관점에서 생활하고 있다. 이렇게 하면 사업체를 운영하는 데는 다소 손실이 올 수 있다. 하지만 내 삶이 보호되고 있다는 만족감이 그 손실을 충당하고도 남는다.

퇴직 후 내 은퇴생활을 돌이켜 정리해 보자면, 첫째, 은퇴를 미리 준비해야 한다는 것이다. 그렇지 않고 퇴직하고 나서야 무언가를 하게 되면 대부분 마음이 급해져서 하지 말아야 할 선택을 하고 만다.

은퇴연구소를 만들고, 은퇴에 대한 강의와 방송을 하고 대학교수가 되고 했던 일들은 퇴직 전 내가 준비한 것들의 결과물이었다. 동업으로 첫 사업을 시작하고, 대학에서 총장직무대행을 맡은 것은 달랐다. 그것들은 퇴직자들이 흔히 범하는 잘못, 즉 준비도 없이 조급함만 앞세워 시작한 실수일 수 있다.

동업은 무엇인가를 안정적으로 폼 나게 해 보고 싶다는, 대부분의 퇴직자들이 퇴직 초기에 보일 수 있는 조바심의 결과였다. 충분히 사업과 동업자에 대해 검토해 보지도 않고, 그냥 보고 싶은 것만 보고, 혼자 하는 것보다는 같이 하는 것이 좋을 것 같다는 판단을 한 것이다. 충분한 준비도 없이 시작한 그 첫 번째 도전은 참담한 실패로 끝나 버렸다.

대학교에서 총장직무대행을 맡았던 일도 재단에서 전입금 문제로 갈등을 겪던 전임 총장이 그만둔 상황에서 기획처장이었던 나에게 보직을 맡긴 것이었다. 직무대행을 맡고 나서 마지막에는 교직원들의 급여도 줄 수 없는 상황이 되어 재단에 크게 항의한 일이 괘씸죄가 되어 후임자에게 직무대행을 넘겨주었다. 그 기간 동안 총장 급여와는 비교도 안 되는 적은 액수의 보직 수당을 받았는데 이후 감사에서 그 수당조차 규정에 맞지 않다고 환수 지적을 받았다. 그럴듯한 직책과 명함을 만들어 주고 실제 권한은 없이, 흔히 말하는 '바지'를 만드는 것인데 이에 잘못 휘말리면 크게는 민사적, 형사적 책임까지도 지게 된다.

둘째, 오랫동안 잘할 수 있는 일을 찾아봐야 한다는 것이다. 이것이 모든 퇴직자들의 고민 가운데 하나인 굵고 짧게 살 것인가 아니면 가늘고 길게 살 것인가에 대한 답이 될 수 있다. 이제는 '굵게'보다는 '길게'에 더 관심을 두어야 한다. '길게'를 먼저 생각하고 '가늘게'보다는 '굵게' 할 수 있는 일을 생각해 보아야 한다. 가는 것들이 겹쳐지면 굵게 될 수 있다.

퇴직 후 잠깐 동안을 보낼 수 있는 일들은 할 수 있다. 하지만 이런 일들이 중단되었을 때 받는 상실감은 처음 퇴직할 때 받는 충격과 비교해서 큰 차이가 없다. 그래서 처음 몇 번 도전해 보다가 안 되면 그때부터는 매사에 흥미를 잃고 소극적인 태도를 보이게 된다.

하지만 퇴직 후 나에게 남은 수많은 날들을 생각해 보면, 이런 태도로 삶을 사는 게 얼마나 위험한 일인지 모른다. 그런데 사실 30~40년을 지속할 수 있는 새로운 일을 찾는다는 게 쉽지가 않다.

더구나 평생직장이나 평생직업 등의 단어가 낯설지 않았던 퇴직 전과는 달리 인간이 하던 일을 로봇이나 컴퓨터가 대체할 수도 있는 시대가 되어 가고 있다. 이러한 현실 속에서 퇴직자들이 몇 십 년간을 지속할 수 있는 일을 한다는 것은 현실적으로 불가능할 수도 있다. 그래서 대안이 여러 가지 일을 하는 것이다. 한 가지 분야에만 집중하는 전문가로서의 삶도 있겠지만, 다양한 분야의 작은 일들과 금전적인 소득이 없는 일까지 합치는 삶도 바람직해 보인다. 가는 것들을 겹쳐서 굵게 만드는 것이다. 그렇게 하기 위해서는 호기심을 잃지 않고 새로운 일에 대한 도전을 멈추지 말아야 한다.

셋째, 가급적 은퇴 후 하고자 하는 일들을 미리 체험해 보는 것이 좋다. 미리 체험해 보지 않는다면? 주막에서의 나의 모습을 보자. 음식의 간을 맞추지 못해서 손님으로부터 퇴짜를 당하기도 했다. 연잎밥을 만들려면 소금 세 스푼을 넣어야 하는데 세 컵을 넣어서 한 솥 가득 지은 연잎밥을 모두 버린 적도 있다. 그뿐인가? 그릇 도매상에서 추천해 주는 대로 받아다가 그대로 처박아 둔 그릇들과 제빙기, 일년에 몇 잔밖에 팔지 못하는 전통주 칵테일을 하겠다고 주방을 세

팅하고 준비한 재료들과 컵 등등, 쳐다볼 때마다 화가 난다.

양조장에서도 증류주를 만들면서 온도 조절을 잘못 하는 바람에 증류기가 폭발해서 양조장을 태워 버릴 뻔한 사건이 몇 번 있었다. 배달하는 도중에 과잉발효가 일어나 술병에서 술이 넘쳐 나와 반품 당한 적도 있다. 처음 면허를 받을 때 필요하다고 해서 인터넷을 뒤져 중국에 주문한 장비들이 연락이 원만치 못해 예정된 기일을 넘겨 도착하기도 했는데, 이를 통관시켜 양조장까지 운반해다가 설치하는 일까지는 그래도 견딜 만했다. 그런데 막상 그 장비들은 간단한 국산제품으로 대치할 수 있거나 필요치 않은 것들이었다. 그런데도 거의 사용하지 않는 이 장비들이 안 그래도 좁은 양조장의 한편을 차지하고 있다. 화를 돋우는 또 하나의 장면이다.

내가 만약 양조장을 시작하기 전에 양조장에서 양조 업무를 조금이라도 해 보았다면 그리고 주방 경험이 조금만 있었다면 일어나지 않았을 일들이다. 은퇴에 대해서도 이와 같은 '이상과 현실의 갭'이 존재한다. 꿈꾸던 은퇴생활을 현실화하려면 예행연습이 꼭 필요하다. 퇴직 후 무언가를 당장 시작하면 좋겠지만 그것을 오랫동안 잘하려면 충분히 준비한 후에 시작해야 한다. 은퇴생활 기간 전체를 놓고 보면 이렇게 준비하는 기간은 그리 긴 시간도 아니다. 그러므로 준비를 하면서 아무리 작은 일처럼 느껴져도 절대로 쓸데없는 시간 낭비라고 생각하면 안 된다.

Five years before Retirement

- 1장 -
은퇴 후 삶에
실패하는 이유

LEARN

RETIREMENT

은퇴를 생각할 때 우리의 가장 큰 문제는 무엇일까? 경제적인 준비보다 더 중요한 게 있음을 생각지 않는다는 것이다. 1996년, 리 아이어코카Lido Anthony Iacocca는 「포춘Fortune」지를 통해 자신의 은퇴생활이 실패했음을 고백한다. 전 세계 수많은 사람들이 그 기사를 보고 놀라움을 금치 못했다. 그의 말이다.

"은퇴에 대해 당신은 삶의 모든 것을 계획한다. 그러나 실제로 당신은 어떤 사람이 될지, 삶의 여유를 가지면서 동시에 할 수 있는 일이 무엇인지 충분히 생각하지 않는다. 그래서 은퇴를 지탱하던 지붕이 꺼져 버리곤 한다."

아니, 어떻게 아이어코카보다 더 잘할 수 있단 말인가? 리 아이어코카는 1946년부터 포드에서 근무했으며, 기술자로 활동하기 시작한 지 얼마 되지 않아 판매·홍보 부서로 자리를 옮긴다. 이때부터 그는 필라델피아에서 보조 판매부장assistant sales manager으로 일했다. 1965년 포드 사장 자리까지 올라간 그는 당시 회장인 헨리 포드 2세와 계속 갈등을 빚었는데, 회사에 수많은 이익을 남겨 주었음에도 불구하고 1978년 포드로부터 해고당했다.

포드에서 쫓겨난 이후, 아이어코카는 당시 폐업 직전이나 다름없었던 크라이슬러로 가서 회사를 재건하고자 했다. 구조조정을 단행해 1980년 한 해에만 5억 달러에 달하는 비용을 절감했다. 또한 워싱턴 D.C.에 가서 상원, 하원 청문회에 불려 다니며 노력한 결과, 연방 정부로부터 15억 달러 규모의 융자금 보증을 얻어 냈다. 1988년에는 민주당 대통령 후보로 거론되기도 했다.

그러나 아이어코카는 1992년 말에 후계자로 로버트 이튼Robert Eaton을 지명하고 크라이슬러사 회장 자리를 사임했다. 은퇴 이후 아이어코카는 고급 이탈리아 식당을 열었으며, 당뇨병을 앓던 아내와 사별한 것을 계기로 당뇨병 치료 재단을 설립하고, 영화사 MGM에 이사로 참여하기도 했다. 그러다 1995년에는 자신의 억만장자 친구였던 커크 커코리언Kirk Kerkorian과 손잡고 크라이슬러의 회장으로 복귀하려고 했지만, 여의치 않아 복귀에 실패한다.

부자이고 유명하고 미국 대통령 후보로 많은 미국인들이 추천할 만큼 존경받았던 사람이 은퇴생활에 실패했다니 도대체 이게 무슨 소리인가? 그러나 은퇴생활의 행복과 방향을 찾지 못했다는 점에서 그 자신은 은퇴 후 삶이 실패했다고 고백한 것이다.

그렇다면 우리는 그보다 잘할 수 있을까? 그 답을 찾아보자. 쉬운 문제는 아니지만 우리의 부모님이나 조부모님의 은퇴생활을 생각해 보면 어떤 힌트를 얻을 수 있을 것이다. 그들은 자신만의 인생을 살았고, 저축도 했고, 그 돈으로 나름대로 멋진 은퇴생활을 즐길 수 있었다.

그러나, 그들의 은퇴와 오늘의 은퇴를 비교해 보자. 오늘의 은퇴는 그때와는 너무 다르다. 왜냐하면 우리는 그들보다 30년 이상을 더 살아야 하기 때문이다. 그리고 30년은 골프나 치면서 또는 손자와 놀거나 책이나 읽으면서 보내기에는 너무나 긴 시간이다. 그래서 레저나 즐기며 시간을 죽이는 것이 전부라는 식의 전통적인 은퇴생활은 사절해야 한다. 이제 대부분의 사람들은 다가오는 은퇴생활에서 더 균형 잡히고 만족하는 삶을 살고 싶어 한다. 다양한 활동으로 삶을 채우고 싶어 한다.

하지만 그들은 아직 균형과 만족의 의미를 정확히 알지 못한다. 그래서 매일의 삶 속에서 어떻게 변화를 해야 할지 그리고 그것이 무엇을 의미하는지도 잘 알지 못한다. 그러므로 은퇴 후의 실제 모습을 정확히 그려 보는 것만이 자신의 은퇴 후 삶을 이해하는 데 도움이 될 수 있다. 그렇게 하면 매우 긍정적인 활동들로 은퇴생활 기간을 채울 수 있을 것이다.

막연히 기대하는 사람들

많은 이들이 은퇴생활이라고 하면 재무적인 준비를 충실히 하면 되는 것으로 막연하게 생각한다. 그리고 은퇴생활을 마치 우리가 일정 기간이 되면 성장해서 학교를 가고 취직을 하고 결혼을 했던 것처럼 자연스러운 과정으로서 잘 진행될 것이라고 막연히 기대한다. 그럴 수도 있을 것이다. 하지만 우리의 은퇴생활은 그렇게 단순하지만은 않다. 은퇴하기 전에는 주어진 일 이외에는 신경을 쓰기가 힘들었다. 우리는 눈앞에 보이는 일보다 더 중요할 수 있는 다른 많은 일들을 대부분 은퇴 후에 하려고 미룬다.

은퇴 후의 시간들에 대해, 그동안 짜인 틀 안에서 지냈던 것과 비교해 이제는 스스로 일상을 통제할 수 있을 것이라 기대하기 때문이다. 하지만 막상 은퇴생활에 들어서면 그렇지 않다. 우리는 은퇴 첫날부터 자신이 꿈꾸던 삶으로 변화시키는 데 예상치 못한 장애가 있음을 알게 된다.

'지금까지의 나'는 가족과 일에 큰 영향을 받아서 이루어진 결정체일 것이다. 은퇴생활에서의 나는 크게 다를까? 변함없는 사실은 결코 가족과의 관계를 무시할 수 없다는 것이다. 가족을 고려하지 않고 내 맘대로 살 수는 없다. 새롭게 하게 될 다른 일도 은퇴 전과 그 양상은 다르겠지만 여전히 나 자신에게 큰 영향을 미칠 것이다.

그러므로 은퇴 후 자신의 모습을 생각할 때는 가족과의 관계와 해야 할 일들에 대해 충분히 고려해야 한다. 그렇지 않으면 은퇴생활의 목표가 손에 잡히지 않기 때문이다. 삶의 목적을 잃었으니 일상에 열정이 발휘될 리가 만무하다. 오히려 그동안 해 오던 활동들이 갑자기 중단된 데서 오는 허전함과 허탈함이 뒤범벅이 되어 혼란스러운 삶을 살게 될 공산이 크다. 대부분 은퇴 전에 염려했던 것보다 훨씬 더 절망스러운 은퇴생활을 경험하게 될 것이다.

그러므로 놓치지 말자. 은퇴생활은 나만의 것이 아니다. 내가 통제할 수 없는 주변 사람들과 다른 일 등 여러 가지 외부 환경이 은퇴생활을 조정하며 은퇴 후 삶에 큰 영향을 미치기도 한다.

은퇴 후 벌어질 상황을 정말 아는가?

바람직한 은퇴생활을 영위하기 위해서는 은퇴 전에 충분히 대비해 두어야 한다. 그러나 충분히 준비한 후에 은퇴를 맞이하는 경우는 드물다. 은퇴 후 행복하게 잘 살기 위해 무엇을 계획하고 실천해야 하는지 은퇴 전에는 대부분이 잘 모르기 때문이다.

『피리 부는 사나이』라는 동화가 있다. 아이들이 피리 부는 사나이를 따라간다. 왜 가는지, 어디로 가는지 아무것도 모른 채 오로지 피리 소리에 이끌려서 가지 말라고 말리는 어른들의 이야기는 전혀 들리지 않는다. 결국 아이들은 사나이를 따라가 동네에서 영원히 사라져 버린다.

대부분의 은퇴자들이 그처럼 피리 소리에 이끌려 가는 것 같다.

그들에게는 길은 오로지 하나뿐이다. 그 길의 끝에 무엇이 있는지는 그리 중요하지 않다. 친구들이 모두 그 길을 향하고 있기 때문에 아무런 의심도 걱정도 없이 그 길을 걷는 것이다. 예비 은퇴자들에게 "어떻게 은퇴를 준비하고 있느냐?"라고 물어보면, 대부분 "아직 특별한 계획이 없다. 몇 달(또는 몇 년)은 푹 쉬면서 생각해 보겠다"고 답한다.

다시 "왜 그러느냐"고 물어보면, "사실 친구들이 대부분 그렇게 하고 있기 때문에 나도 그렇게 하고 있다"고 답한다. 튀지 말고 남들 하는 대로만 하자는 군중심리에 휩싸인 것이다. 자신의 삶을 남 일 대하듯 하는 것이다. 그래서 군중심리는 매우 위험하다.

군중심리가 무엇인지 자세히 살펴보자. 군중심리는 다음과 같은 주요한 두 가지 특징을 보인다. 첫째, '잘못 불가의 환상'이다. 집단이 절대로 잘못될 리 없다는 착각이다. 둘째, '합리화의 환상'이다. 잘못될 수도 있다는 경고를 무시하기 위해 집단적으로 합리화를 해버린다.

이러한 군중심리의 환상 속에서 자신의 은퇴생활이 동료들처럼 안전할 것이라 여긴다. 그래서 나만 특별히 무엇인가를 준비할 필요는 없다고 생각하는 것이다. 『누가 내 치즈를 옮겼을까?』라는 책에 보면, 항상 가득 차 있고 영원할 것 같았던 창고 안의 치즈가 어느 날 바닥이 났다. 이것은 결국 그렇게 될 수밖에 없는 상황을 애써 나 몰라라 하며 별다른 대비를 하지 않는 예비 은퇴자 또는 은퇴생활자들에게 던지는 메시지이다.

러시안 룰렛 게임은 여섯 발의 탄창집에 한 발의 총알만을 넣은 채로 자신의 머리에 대고 방아쇠를 당기는 것이다. 확률은 1/6이다. 마지막까지 남는 자가 이긴다. 실력이라는 것을 발휘한다는 게 거의 불가능한, 운밖에 믿을 것이 없는 게임이다. 준비 없이 은퇴를 맞는 게 이와 유사하다. 대책 없는 은퇴생활은 룰렛 게임처럼 한 발 한 발에 자기 인생을 맡기는 것과 별반 다를 바 없다는 말이다.

은퇴 이후의 삶은 변수가 너무나 많다. 더구나 회사라는 울타리는 더 이상 존재하지 않는다. 회사라는 보호막은 없어졌는데 그 같은 상황에서 앞으로 무슨 일이 일어날지 예측할 수 없다. 이러한 불안감 속에서 살아가야 할 남은 인생이 30년에서 40년이다. 운이 없으면(?) 그 이상 살게 될 수도 있다. 이 같은 은퇴생활은 그야말로 비극이다. 그만큼 장기간 언제 내 이마를 관통할지 모르는 총알 앞에 무방비로 노출되어 있는 셈이다. 이쯤 되면 은퇴생활은 하루하루 살얼음판을 걷는 최악의 기피 상황이 되고 만다. 이렇게 위태위태하게 후반 인생을 사는 와중에 뭔가 해 보려다가 한 번 실수하면 회복하기가 어렵다. 한 번 발을 잘못 디디면 치명상을 입을 수 있는 것이다.

역전의 역설

문화체육관광부에서 사업설명회를 한다고 해서 담당 공무원과 대전에 가게 되었다. 차안에서 이런저런 얘기를 나누었는데 50대 중반인 그 공무원은 서울시에서 근무하다가 고향으로 근무지를 옮겼다고 한다. 얼마 전부터 동네 업무 때문에 자주 만나 친해졌다.

그런데 그 사람이 근무하는 부서의 장이 작년 연말 정년퇴직을 하고 그 후임으로 새로운 상사가 왔는데, 자기보다 세 살이 아래란다. 공무원이라 부서를 옮겨 다니며 근무를 했는데, 이 부서로 오기 직전에 근무했던 서울 사무소의 부서는 승진하기에 불리했다고 한다.

근무 평정을 하는 직속 상사와 자주 얼굴을 마주치고 부대끼기도 하면서 가까이 했어야 하는데 그러지 못했다는 것이다. 눈에서 멀어지면 마음에서도 멀어진다는 말처럼 상사와 멀리 떨어져 지내는 바람에 승진에 중요한 시기를 흘려보낸 것이 아쉽다고 했다. 그리고 지금까지 직장생활에서 나이가 역전되는 상황은 처음이라고 했다.

지방에서의 공무원 세계는 거의 친인척 모임 같은 조직이다. 혈연과 학연, 지연 등이 복합적으로 연계되어 직급보다는 인간적인 관계가 훨씬 더 중요시되는 조직이다. 그래서 이곳에서 자신의 위치를 판단하는 중요한 요소가 연공서열이고, 그중에서도 나이와 학번은 더 중요한 정체성의 구성 요소이다.

그런데 이것들이 역전되는 상황은 자신의 정체성을 혼동하게 하는 큰 사건이다. 하지만 조직 입장에서 보면 이러한 연공서열보다는 개인의 능력을 우선시할 수밖에 없다. 더구나 공무원 조직은 출발 단계부터가 차이가 날 수밖에 없는 계급사회인지라 이러한 경우가 다반사가 될 수밖에 없다. 그래도 시골의 관공서에서는 자주 있는 일이 아니다 보니 그 공무원은 충격이 더 큰 것 같았다.

군이 공무원 사회가 아니더라도 조직사회에서 이런 일들은 자주 일어난다. 그런데 직장생활에서 산전수전을 다 겪고 곧 퇴직을 앞둔 흔히 말하는 고참 시절에 이 같은 일을 많이들 경험한다.

신입사원으로 같이 출발했지만 정년이나 퇴직을 앞둔 시점이 되면 그 격차는 상상할 수 없을 정도로 벌어진다. 누군가는 부서가 아닌 사업부나 회사 전체를 총괄하는 관리자가 되어 있다. 반면에 다른 누군가는 시간이 지나면 도달하게 되는 자리에도 가 있지 못하다. 그는 동기뿐만 아니라 후배들에게도 역전을 당한다. 이 정도 연배가 되면 조기퇴직을 피할 수 없기도 한데, 이때 꼭 먼저 대상이 되는 쪽이 후자이다.

구조조정의 기준이란 게 회사마다 차이가 있지만, 대부분 나이를 기준으로 일반적으로 도달해야 할 직급에 이르지 못한 자들을 기준으로 이루어진다. 역전의 설움으로 울분에 차 있거나, 자학으로 상처를 가득 안고 있는데 조직에서 버림받기까지 하게 되는 것이다.

물론 위에 거론한 공무원은 명예퇴직이나 구조조정으로 강제 퇴직을 당하지는 않겠지만 역전의 충격은 동일할 수 있다. 그 사람은 이번에 정년퇴직한 전임 상사가 참 부럽다고 했다. 전임 상사는 9급 공무원으로 시작해서 지방직 3급으로 공무원 생활을 마무리했는데, 퇴직 후에는 부인이 운영하는 피아노 학원의 운전기사로 일하기로 했다면서, 연금을 받고 큰 스트레스 없이 자신의 일을 할 수 있는 그 상사처럼 퇴직할 수 있으면 좋겠다고 했다.

직장생활을 하는 동안 모두가 자신이 원하는 시기에 원하는 승진을 하고 원하는 부서에서 일을 할 수는 없다. 조직은 조직 나름의 원칙이 있고 직급이 높아질수록 자리가 적어지는 구조가 될 수밖에 없다. 승진 경쟁과 직급의 차별화는 어쩔 수 없는 것이다.

모든 조직원들이 이 같은 상황을 이해하기는 한다. 하지만 실제로 본인에게 문제가 닥쳤을 때는 쉽게 동의하지 못한다. 즉 대개 조기 퇴직에 대해 이중적인 태도를 갖고 있는 것이다. 그래서 그 사람에게 내 힘으로 어찌할 수 없는 조직 내 문제를 가지고 너무 스트레스를 받지 말라고 조언해 주었다. 이러한 상황에 대해서 너무 깊게 생각하다 보면 급기야 조직을 불신하고 자신이 무능한 것 같아 자책을 일삼게 된다. 고민해 봐야 이같이 안타까운 결과만 초래할 문제를 가지고 씨름하는 것은 합당하지 못한 일이다.

나는 그 공무원에게 상사의 능력에 대해서는 인정하고, 업무 처리를 냉정하게 하라고 했다. 그렇게 조직과 업무를 스스로 받아들이고, 조직 외적인 면에서 자신만의 능력이나 역할에 대해서 고민하는 것이 훨씬 더 중요하다고 말해 주었다. 지금은 3년이 역전되었지만 지금부터 10년 뒤, 그러니까 이 사람이 퇴직하고 5년 뒤이고 그 나이 어린 상사가 퇴직하고 2년이 되었을 때 그때에도 퇴직 5년 된 사람이 퇴직 2년밖에 안 된 사람에게 역전당하는 삶이 되지 않도록 지금부터 고민하고 준비해 보라고 얘기했다.

'퇴직이 5년밖에 남지 않았다'며 염려하지 말고 '5년만 있으면 내가 그보다 3년 먼저 퇴직할 수 있다'면서 오히려 자신이 약점이라 생각하는 것을 강점으로 활용해 보자는 것이다.

그렇지 않고 역전당했다는 상실감을 갖고 생활한다 치자. 그러면 남은 5년은 스트레스의 연속이다. 5년 후 퇴직에서 얻을 수 있는 것도 없다. 퇴직은 일렬횡대로 시작한 직장생활에서 어쩔 수 없는 서열로 다시 일렬종대가 되었지만, 다시 일렬횡대로 마치는 것이다. 직장생활에서 추월당했던 아픔을 다시 겪지 않으려면 이번만큼은 충분히 준비운동을 하고 달리기 연습을 해서 은퇴의 출발선상에 서야 한다. 와신상담했다면 그 결과는 달라질 수 있다.

진정한 결승인 인생 후반의 레이스에서 새로운 역전을 해보자.

은퇴한 이후 나의 역할은 무엇인가?

'이번 주에는 뭘 해야 하지?', '이제 더 이상 나에게는 일이 주어지지 않는 거구나.' 은퇴생활의 현실을 알게 된 퇴직 후 첫 월요일 아침, 당황스럽기만 하다. 마치 회사에 다닐 때 잘못을 저질렀거나 회사의 방침에 맞지 않아서 일을 하지 못한 채 대기 발령을 받은 것 같다.

대기 발령을 받으면 어제까지 수많은 지시와 명령을 내리던 상사도 얼굴을 마주치지 않으려고 외면한다. 동료들조차 눈치를 보며 어울리지 않으려 한다. 은퇴는 그때와 비슷한 상황이 재연된 것으로 느껴지기도 한다. 큰 프로젝트를 진행하다가 실수를 범해 프로젝트에서 나만 제외되어 더 이상 그 일을 할 수 없는 상황이 된 것처럼 말이다.

상사도, 업무도 없는 대기 발령자가 된 듯한 상황. 직장생활을 하면서 느낀 최악의 상황에 대한 두려움이 무엇이었나? '더 이상 이 일을 할 수 없게 된다면, 그럼 난 어쩌지?' 그 두려움이 현실이 되어 버린 것에 소스라치게 놀라게 된다. 하지만 은퇴 전에는 이러한 두려움에 빠지는 것도 상사의 명령을 받아 업무를 수행하다가 벌어지는 일이다. 하지만 은퇴 후는 상황이 전혀 다르다. 은퇴생활은 직장생활과 달리 전적으로 자기 소관이다.

스스로 납득이 되면 무엇이든 자기가 원하는 대로 할 수 있는 것이 은퇴생활이다. 즉 은퇴생활이 행복할지 불행할지를 결정할 열쇠의 주인은 바로 자기 자신이다. 그러나 대부분의 사람들이 이 같은 사실을 정확히 알지 못한 채 은퇴를 맞이한다. 주인으로서 은퇴생활을 할 수 없다면 어떨까? 그 은퇴생활은 상사를 잘못 만난 형편없는 조직과 같이 운영될 것이다.

은퇴 후의 삶은 지금껏 해 보지 못한 것들을 경험할 좋은 기회가 될 수 있다. 누구의 명령도 받지 않고, 스스로 자신의 상사가 된다. 자기 자신을 위한 멋있는 상사가 되고 싶지 않은가? 그러려면 은퇴 전에 많은 고민을 하면서 구체적인 방법들을 준비해야 한다. 그렇게 은퇴에 대비한다면 미래는 무한한 가능성으로 자신을 기다린다.

우리는 은퇴를 새로운 인생의 여명으로 받아들여야 한다. 그런데 은퇴를 맞이하는 사람들은 두 부류로 나뉜다. 한쪽은 보다 새롭고 즐거울 은퇴생활을 마음 설레며 기대한다. 안타깝게도 이러한 시각을 가진 사람들은 소수에 지나지 않는다. 그 나머지 대부분의 사람들은 마지막 날이 다가오고 있다는 사실을 두려워하며 하루하루 절망적으로 은퇴를 향해 가고 있다.

대부분의 사람들이 은퇴를 비관적으로 보는 이유는 무엇일까? 그들의 걱정은 이렇다. '이제까지 내 삶의 대부분을 차지했던 직장도, 동료도 더는 없다. 나는 그렇게 아무런 직위도, 권력도 없이 무료함으로 가득한 은퇴생활을 맞게 될 것이다.'

어느 의사가 화려한 은퇴식을 했다. 그는 은퇴생활을 위해 많은 자산을 투자했다. 그리고 한 달쯤 지나 그 의사는 자살했다. 유서에는 다음과 같이 쓰여 있었다. "나는 45일 전만 해도 OO대학병원의 훌륭한 의사였다. 그러나 지금 나는 아무것도 아니다." 그는 결국 자신을 필요로 하는 사람이 없다는 것을 비관하고, 극단적인 선택을 한 것이다.

하지만 관점을 바꿔 보라. 사실 자신을 간절히 원하는 사람이 있다. 바로 자기 자신이다. 그동안 다른 사람들에게 지시를 받고, 다른 사람들의 이익을 위해 이른 아침부터 밤늦게까지 일을 해 왔다. 하지만 이제부터는 얼마든지 자신의 의지대로, 자신의 이익을 위해 일할 수 있다.

당신은 은퇴를 어떻게 보고 있는가? 은퇴자들을 만나 보면 대부분 과거에 좋았던 기억만 회상하며 지낸다. 그러나 그 기억 속의 과거가 정말로 다 좋은 기억들인가? 과연 다시 과거로 돌아간다면 지금의 현실과 다른 상황을 맞이할 수 있을까?

우리는 은퇴를 바라보는 시각을 미래 지향적으로 정리해 볼 필요가 있다. 멋진 은퇴생활의 기본은 무엇인가? 우선 스스로 "은퇴란 매우 행복한 일"이라고 말할 수 있어야 한다. 새로운 인생 설계는 이 같은 긍정적인 관점에서부터 시작되어야 한다. 은퇴자들은 자신에게 다가온 새로운 기회에 대해 긍정적인 사고를 해야 한다. 이는 은퇴생활을 긍정적인 활동으로 구성하기 위한 핵심적인 요소이다.

한 부부는 은퇴 후 복잡한 도시를 떠나 은퇴 전에 종종 휴가를 즐겼던 휴양지로 이사했다. 그들은 은퇴생활이란 휴가가 무한정으로 확대되는 것이라고 생각했다. 한 달 뒤 그들은 영원한 휴가는 무료하다는 사실을 발견했다. 그것은 쳇바퀴 굴러가듯 단조로운 생활이었다. 부부는 단계적으로 가치를 높일 새로운 일을 찾아보기로 의견을 모았다. 그들은 즐겁게 할 만한 파트타임 일이나 봉사활동을 찾기로 했다. 그들은 그 같은 일과 활동들을 통해서 은퇴생활을 훨씬 더 신선하고 바람직하게 만들었다. 남편의 말이다.

"내가 만약 새로운 시도에 대해 마음의 문을 열지 않고, 그냥 과거의 생각대로 은퇴라는 것에 만족해하며 지냈다면 어땠을까? 이 생각을 하면 몸서리가 쳐진다."

은퇴 후에는 많은 시간이 있다. 그 많은 시간들은 은퇴 전과 마찬가지로 자신이 하는 일로부터 얻는 행복감으로 가득 채워져야 한다.

은퇴에 대한 오해가 부른 잘못된 계획들

대부분의 사람들 머릿속에 있는 은퇴의 일반적인 개념은 무엇일까? 그것은 '일정 연령에 도달해 일을 그만둔 상태'일 것이다. 그런데 일정한 연령은 몇 살일까? 그리고 일을 그만둔다는 것은 무엇을 의미하는가?

인간에게 일은 경제적인 자원으로서의 의미와 생활의 의미를 함께 제공해 준다. 그뿐만이 아니다. 일은 개인에게 정체감을 심어 준다. 일을 통해 자신에 대한 가치와 자존감을 형성하기 때문에 일은 다분히 자아 실현적인 의미를 지닌다. 그 외에도 일은 가정과 사회집단에서 중요한 상호작용을 경험하게 한다.

따라서 은퇴는 개인의 삶에서 단순히 직업의 상실이라는 차원을 넘어 신체적, 심리적, 사회적 변화를 가져온다. 은퇴가 개인에게 끼칠 영향은 매우 크기 때문에 그에 잘 적응해야 한다. 은퇴는 그야말로 생애를 통틀어 대전환기적 사건이다. 그만큼 은퇴는 개인에게 매우 중요한 의미를 지닌다.

지금까지 은퇴생활에 대한 생각은 어땠나? '자신의 진부를 바쳐해오던 일에서 물러나 휴가나 즐기면서 여유롭고 편안하게 사는 삶'이라는 생각이 지배적이었다. 은퇴의 의미는 은퇴를 어떻게 받아들이느냐에 따라 저마다 다를 수 있다. 은퇴를 새로운 인생의 시작으로 생각하고 은퇴 이후의 삶을 준비해 온 사람에게 은퇴생활이란 '자신이 원하는 것을 할 수 있는 긍정적인 시간'일 수 있다.

하지만 준비하지 않고 은퇴를 맞이한 사람은 수입원이 줄어 생활에 위험을 느낄 수도 있다. 또한 사회적 지위 및 역할의 상실로 인한 심리적 불안을 견뎌야 하는 부정적인 시간이 될 가능성이 있다.

은퇴란 개인이 전 생애에 걸친 생활 주기상에서 겪게 되는 하나의 중요한 사건이다. 또한 공식적으로 일에서 물러나는 사건이다. 아울러 은퇴는 은퇴자로서 새로운 역할을 수행하기 위한 준비와, 은퇴 후의 적응까지를 포함하는 과정이다. 이는 은퇴의 의미에 '사건', '역할', '과정' 모두를 포함시키는 것이다.

먼저 은퇴가 '사건'으로 간주될 때 은퇴는 직업생활의 중단을 뜻한다. 그러나 사건이라는 측면에서 은퇴를 정의하는 것은 이렇다 할 사건 없이도 은퇴를 맞기도 하기 때문에 한계를 갖는다. 예를 들어 자영업자나 자영농은 특별한 행사나 사건 없이도 은퇴를 한다.

다음으로 '역할'이라는 측면에서 은퇴는 권리와 의무라는 은퇴자의 행동적인 기대로 간주된다. 은퇴자의 권리는 직업이나 부정적인 사회적 평가 없이도 경제적 부양을 받을 수 있는 것과 개인적인 시간을 자율적으로 관리하는 것이다. 은퇴자에게 주어지는 의무는 그들이 개인적인 생활을 누군가의 도움 없이 영위해야 한다는 것과 적절한 라이프스타일을 스스로 결정하고 선택해야 한다는 것이다.

마지막으로 은퇴를 '과정'이라는 측면에서 보면, 은퇴란 개인의 직업적 경력이 끝나거나 줄어드는 과정이다. 또한 기대했던 새로운 지위와 역할로의 전이 과정이 되며, 그에 따라 종전의 역할이 아닌 새로운 사회화가 이루어지는 과정으로 볼 수 있다.

종합하면, 은퇴란 '역할' 전환과 관련해 중년기로부터 노년기로 진입하는 분기점이 되는 '사건'을 포함하는 개인의 생활주기 내에서의 '과정'을 말한다. 따라서 은퇴라는 것을 경제적 수입원이 중단되거나 일정한 연령에 이르러 치르는 행사 정도로만 인식하지 말자. 퇴직이라는 사건 중심으로 보자면, 퇴직 전 준비를 하는 몇 년간의 과정과 퇴직 후 적응하는 몇 년간의 과정까지를 연이어 하나의 인생 경로상의 과정으로 보는 것이 타당하다.

은퇴를 바르게 바라보게 할 새로운 관점

은퇴를 생각하면 일반적으로 떠오르는 6가지의 경우가 있다. 쇠퇴decline와 질병disease, 의존성dependency과 우울depression과 노망decrepitude이라는 문제와 마지막으로 사망death이라는 문제까지이다. 그러나 앞으로의 은퇴는 새로운 5가지의 과정으로 진입할 필요가 있다. 갱신renewal과 갱생rebirth과 쇄신regeneration과 원기회복revitalization 및 회춘rejuvenation이 그것이다.

우선 '쇠퇴decline'라는 관점에서 보면, 이는 쇠락과 허약과 감퇴를 의미하는 용어로서 은퇴 후의 삶을 정의하기도 한다. 그런데 나이가 먹는다고 다 쇠락하고 허약해지는 것일까? 육체적인 문제만을 놓고 보면 그럴 수도 있다. 하지만 인간이 가진 것이 단지 육체적인 힘만

이 아닐 텐데, 사람들은 단순하게 육체적인 문제만을 중심으로 생각한다. 정신적인 면에서는 오히려 더 성숙해져 있을 수도 있다. 또한 경험 면에서는 젊은이들이 도저히 접근할 수 없는 경지에 도달해 있을 수도 있다. 20대의 젊은이지만 80대의 노인처럼 행동하고 생각할 수도 있고, 80대의 노인이지만 20대보다 더 젊게 생각하고 행동할 수도 있다.

'질병disease'이라는 관점에서 보면, 사실 은퇴하고 나면 젊었을 때보다는 훨씬 더 건강이 좋지 않을 수도 있다. 하지만 평소 규칙적으로 운동하고 건강한 식생활을 한다면 특별히 건강에 대해 걱정하지 않고도 노년을 보낼 수가 있다.

다음으로 노인은 신체적, 경제적 능력이 쇠퇴해서 '의존성dependency'이 증가하는 경향이 있다. 의존성의 유형은 다음의 네 가지로 들 수 있다.

1. 경제능력 약화에 따른 경제적 의존성
2. 신체 기능 약화로 인한 신체적 의존성
3. 중추신경 조직의 퇴화로 인한 정신적 의존성
4. 생활에서 의미 있는 중요한 사람을 잃음으로써 생기는 사회적 의존성과 심리·정서적인 의존성

의존성에 대해서는 정말 다시 한번 생각해 볼 필요가 있다. 얼마 전 TV에서 노년의 의존성에 대해 실험한 적이 있다. 도우미를 둔 노

인들은 의존성이 높아졌다. 갑자기 평소에 자신이 하던 일을 도우미에게 다 미루고 허약해져 버렸다. 그러다 도우미가 없어지자 스스로 계단을 오르고 짐을 나르고 하는 행동들을 보였다.

의존성은 마음가짐에 따라 달라질 수 있다. 나이를 너무 의식하지 말고, 자기 할 일은 스스로 해결하는 습관을 들여야 한다. 시골에서 생활하는 많은 노인들은 대부분의 일상을 스스로 해결한다. 며칠 전 400포기의 배추로 김장을 하는데 도와주러 오신 분들의 평균 연령이 80세였다. 그중 가장 젊은 사람이 올해 환갑인 내 아내였다.

다음으로 '우울함depression'인데, 우울증은 노년기에 나타나는 가장 흔한 정신질환의 하나이다. 노인 우울증은 노화로 인한 신체적 허약함과 이에 동반되는 신체 질환들, 배우자의 죽음, 직장에서의 은퇴, 자녀들의 분가 등으로 인해 은퇴생활에 적응하는 데 실패하거나, 소외 또는 외로움을 극복하지 못할 때 발병 빈도가 증가한다.

은퇴자의 위기로는 역할 상실, 관계 상실, 존엄성 상실, 소외와 고독을 들 수 있다. 즉 '상실'이 노년의 위기를 불러온다. 건강의 상실, 사회적 지위 및 역할의 상실, 가족 내의 권위 상실, 경제력 상실, 그리고 배우자나 사랑하는 사람의 상실을 비롯한 사회적 관계의 상실이 은퇴자들에게 위기를 불러온다. 이러한 상실감은 은퇴자들의 우울증 발병 요인 중 가장 큰 부분을 차지한다.

이와 같은 은퇴자의 역할 상실로 인한 우울증 유발 원인을 더 자세히 살펴보면 첫째, 퇴직으로 인해 은퇴자가 가부장의 권위를 상실하게 된 것이 우울증 유발의 원인이 될 수 있다. 자신의 역할을 잃어 버린 은퇴자들은 자신이 더 이상 가치가 없다는 생각에 무력감을 느끼지 않을 수 없다. 이로 인해 삶에 대한 애착이나 의미를 상실하게 된다.

둘째, 생산 현장에서 떠난 은퇴자들에게는 직업과 소득 상실은 자기 자신에 대한 무력감과 허망함, 절망감 등으로 이어져 우울증 유발의 원인이 될 수 있다. 이것은 곧 자립심의 상실로 이어지고, 남은 생애에 대한 절망감으로 이어지기 쉽다.

셋째, 은퇴자들에 대한 문화적 편견이 우울증의 원인이 될 수 있다. 늙으면 쓸모없는 존재가 된다는 잘못된 편견으로 인해 은퇴자들은 존엄성 상실을 경험하게 되고, 이것은 심한 정서적 상처가 된다.

넷째, 은퇴자들이 살아온 인생의 역경들, 예를 들어 가난, 약자, 억울함, 설움, 허무함, 강박증, 신체적 장애 등의 회환이 우울증으로 나타날 수 있다. 이와 같은 심리·사회적 요인은 은퇴자의 우울증을 유발하는 주요한 원인이 된다.

노년기 우울증의 특징은 본인조차 자신이 우울증에 걸렸다는 사실을 자각할 수 없다는 것이다. 가족이나 친구 등 주위 사람들도 '기운이 없는 것은 나이 탓이다. 노화가 진행된 것이다. 최근 많이 늙었다'고 이해한다. 그래서 노인들이 방치되는 일이 많다. 노인들이 '우울하다', '기분이 가라앉는다'라며 자기감정을 직접적으로 호소하는 일은 적다.

우울증을 예방하기 위해서는 집 안에만 있지 말아야 한다. 밖으로 나와 햇볕을 많이 쬔다. 또한 무리해서 일하지 않기 위해 하루 계획은 느슨하게 짠다. 지금 하고 있는 일이 부담이 된다면 내일로 미룬다. 특히 '꼭', '틀림없이', '절대로', '…해야만 돼'라는 단어를 의도적으로 쓰지 말자. 그럼으로써 스스로를 압박하는 생각을 하지 않기 위함이다.

또한 취미생활을 즐기자. 수동적인 것보다는 능동적인 취미가 좋다. 예를 들면 운동, 정원 가꾸기, 그림 그리기, 연주하기, 노래하기, 요리하기 등이 좋다. 우울한 기분이 들면 해소하려고 적극 노력한다. 잡생각을 떨쳐버리고 춤, 노래, 청소, 산보, 운동 등으로 우선 몸부터 움직인다.

'노망decrepitude'은 늙어서 정신이 흐려지고 말이나 행동이 비정상적으로 되는 것을 말한다. 흔히 치매와 동의어로 사용되는데, 임상적으로는 치매와 유사하지만, 노망은 뇌의 병변이 없는 기능성 장애이다. 상대적으로 급성으로 발병하며 대부분 우울증 환자에게서 나타난다.

수명이 길지 않았을 때는 노망으로 표현되는 기억 장애, 성격 변화, 행동 변화를 단지 오래 살았기 때문에 나타나는 노화 현상의 하나로 생각했다. 또 과거에는 우리나라 가족 제도가 전형적인 대가족 제도였기 때문에 노망을 가족 내에서의 문제로만 여겼던 것이 사실이다.

그러나 의학이 발달하고 식생활 수준이 향상됨에 따라 수명이 길어졌다. 그와 함께 노망이라는 것이 나이가 많다고 누구에게나 생기는 증상이 아니라는 사실이 밝혀졌다. 한편, 가족 제도가 점차 핵가족화되면서 노인만으로 이루어진 세대가 늘어남에 따라 노망은 사회적인 문제로 대두되고 있다.

노망의 원인의 약 2/3 이상인 알츠하이머병은 아직 근본적인 원인이 무엇인지 밝혀지지 않았으나, 연령에 비례해서 발생률이 증가한다는 것은 확실하다. 기억 장애가 생길 뿐만 아니라 공간 감각도 떨어져서 알츠하이머병이 어느 정도 진행된 다음에는 일상생활을 독립적으로 영위하기가 힘들어진다. 이러한 상황이 되면 대인관계, 특히 가족들 사이에서 상당한 문제가 생긴다.

치매를 예방하려면 신체 건강을 잘 유지하는 것이 기본이다. 특히 뇌혈관 질환을 일으킬 수 있는 고혈압, 당뇨, 비만, 고지혈증, 흡연 등 여러 위험 인자를 조절하는 것이 중요하다. 이러한 위험 인자들을 조절하는 것은 혈관성 치매뿐만 아니라 알츠하이머 치매의 예방과 치료에도 큰 도움이 된다.

또한 나이가 들어도 긍정적인 생각을 하고, 적극적인 사회생활과 여가생활을 하면 치매를 예방하는 데 효과적이다. 따라서 지속적으로 일거리를 찾고 독서, 취미활동, 친목 모임 등을 하는 것이 좋다.

지금까지 은퇴와 관련해 일반적으로 연상되는 부정적인 용어나 현상을 살펴보았다. 그러나 우리가 행복한 은퇴생활을 꿈꾼다면 그 부정적인 말들을 나에게 새로운 기회가 주어졌다는 긍정적인 말로 바꿔야 한다. 사용하는 말이 바뀌면 삶의 의미 역시 바뀌는 법이다.

우선 노년을 '갱신renewal'이라는 말로 표현할 수 있다. 갱신은 법률

관계의 존속 기간이 지나 효력이 끝난 것을 다시 효력이 있도록 만들 때 쓰는 말이다. 55세 또는 60세의 정년이 되어 다니던 직장에서 퇴직했지만, 새로운 일로 자신의 경력을 다시 시작한다는 의미로 이 갱신이라는 말을 사용할 수 있다. '은퇴하다'는 영어로 'retire'인데, 'retire'를 타이어tire를 다시re 갈아 끼운다는 의미로 해석하면, 은퇴를 '새로운 여정을 위한 준비'로 볼 수 있다. 이것은 갱신과 같은 의미라 할 수도 있겠다.

다음으로 '갱생rebirth'인데, 이것은 '거의 죽을 지경에서 다시 살아남', '마음이나 생활 태도를 바로잡아 본디의 옳은 생활로 되돌아가거나 발전된 생활로 나아감'을 뜻한다. 은퇴란 타인의 지시 속에서 지내던 생활에서 자신만의 삶으로 새롭게 살아 나가는 기간이므로, 갱생이라는 말이 노쇠나 노망보다 훨씬 밝은 의미의 정의이다.

다음으로 '쇄신regeneration'이라는 말로, 이는 '그릇된 것이나 묵은 것을 버리고 새롭게 함'을 의미한다. 은퇴에 쇄신이라는 말을 쓰면, 과거의 오랜 습관을 버리고 새롭게 출발한다는 긍정적인 의미를 갖게 된다.

'원기회복revitalization'은 마음과 몸의 활동력을 원래 상태로 돌이키거나 되찾는 것을 말한다. 은퇴하게 되면 직장생활을 처음 하면서 가졌던 초심으로 돌아가 기운차게 새 출발을 하자는 것이다.

다음으로 '회춘rejuvenation'은 '다시 젊게 만들다', '다시 활력을 불어넣다'라는 뜻이다. 나이가 들어서 은퇴했다고 여기지 말고, 다시 젊게, 활력 있게 살 수 있는 기회가 내게 주어졌다고 생각하자는 것이다.

은퇴하는 이유부터가 잘못됐다면

영화 〈벤허〉는 윌리엄 와일러 감독, 찰톤 헤스톤 주연의 영화로 1959년도에 아카데미상 11개 부문을 휩쓸었다. 사실 이 영화는 이전에도 두 번이나 만들어진 적이 있다. 1907년 최초의 단편 무성영화가 만들어졌고, 1925년에 장편 무성영화로 만들어졌다.

처음 두 개의 영화와 이 영화 모두 1880년 루 윌리스가 쓴 『벤허: 그리스도 이야기Ben-Hur: A Tale of the Christ』라는 소설이 원작이다. 〈벤허〉에는 명장면이 많지만 그래도 대부분의 사람들이 손꼽는 최고의 명장면은 마차 경주 장면일 것이다.

로마 원형 경기장을 달리는 경주 장면은, 이 영화가 제작된 지 60여 년이 더 넘었을 만큼 오래 됐지만, 그 스케일과 박진감으로 여전히 많은 이들에게 깊은 인상을 남긴다.

최근 이 영화를 부산 출장차 KTX를 타고 가는 도중 휴대용 태블릿 PC로 오며 가며 다시 보게 되었다. 러닝 타임이 212분으로 무려 3시간 32분이나 되니 편도에서 다 볼 수가 없었기 때문이다. 그런데 내가 본 영화 속 2000년 전 로마 원형 경기장을 달리던 마차들과, 내가 타고 달리던 초고속 열차가 기가 막힌 공통점이 있다는 사실은 참 흥미롭다.

이 두 가지 운송 수단의 공통점은 무엇일까? 상식적으로 사람을 실어 나르는 운송 수단이라는 점 말고 마차와 고속철이 정말 무슨 다른 공통점이 있기나 한 걸까?

정확히 이야기하자면, 2000년 전 로마 시대 마차의 두 바퀴의 폭과 21세기의 고속철이 달리는 선로의 폭이 4피트 8과 1/2인치(1.435m)로 동일하다.

어떻게 이런 일이 생겼을까? 이것은 우연의 일치가 아닌데, 그 과정을 따라가 보면 기막힌 반전이 있다. 우선 지금 대부분의 국가에서 사용하고 있는 표준 선로의 폭은 4피트 8과 1/2인치이지만 모든 기차 선로 폭이 그런 것은 아니다. 이보다 좁은 것도 있고 넓은 것도 있는데, 기준보다 좁은 선로를 협궤라 하고 그보다 넓은 것은 광궤라고 한다.

유럽 대부분의 국가들과 미국 그리고 우리나라 등 현재 가장 많은 국가들이 이를 선로의 표준으로 사용하고 있다. 대한민국에서 공식적인 기록상으로 최초의 철도인 경인선은 미국의 지원을 받아 기공해 1899년에 일부 구간이 개통되었는데 미국 방식을 사용했다.

그런데 미국 철도의 표준은 영국 사람들의 영향이 크다. 영국인들이 미국에 철도를 부설했는데, 이들은 영국 광산에서 광석을 나르던 레일을 철도 선로로 사용했고, 이 광산 선로는 런던 시내의 마찻길을 옮겨 놓은 것이라고 한다.

그런데 바로 이 런던 시내의 마찻길이 로마 군인들이 깔아 놓은 것이라고 한다. 그 폭이 4피트 8과 1/2인치가 된 것은 마차를 끄는 말 두 마리가 서로 엉덩이를 부딪치지 않고 가장 효과적으로 달릴 수 있는 폭이었기 때문이라고 한다.

그런데 지금의 고속철은 말이 끌지 않는다. 그런데도 사람들은 기차 선로의 폭은 그래야 한다고 믿고 있다. 무려 2000년 전의 마차와 현재의 고속철은 아무런 상관이 없는데도 말이다. 우리는 이런 것들을 패러다임 또는 고정관념이라고 한다. 오늘의 은퇴에서도 이런 패러다임이 존재한다. 대부분의 사람들이 60세 전후에 은퇴를 해야 한다고 믿는 것이 그것이다.

은퇴 연령은 왜 60세 전후로 정해졌는가? 1889년 독일에서 최초의 연금제도가 만들어지면서 65세 이후의 퇴직자들에게 연금을 주겠다고 한 데서 비롯된 것이다. 그런데 당시 독일 사람들의 평균 수명은 50세가 채 되지 않았다.

우리나라에서 기업에 정년이 만들어진 것은 1970년대이다. 당시 우리나라의 평균 수명이 60세 전후였고, 기업들의 정년 연령은 55세였다. 그런데 지금 한국인의 평균 수명은 80세를 넘어섰다. 그런데도 우리는 평균 수명이 50세도 채 되지 않았던 100여 년 전의 기준을 따르고 있다. 이제야 60세 정년 입법안이 통과되었는데 실상을 따져 보면 평균 수명은 20년 이상이 늘었는데 정년은 고작 5년이 연장된 것뿐이다. 오래전의 낡은 기준에서 한 발자국도 더 나가지 못한 것이다. 아니, 후퇴했다고 보아야 맞다.

물론 은퇴와 관련된 사회복지제도도 60세 또는 65세에서 크게 달라지지 않았다. 최근 지하철 무임승차 연령이나 노인에 대한 기준을 70세로 연장하자는 움직임이 있기는 하지만, 그래도 아직 평균 수명과 가까운 연령으로는 기준을 맞추지는 못하고 있다. 제도의 변화를 수용하는 데에 따르는 여러 가지 부작용이나 사회적 비용이 크고, 기수혜자들의 반발도 무시할 수 없기 때문이다.

행복한 노후 생활을 꿈꾸는가? 그렇다면 60세 전후에 일을 그만두고 편히 쉬겠다는 100년 전의 생각에서부터 벗어나야 한다. 60세가 정년으로 만들어진 당시 기준대로라면 정년은 평균 수명보다는 15년 뒤여야 하니까, 그때 기준대로 한다면 지금은 최소한 95세는 넘어서 은퇴를 해야 맞는 것이다.

사회가 점점 힘들어지고 있다. 그럴수록 불확실한 누군가로부터의 막연한 보호를 바라지 말고, 스스로를 보호할 수 있는 자신만의 경쟁력을 갖추어야 한다. 그렇다면 60세가 늙은 나이라거나 이제 일을 그만두고 편히 쉬어야 하는 나이라는 생각부터 버려야 한다.

다양성이 화두가 된 미래에 오로지 선로는 1.435미터라는 고정관념에 휘둘리지 말자. 주변 사람들의 시선에도 좌지우지되지 말자. 주어진 상황에 맞게 상상력을 발휘하는 자만이 자신이 원하는 행복한 노년을 즐길 수 있을 것이다.

직과 업을 기준으로 은퇴 정의하기

2007년 작 영화 〈300〉은 스파르타의 왕 레오니다스와 300명의 스파르타쿠스, 페르시아의 왕 크세르크세스와 그의 100만 군대 사이에 치러진 테르모필레 전투를 그린 영화이다. 미국의 판타지 전쟁 영화 〈300〉은 프랭크 밀러와 린 발리의 1998년 작 동명 만화를 원작으로 잭 스나이더가 연출했다.

300 대 100만은 비교할 대상이 될 수도 없는, 그야말로 상상이 되지 않는 차이이다. 그런데 300명이 100만 명을 맞아 다섯 번이나 승리를 거둔다. 물론 마지막 전투에서는 전원이 장렬하게 전사하기는 하지만 말이다. 300명이라는 절대 소수가 승리할 수 있었던 데는 지형적인 이점도 있었다. 하지만 무엇보다 중요한 것은 스파르타군의 정신 자세와 전투력이었다.

전투에 임했던 스파르타 군과 페르시안 군은 모두 군인이라는 직job으로 따지면 서로 다를 바가 없었다. 그러나 그들의 업profession은 상이했다. 300명의 스파르타 군은 전문적인 전투 요원이었다. 반면에 페르시아 군 100만 명은 거의가 농부, 시인, 장사꾼 출신으로 그야말로 오합지졸이었다. 직은 같은 군인이지만, 업은 판이한 셈이다. 전문적인 전투를 하는 전투사에게 평소 농기구만 다루다가 갑옷만 걸친 농부는 애당초 경쟁 상대가 될 수 없지 않겠는가.

비슷한 사례가 또 있다. 동양 최고의 고전이라는 『삼국지』에서 최고의 명장면은 적벽대전일 것이다. 오죽하면 삼국지와는 아무 관련도 없는 우리나라에서조차 적벽대전을 노래하지 않는가. 판소리 중에서 현재 불리고 있는 다섯 마당 가운데 하나도 바로 적벽가이다. 그런데 적벽대전은 영화 〈300〉과 매우 유사하다. 100만의 조조 군이 20만의 손권·유비 연합군에게 대패하는 전투이다. 자료에 따라 병력 수에 차이를 보이기는 하지만, 어쨌든 절대 우위의 군사력을 지닌 조조 군이 패퇴한 것은 사실이다. 공명은 손권을 만나 적벽대전 참여를 종용하면서 다음의 말을 한다.

"조조 군이 100만이라고는 하지만, 그중 주력이라 할 수 있는 군인은 20만 명 내외입니다. 그들마저도 이미 오랜 전투로 부상을 당하거나 지쳐 있습니다. 더구나 장거리를 이동하느라 풍토병에 걸려 있습니다. 나머지 군인들은 원술과 유표에게 투항해 사기가 떨어질 대로 떨어져 있습니다. 싸울 수 있는 군사는 그리 많지 않습니다. 더구나 그들은 수전에 약해서 정예 수군으로 구성된 오나라 군을 이길 수 없습니다."

결국 조조는 대패한다. 〈300〉과 마찬가지로 100만의 군인 직을 가진 자들 중 수전을 할 수 있는, 즉 업을 가진 자가 적었던 조조 군이 정예의 수군을 가진 오나라와 유비 연합군에게는 이길 수 없었던 것이다.

우리는 '직업'이라는 말로 우리의 일을 정의하는 경향이 있다. 하지만 프로페셔널한 직업인은 직보다는 업에 대해 깊이 있게 이해한다. 인생 후반에 새롭게 일을 시작하려면 무늬만 보이는 직보다는 업 자체에 충실한 선택을 해야 한다. 식당을 열었는데 메뉴에 무슨 음식들이 있는지도 숙지하지 못한 채, 그저 카운터에 앉아 있다는 이유로 사장 명함을 가지고 다니는 많은 은퇴자들이 새겨들어야 할 대목이다.

은퇴를 어떻게 정의할 것인가? 이에 대해서는 여러 가지 주장이 있다. 퇴직을 은퇴로 볼 것인가? 연금 수령을 은퇴를 볼 것인가? 구직 활동을 그만둔 것을 은퇴로 볼 것인가? 아니면 스스로 은퇴자라고 인정할 때 은퇴로 볼 것인가? 각각의 주장이 모두 일리는 있다. 그러나 모든 것을 아우르는 분명한 정의는 없어 보인다.

그런데 직job과 업profession을 기준으로 은퇴를 정의해 보면 어떨까? 직을 그만둔 것보다는 업을 그만둔 것을 기준으로 은퇴를 보는 것이다. 농부도 군인이 될 수 있다. 그러나 전쟁을 위해 어쩔 수 없이 소집되어 군복을 입고 무기를 들었다고 해서 그것을 가지고 농부에서 은퇴했다고 보기에는 무리가 있다. 전쟁이 끝나 고향으로 돌아가면 그는 다시 농사를 지을 것이기 때문이다.

그보다는 농부가 진정으로 농사를 그만둘 때, 군인이 더 이상 군인이 아닐 때를 농부가 은퇴하고 군인이 은퇴했다고 보는 것이다. 직장생활을 하는 동안 많은 직책을 맡게 된다. 그런 직책에서 물러났다고 은퇴라고 하지는 않는다. 그 회사를 그만두었을 때, 즉 업을 그만두었을 때를 은퇴했다고 한다.

이렇게 정의하면 '은퇴는 나이를 많이 먹어서 해야만 하는 것'이라는 오해도 불식시킬 수 있다. 많은 연예인이나 스포츠 선수들이 어린 나이에 각각 연예 활동과 운동을 그만둔다. 그때 우리는 그들이 은퇴했다고 한다.

종목마다 차이는 있겠지만 10대 후반에 운동을 그만두어야 하는 종목들도 있다. K-POP이 세계적인 인기를 얻고 있지만 정말 반짝하고 어린 나이에 사라지는 연예인들도 엄청나게 많다. 이들은 정말 어린 나이에 은퇴한다. 그리고 나서 새로운 삶의 길을 찾는다. 그들은 우리가 생각하는 은퇴자들의 삶의 모습과는 큰 차이가 있는 다른 모습의 은퇴생활을 한다.

이들을 통해 은퇴자의 새로운 라이프스타일을 정립해 보는 것도 큰 도움이 될 것이다. 20대의 은퇴자든 60대의 은퇴자든 은퇴라는 점에서는 공통점이 있다. 20대의 은퇴자가 60대 은퇴자의 삶의 모습을 따라 할 수도 있고, 60대의 은퇴자가 20대의 은퇴자의 삶의 모습을 따라 할 수도 있어야 한다. 그러나 우리는 은퇴자의 모습은 오로지 60대 이후 은퇴자만의 삶의 모습이라고 단정 짓는 오류를 범한다.

직보다는 업을 바꾸는 것이 훨씬 어렵다. 농부들도 무기를 들 수는 있지만, 직업군인들 특히 특화된 전문 전투 요원들을 이길 수는 없다. 은퇴하고 인생을 다시 새롭게 시작한다면 새로운 업에 도전해 보자. 호박에 줄을 긋고 수박이라고 우기는 우를 범하는 은퇴생활이 되어서는 안 된다.

안전하게 하산하기

지구상에서 제일 높은 산은 에베레스트이다. 그런데 1852년까지만 해도 그렇지 않았다. 에베레스트는 그때까지만 해도 그저 히말라야의 79개 고봉 중의 하나로서 피크15로 불리던 산에 지나지 않았다. 원래는 칸첸중가라고 하는 8,586미터 높이의 산이 가장 높은 산으로 알려져 있었다. 그러나 1852년 인도 측량국의 앤드류 워가

8,848미터 높이의 에베레스트 산을 발견하면서 최고最高의 산으로 알려지게 되었다.

이 산이 가장 높은 산으로 알려진 이후 1921년 1차 원정, 1922년 2차 원정, 1924년 3차 원정까지 계속 에베레스트 등정에 참여했던 조지 말로리라는 등산가가 있었다. 그렇게 힘든 산을 왜 오르느냐고 물었더니 그의 대답이 바로 "산이 거기 있으니까because it is there"였다. 그 후로 많은 사람들이 산에 왜 가느냐고 물으면 저렇게 말한다. 산이 목표이며, 그 목표를 이루기 위해 등산한다는 의미인 것이다.

그러나 목표가 보인다고 해서 무작정 정상을 정복하는 것만이 능사는 아니다. 그곳이 목표인 줄 알고 힘들여 정상에 올라갔는데 "이 산이 아닌 것 같다"라는 가이드의 말을 듣는다면 기분이 어떨까?

나는 소대장으로 군생활을 했다. 지휘관으로서 군생활 할 때 가장 어려웠던 것이 독도법이다. 독도법은 지도를 보고 위치를 찾아가는 것이다. 그런데 야간에 지도 하나만 가지고 수목이 울창한 숲을 뚫고 목표 지점을 찾아간다는 게 쉬운 일이 아니었다.

쌍방의 공수를 정하고 공방전을 하는 연대전투단훈련RCT이 있었다. 소대원을 이끌고 한밤중에 목표가 되는 산봉우리를 공격하는 임무가 주어졌다. 칡덩굴을 뚫고 어렵게 통로를 확보해서 목표 지점으로 예상되는 장소에서 대기하고 있다가 돌격했다.

"돌격 앞으로"라는 명령과 함께 함성을 지르며 도달한 예상 목표 지점에서 그 목표 지점을 사수하기 위해 저항해야 하는 대항군들의 모습은 흔적도 찾아볼 수 없었다. 목표 지점을 잘못 선택한 것이다.

옆 사람의 얼굴을 알아볼 수조차 없을 정도로 조금의 불빛도 없는 캄캄한 밤에 달랑 지도 한 장과 나침반 하나만 가지고 비슷비슷한 봉우리가 연속되어 있는 강원도 산속에서 목표 지점을 찾는다는 것을 결코 쉬운 일이 아니었다.

그 이후 소대를 통솔하는 데 많은 애로 사항이 있었다. 소대장으로서 가장 중요한 목표 설정을 잘못한 결과였다. 소대장의 말만 믿고 힘든 과정을 같이한 소대원들의 허망함은 얼마나 컸을까?

은퇴목표를 설정하는 것도 이와 다르지 않다. 분명 자신만의 은퇴목표가 존재한다. 그런데 그 목표를 잘못 설정하면 이와 같은 허망한 상황에 빠질 수 있다. 은퇴생활은 우리가 생각했던 것보다 훨씬 중요하고 큰 인생 목표로 우리에게 주어졌다.

에베레스트라는 가장 높은 산이 이미 있었지만 그 존재를 인식하지 못해 다른 산을 가장 높은 산으로 알고 있었던 것처럼, 은퇴생활의 목표도 그 실체를 정확히 몰라 많은 이들이 다른 목표가 더 중요한 것으로 인식하고 있다. 그런 관점에서 은퇴는 우리에게 정확한 목표를 찾고 그 목표에 도전하라고 요구한다.

노년의 삶에서 가장 많이 간과하고 있는 것이 바로 이 은퇴목표에 대한 개념들이다.

첫째, 목표를 인지하지 못한다. 그 높이를 정확히 측량하기 전까지 에베레스트의 존재를 몰랐던 많은 이들처럼, 우리가 도전해야 할 각자의 삶에 대한 목표가 무엇인지 제대로 인지하지 못하는 것이다.

둘째, 설혹 목표를 인지했다 할지라도 그에 도전해 정복하려는 용기를 내지 못한다. 실제 은퇴를 앞두고 있거나 은퇴생활 중인 사람들을 만나보면 대부분 너무 소극적이다. 뭔가 도전을 해 보라고 하면 여러 가지 이유를 갖다 붙인다. 할 줄 아는 것도 없고, 오라는 데도 없고, 돈도 없다고 한다. 그러면서 정부와 사회를 탓한다. 아니면 가족들에게 문제의 원인을 돌리기도 한다.

셋째, 목표를 찾아서 도전을 한다 할지라도 정작 중요한 그 도전 이후의 과정에 대해서는 생각해 보지 않는다. 목표에 오르는 것에만 집중해서 목표를 달성한 이후에 내려오는 것에 대해서는 생각해 보지 않는 것이다. 멋진 등산은 '4-3-3 법칙'을 따르는 것이라고 한다. 정상을 오르는 데 40%의 힘을 쓰고, 하산하는 데 30%의 힘을 쓰고, 나머지 30%의 힘은 비축해야 한다는 것이다. 오르는 데 힘을 너무 많이 써 버리면 내려오는 동안 사고가 나기 쉽고, 내려오면서 힘을 다 쓰면 다음 날 활동하는 데 지장이 있기 때문이다.

은퇴라는 목표를 정확히 인지하지 못하면 어떻게 되겠는가? 은퇴 목표도 아닌 은퇴 전의 사전 목표에 모든 힘을 쏟아 버리면 정작 더 높은 은퇴라는 목표에는 도전해 보지도 못한다. 설령 목표를 알고 그에 도전했다 할지라도 너무 오르는 데에만 집중하면 또 어떻게 되겠는가? 하산을 위한 대책도 없이 하루하루를 보내는 삶 말이다.

인생 전체를 놓고 보면 바람직한 삶이란 무엇인가? 자신이 원하는 목표를 설정하고, 그 목표 지점에 다다르기 위해 최선을 다하며, 이에 그치지 않고 그 일을 마친 이후의 삶까지 고려해 두는 것이다. 이와 같은 식으로 은퇴 후의 삶을 생각해 보자. 올라가는 것만큼 내려가는 것도 중요하다. 높은 직위까지 올라갔다가 결국 그 자리에서 물러나게 된 사람들 중에는 그 공허함을 달래지 못해 세상을 비난하는 이들이 있는가 하면, 가슴속에 한을 담아 두고 복수하겠다는 일념으로 하루하루를 낭비하는 사람들도 있다. 이렇게 안타까운 사람들이 우리 주변에 실제로 너무나 많다. 꼭 높은 자리가 아니더라도 자신의 자리에서 물러난 것이 아쉬워서 원망하고 있는 이들까지 포함하면 그 수는 더 늘어날 것이다.

많은 이들이 자신이 일하던 직장을 여러 가지 이유로 그만둔다. 대부분 어떤가? 평생직장이라 생각하고 자신의 온 청춘을 바쳤다고 한다. 회사 일을 집안일보다도 우선시한다는 지청구를 가족에게 들어가면서까지 열심히 일해 왔다고 한다. 그러나 회사는 어느 순간 이들의 생각, 이들의 행동과는 별개로 회사의 필요성에 따라 판단해 그들을 회사에서 내보낸다.

사실 이것은 오너가 아닌 이상 누구에게나 다가올 수밖에 없는 운명적인 것이다. 이러한 현실에 임박해서야 상황의 심각성을 깨닫고 어떤 행동을 취하려 한다. 하지만 회사는 냉정하게 돌아서 버린다. 마치 아무도 돌보지 않는 삭막한 벌판에 내던져진 느낌이다. 조직원들이라면 피하기 힘든 느낌이다.

이런 경험을 한 사람들 대부분은 회사의 조치가 부당하다고 생각한다. 자신이 왜 회사를 그만두게 되었는지 또는 왜 그 자리에서 내려올 수밖에 없었는지 절대 수긍하지 못한다. 그러면서 그런 조치를 내린 회사나 그런 메시지를 전달한 사람들을 원망하며 자신에게 닥친 상황을 인정하려 하지 않는다.

놓쳐 버린 고기가 더 커 보이지 않는가? 그처럼 그동안 울타리가 되어 주었던 조직에서 취했던 권력과 복리에 대한 아쉬움은 더 커지고 결국 세상을 원망하게 된다. 그러나 현명한 사람들은 적어도 자신의 운명에 순응하는 방법쯤은 알고 있다.

여기 두 사람이 있다. 한 명은 회사에서 마지막이라는 통보를 받는 그날까지 자신은 절대 회사를 그만두지 않을 것이라며 맹목적인 오기로 직장생활을 한다. 다른 한 명은 그 같은 상황이 올 수도 있음을 이해하고 회사 내에서 자기가 누리는 것이 영원히 자기 것이 아니며, 어느 시점이 되면 다시 돌려주어야 한다는 것을 인정한다.

전자는 처절한 기분이 되고 비참한 상황을 맞게 될 확률이 높다. 후자는 다르다. 직장에서 떠난 이후 자신이 버려야 할 것들과 앞으로 새롭게 시작할 미래를 위해 새로이 가져야 할 것들을 알고 준비하지 않겠는가? 전자와 후자는 너무나 많은 것들에서 차이를 보일 것이다. 그리고 그 차이는 갈수록 더 커질 것이다.

마찬가지로 산을 오르기만 할 수는 없다. 정상에 도달하면 언젠가는 다시 하산해야 한다는 자연의 섭리를 이해해야 한다. 힘차게 오르는 것이 중요한 만큼 안전하게 하산하는 것도 중요하다. 그래서 하산을 준비해야 한다.

최초로 에베레스트에 올랐던 힐러리와 텐징도 15분밖에 정상에 머무르지 못했다고 한다. 에베레스트 산의 위치가 확인되고부터 101년이나 지나, 이후로도 50여 년을 도전한 끝에 해낸 정상 정복인데도, 산은 그렇게 짧은 시간만을 정복자에게 허락해 주었다. 두 사람은 곧바로 다시 하산할 수밖에 없었다. 그 후로도 많은 이들이 에베레스트 정상에 올랐지만 그곳에 오래 머무를 수 있는 사람은 아무도 없었다.

다섯 차례나 에베레스트 정상에 올랐던 한 세르파는 정상에 올랐을 때 딱 두 가지 생각만 들었다고 한다. '너무 피곤하다.' '그런데 어떻게 내려가나?' 그만큼 정상 정복도 힘들지만, 아울러 하산의 어려움도 크다는 것이다.

에베레스트 정상 정복에 성공했던 많은 이들이 영웅이 되어 돌아왔다. 하지만 안정적인 하산을 하지 못하고 불귀의 객이 된 이들도 있다. 목표에 도전하는 것은 아름답고 멋진 일이다. 그러나 목표를 달성하고 난 그 이후의 과정들을 생각하지 않는다면? 결국 그 같은 목표 달성의 과정은 오히려 삶에 부정적인 요소로 다가올 것이다.

지구상에서 제일 높다고 하는 에베레스트라 해도 누군가가 오르려 하면 결국 오를 수 있다. 그러나 모든 사람들이 마음만 먹는다고 오를 수 있는 것은 아니다. 어느 경로를 통해서 어떻게 오를지 준비해야 한다. 누구와 함께 오를 것인지도 중요하다. 정상 정복 후 하산 코스와 일정까지 고려해야 한다. 이렇게 등산과 하산 전 과정을 준비한 사람만이 정상적인 정복을 할 수 있다.

그리고 이보다 더 중요한 것이 있다. 에베레스트에 우리의 목숨을 빼앗기는 등반은 결코 옳지 않다는 것이다. 진정으로 우리가 원하는 은퇴 후의 삶의 모습이 무엇인지 신중하게 숙고해야 할 대목이다. 정상에 올라 남이 보지 못한 새로운 세상을 보고 그 색다른 느낌을 일상에서 활용하는 삶. 그리고 뒤이어 그곳에 오르려는 사람들이나 아예 그곳에 오를 수 없는 이들에게 정상에서 맛본 그 감동을 전해 주는 삶. 바로 이런 삶이 아니겠는가?

은퇴목표가 없는 은퇴생활

은퇴목표가 없는 은퇴생활은 돛대 없는 배와 같다. 어디로 어떻게 갈지도 모르는 상태에서 닥치는 대로 하루하루를 보내는 것이다. 실제 은퇴생활자들을 만나 보면 대부분 은퇴 후 짧은 기간 동안 참 여러 가지를 경험한다. 몇 군데의 직장과 몇 가지의 사업, 몇 차례의 여행 경험을 자랑한다.

그런데 그 몇 차례의 재취업과 창업의 스토리를 들어보면 어떤가? 그만둘 수밖에 없었던 어쩌면 그리 특별하고 구구절절하기까지 한 이유들이 있는지 신기하기까지 하다. 그런데 놀라운 것이 있다. 누군가가 그런 상황에 빠진다면 도시락을 싸서 쫓아다니며 적극 반대하겠다는 것이다. 이 얘기는 무엇을 의미할까? 자기가 그런 상황에 빠졌을 때는 실패할 줄 몰랐다는 이야기가 될 수 있다.

그래서 질문한다. "한 발만 물러서서 보면 누구나 알 수 있는 그런 단순한 함정에 왜 빠졌을까요?" 그러면 "그때는 그런 게 전혀 보이지 않았다"고 한다. 흔히 말하듯이 눈에 콩깍지가 씌었다고 하는 그런 상황인 것 같다고들 한다. 그런데 사실은 이렇다. 은퇴라는 사건에 임하게 되면서 뭐라도 해야 한다는 강박관념에 사로잡힌 것이다. 그래서 고려해야 할 여러 가지 상황들을 헤아려 보지 않고, 보이는 것만 보고, 좋은 점만을 기준으로 선택한 결과인 것이다. 그야말로 닥치는 대로 어디로 가야 하는지도 모른 채 내달렸기 때문에 빚어진 결과이다.

그래서 목표가 필요하다. 목표는 적극적 행동을 끌어내는 성공 요인이다. 성공한 사람들은 자기의 생각을 행동으로 옮긴 적극적인 사람들이다. 반대로 보통 사람들은 대부분 생각만 하고 행동으로 옮기지 못한다. 전자를 '적극적인 사람'이라고 하고, 후자를 '소극적인 사람'이라고 한다. 성공을 원하는 사람들은 대부분 '적극적인 행동'을 하기 위해 애를 쓴다. 하지만 어떻게 해야 적극적인 사람이 되는지는 잘 모른다.

적극적인 사람은 '적극적인 행동'을 하는 사람이다. 적극적인 행동은 '목표'가 있어야 가능하다. 목표에는 두 가지 마력이 있다. 하나는 '적극성을 유발하는 힘'이고, 다른 하나는 '결과를 만드는 힘'이다. 가령 중요한 약속을 했는데 약속 장소에 가려면 시간이 촉박하다고 하자. 그때 우리는 뛰게 된다. 한눈 팔 겨를도 없이 오로지 뛰기만 할 것이다. 뛰는 것은 걷는 것에 비해 적극적인 행동이다. 그런데 왜 뛰는가? 바로 시간에 맞춰 약속 장소에 가야 하기 때문이다. 즉 '목표 시간'이 있기 때문이다

또 동전 따먹기 게임을 알고 있을 것이다. 4~5미터 전방에 선을

그어 놓고 차례로 한 사람씩 동전을 던져 그 선에 가장 가까이 던진 사람이 나머지 동전을 모두 갖는 게임 말이다. 다들 던지고 나서 보면 선에 못 미친 것, 선에 닿은 것, 선을 넘어간 것 등 그 많은 동전들이 선 주변에 모여 있다. 그 동전들이 왜 선 주위에 모여 있겠는가? 바로 '목표 지점'이 거기에 있기 때문이다. 적극적인 사람이 되는 것도 이와 같은 이치다. 전자는 '목표 시간' 때문에 뛰어야 하는 적극적인 행동이 나온 것이고, 후자는 '목표 지점' 때문에 동전들이 선 주변에 모이는 결과를 가져왔다.

대부분의 스포츠가 그러하지만 목표를 정확히 보여 주고 도달하는 것에 따라 승부가 나는 게임 중에 컬링Curling이라는 것이 있다. 4인으로 구성된 두 팀이 얼음 경기장 위에서 둥글고 넓적한 돌인 '스톤'을 표적을 향해 미끄러뜨려 점수를 따내 승부를 겨루는 겨울 스포츠 경기이다. 볼링이나 셔플보드와 방식이 유사하다.

경기 방식은 다음과 같다. 먼저 각 팀이 번갈아 가면서 '하우스house'라 불리는 원 속의 표적을 향해 '스톤'을 미끄러뜨린다. 이때 두 명의 '스위퍼sweeper'가 스톤의 이동 경로를 따라 함께 움직인다. 그러면서 타이밍을 재는 기구와 경험에 따른 판단력 등을 동원해 '브룸broom'이라 불리는 솔로 '스톤'의 진로를 조절한다. '스톤'이 목표 지점에 최대한 가깝게 멈추도록 '센터 라인'을 닦는 것이다. 마지막에 '스톤'을 '하우스'에 얼마나 가깝게 위치시켰느냐로 득점을 계산하게 된다. 목표에 누가 얼마나 더 근접했느냐가 승부의 요소이다. 은퇴생활은 컬링 경기 하듯이 그렇게 스트레스를 받아 가며 경쟁하듯이 할 일은 아니다. 하지만 은퇴생활은 인생의 후반부를 관통하는, 인생 전체로 보면 그 중요도가 은퇴 전 삶에 비해 절대 뒤처지는 기간이 아니다. 이 같은 관점에서 우리가 가고 싶은 학교와 직장을 결정할 때의 그 목표, 직장생활을 하면서 승진에 목숨을 걸다시피 했던 그 목표 이상으로 은퇴목표가 설정되어야 한다.

뚜렷한 은퇴목표 없이 은퇴생활에 임하면 은퇴생활은 돛대 꺾인 난파선처럼 비틀거리다 침몰하고 말 것이다. 언제 은퇴를 할 것인지 그리고 어디서 누구와 무엇을 하며 지낼지를 연령대별로 자신이 좋아하면서도 보람 찬 활동들로 채울 계획을 세워야 하는 것이다.

허술한 관계망

인간은 서로 의존하며 지내야 하는 존재다. 우리가 보통 생각하는 것처럼 노인은 의존적이고 젊은이는 독립적이라는 이분법은 분명 일반적이지 않다. 은퇴한 노인들의 지혜와 경험은 분명 다음 세대들에게 잘 전수되어야 할 가치가 있는 것들이다. 상호의존성이란 구세대와 다음 세대의 연합과 협력, 남편과 배우자의 역할 변화와 청년과 노인의 역할 교환을 의미한다. 이는 타인을 위한 무조건적이고 자발적인 반응이 되어야 한다. 다시 말해서 상호의존성이란 서로 사랑하고 배려하는 호혜주의적 관점이라고 말할 수 있다.

공동체를 이룬다는 것이 무엇인가? 공동체를 이루려면 반드시 타인과의 접촉과 격려를 통해 서로가 서로에게 필요한 존재가 될 수 있어야 한다. 내가 타인을 도와주고 사랑할 때 가장 큰 행복과 가치를 얻을 수 있게 된다. 이러한 호혜주의를 바탕으로 형성된 사회나 공동체는 분명 노인들의 존재 가치를 높이 평가해 존경을 보내게 될 것이다. 또한 다음 세대에 대해서는 사랑과 배려를 보내게 될 것이다.

은퇴 후 삶의 핵심은 바로 이 의존성을 인식하고 수용하는 것이다. 의존적인 노후의 삶은 오히려 더 높은 수준의 자아 통합의 삶을 가능하게 해 준다. 그래서 은퇴생활은 그동안 관계를 맺거나 스트레스를 주었던 많은 이들과의 결별을 뜻하는 것이 아니다. 상호의존성을 바탕으로 유대 관계를 유지한다는 것은 매우 중요한 일이다.

은퇴자가 일로부터 떠났고 세일즈를 하지 않는다고 해서 자신의 전화번호부나 휴대폰을 던져 버리고, 모든 사람들과의 관계를 단절해야 한다는 것은 절대 아니다. 단체나 세미나에 계속 참석해서 산업의 발전 방향과 속도를 이해하고, 기존에 갖고 있던 지식을 유지하는 것은 은퇴자들도 얼마든지 할 수 있는 일이다.

어떤 은퇴자들은 은퇴 후 1~2년 안에, 무료함을 극복하거나 다시 수입을 원해서 복직을 희망하기도 한다. 다시 일자리로 돌아올 때 아직까지 네트워크를 잘 유지하고 있다면 새로운 일을 찾는 것뿐만 아니라 일을 수행하는 데도 많은 도움을 받을 수 있을 것이다.

바른 은퇴생활을 위해서는 생활방식의 많은 부분을 변화시켜야 한다. 앞으로 맞이하게 될 새롭고 즐거운 시도를 위한 건설적인 변화가 필요한 것이다. 그러나 그중에서 결코 바뀌어선 안 될 것이 있다. 바로 가족과 친구들과의 관계다.

은퇴 이전의 활동은 공식적이거나 비공식적인 많은 관계 속에서 이루어졌다. 은퇴 이후의 활동은 다르다. 특히 은퇴기의 후반으로 갈수록 가족들과의 관계 중심으로 이루어질 가능성이 크다. 그러므로 은퇴 생활에서 가족의 지지는 은퇴생활의 만족도에 큰 영향을 미친다. 당신에게 가장 큰 삶의 기쁨과 보람을 느끼게 해 주는 존재가 바로 그들이다. 혹 잘못 생각하여 주변 사람들과의 접촉을 피하는 은퇴자가 있다. 그는 자신의 존재 가치를 부인함으로 인해서 그 같은 상황을 자초하는 것이다. 이러한 상황은 대부분 일을 해서 돈을 벌고 있을 때만 자신이 가치가 있을 것이라고 여기는 데서 비롯된 것이다.

그러나 즐겁게 생활하는 은퇴자를 인터뷰해 보면 가족과 친구들 그중에서도 배우자와 함께 보낼 수 있는 시간적 여유가 많다. 그리고 은퇴 전에는 모든 가치의 우선순위가 일이었으나, 은퇴 후에는 일이 중요한 요소이기는 하지만 인생의 전부는 아니라고 생각한다.

워라밸(Work and Life Balance의 준말), 다시 말해 일과 삶에 조화를 이루겠다는 태도가 은퇴생활에서도 필요한 것이다. 결국 무조건 일만 열심히 해서는 건강한 인생을 영위할 수 없다. 일과 아울러 자신의 행복을 지지해 줄 수 있는 안정적이고 건실한 상호의존적인 관계망을 갖고 있어야 한다. 이는 대부분이 걱정하는 금전적인 준비보다 오히려 더 중요한 요소일 수 있다.

여가생활이 전부라고 생각하는 실수

우리는 본인이 역사상 가장 건강하고 활동적인 세대라는 것을 상기해야 한다. 골프나 테니스, 카드놀이로만 시간을 보내는 것이 대부분의 은퇴자에게 맞지 않다는 사실이다. 이러한 일상을 반복하다 보면 과거에 그토록 벗어나고 싶어 했던, 같은 일을 반복하면서 느낀 지루함과 전혀 다르지 않다는 것을 금세 깨닫게 된다. 그리고 지루함은 결국 의기소침을 불러온다. 이보다 더 큰 불행은 당신에게 너무 많은 시간이 주어져 있다는 것이다. 너무 많은 시간에는 지루함 때문에 생기는 의기소침함보다 훨씬 더 큰 위험이 도사리고 있다.

학습과 일 등 창조적인 활동은 은퇴한 후에 아침에 침대에서 우리를 불러내는 마력과 같은 동기를 갖고 있다. 새로운 활동이나 취미 그리고 새로운 일이나 사업에 대한 도전은 무료함에 대한 강력한 대비책이 될 수 있다.

여행은 지루함을 해소하는 또 하나의 방식이 될 수 있다. 은퇴자들을 만나 보면 대부분 여행에 대한 긍정적인 의지를 가지고 있다. 그러나 실제 여행을 실행에 옮기는 것에 대해서는 아주 상반된 태도를 보인다. 한 부류의 사람들은 시간만 나면 여행을 다녀야 된다고 생각해서 친구들과 많은 여행 계획을 세우고 자금을 모으고 있으면서 배우자에게도 한 살이라도 젊었을 때 더 많은 여행을 하자고 조른다. 그런가 하면 여행을 하면야 좋겠지만 경제적인 형편이 어렵다는 이유로 국내 여행조자도 꺼리는 부류가 있다.

바람직한 은퇴생활로 보기에는 둘 다 좋은 모습이라고 할 수는 없다. 우리 삶에서 여백이라는 것이 필요한데 그 여백은 여가 또는 쉼으로 표현할 수 있다. 그런데 여백의 공간은 전체 화면이 어느 정도 찬 상태에서 보여야 더 시선을 끌 수 있다. 쉼 역시 어느 정도의 운동력을 소비한 후에 충전을 위한 시간으로 활용해야 그 가치가 더 커질 수 있다.

일만으로 삶을 채우는 것은 여백이나 쉼이 없으므로 옳지 않다. 반대로 일상을 여백이나 쉼으로만 채우면 그 역시 온통 일로만 채워진 은퇴 시간표와 차이를 주지 않는 새로운 지루함이 되고 만다. 따라서 은퇴생활에서도 채움과 여백의 조화가 필요하다. 물론 은퇴 전과 비교해서 전체적으로 여백이나 쉼의 시간이 더 필요한 것은 당연하다.

하지만 강조해서 다시 말하는데, 은퇴생활에서 적절한 여가 활동은 필요하지만, 또 다른 무료함을 유발하는 시간으로 은퇴 이후의 삶을 채우는 것은 바람직하지 못하다. 우리는 은퇴 후에 가장 큰 위험이 '무료함'이라는 사실을 자각해야 한다. 아울러 미래의 시간 활용에 대해 진지하게 생각하고 준비하는 것이 이러한 무료함을 방지하는 가장 적절한 방법임을 알아야 한다.

가족과 지인들은
나의 은퇴를 지지하는가

우리가 기억해야 하는 중요한 것이 있다. 배우자도 나처럼 '당신이 지금까지 일을 열심히 했기 때문에 이제는 은퇴해야 한다'라고 생각하지 않는다는 점이다. 배우자는 당신이 일하는 것을 좋아하고, 당신의 직장을 통해 이루어진 네트워크에 참여하기를 즐기며, 당신의 근무에 따르는 보상을 즐기고 있다. 왜 배우자들이 이것들을 버리고 당신의 은퇴를 환영하겠는가? 그리고 배우자들은 당신의 은퇴에 대해 여러 가지 측면에서 당신과 다른 관점을 가지고 있다.

따라서 결혼생활을 유지하는 사람들은 은퇴하기 전에 다음 사항에 대해 서로 충분히 의견을 교환해야 한다. '언제 은퇴할 것인가?', '은퇴하면 어디에서 살 것인가?', '무엇을 하며 지낼 것인가', '은퇴 후에 어떤 삶을 살고 싶은가?' 등이다. 이러한 은퇴 후 계획에 대해 부부 각자가 원하는 것이 무엇인지를 서로가 분명히 이해해야 한다.

만약 그렇게 하지 않는다면 은퇴로 인한 변화가 부부의 관계를 삐거덕거리게 만들고, 심하면 파국에 이르게 할 수도 있다. 실제로 많은 은퇴자들과 예비 은퇴자들이 배우자와의 갈등 때문에 고민하고 있다. 그래서 자신이 원하는 은퇴생활을 시작도 못한 채 방황한다. 개중에는 시골의 컨테이너 하우스에서 홀로 지내는 사람도 있다.

총액 중심의 은퇴자금 설계

은퇴 후 지출은 은퇴 전의 70~80%가 될 것이다? 이런 식으로는 자신만의 은퇴생활을 영위할 수 없다. 자신이 희망하는 은퇴생활을 정확히 그려 보고, 여기에 필요한 자금을 연대별로 따로 체크해 보는 것이 중요하다. 획일적으로 적용되는 잘못된 가정假定으로 은퇴생활을 망쳐 버릴 수도 있기 때문이다.

은퇴수입이 갖추어야 할 3대 필수 요소

1. 은퇴수입은 수명이 다하기 전까지는 중단되어서는 안 된다(지속성).
2. 은퇴수입은 물가상승률을 보장할 수 있어야 한다.
3. 은퇴수입은 시의적절하게 현금 흐름을 확보하고 있어야 한다(유동성).

이를 위한 최상의 수단이 공적연금인데, 이는 가입 조건이 제한되고 제도의 운영이 불안하므로 각자가 추가적인 연금 수단을 가지고 있어야 한다. 총액으로 자산이 얼마인지보다 필요한 시기에 적절한 금액을 지급받을 수 있는지가 무엇보다 중요하다. 그러므로 연령대별로 현재의 월급처럼 현금 흐름이 발생할 수 있는 연금을 얼마나 갖추고 있는지 점검해 보아야 한다.

그러나 대부분의 은퇴설계에서는 총액 중심의 은퇴 자금을 강조하고, 여기에 제시되는 금액들 때문에 공포심에 휩싸인다. 이렇게 일시금으로 필요 자금을 예시하면 우선은 그에 상응하는 금액을 준비해야 할 것같이 느껴진다. 만약 자금이 준비된다 해도 이것을 필요한 시기에 어떻게 배분해야 할지도 혼란스럽게 된다.

은퇴자산의 종류는 다양하다. 금융자산도 있고 부동산도 있고 연금자산도 있을 수 있다. 각각의 자산들은 나름대로의 특성이 있다. 은퇴자금으로 쓸 수 있는 자산으로 적합하게 구성되어 있는지 검토하는 것이 총액을 준비하는 것 이상으로 중요하다.

연령대별 차이가
고려되지 않은 평면적 설계

은퇴설계에서 필요자금을 산출할 때 우리가 사용하는 방식은 대부분 평면적이다. 은퇴 라이프사이클에서 분명히 연령대별 차이가 있을 텐데 이런 것들이 고려되지 않는 것이다. 이렇게 필요자금을 산출하면 지나치게 많은 금액이 계산될 확률이 높다. 물론 필요자금을 적게 산출해 어려움을 겪는 것보다는 나을 수 있겠지만, 너무 금액이 많아지면 겁을 먹고 미리 포기하거나 자금이 부족하다고 생각해 의기소침해질 수 있다. 이런 모순을 피하기 위해 은퇴 필요자금 산출 시 고려할 사항들을 정리해 보자.

계속적인 변동지출

변동지출은 가장 핵심을 이루는 생활비로 인플레이션에 의해서 계속적으로 증가하는 생활비 항목을 말한다. 소비자 물가지수에 연동하여 증가하는 항목, 소비자 물가지수보다 높은 비율로 증가할 것으로 예상되는 항목, 소비자 물가지수보다 낮은 비율로밖에 증가하지 않을 항목 등으로 분류할 필요가 있다.

한국은행에서 발표한 통계 자료에 의하면 1975년 대비 2005년 평균 소비자 물가는 7.8배 증가했다. 버스요금은 23.5배, 짜장면은 22.9배가 오른 반면, 공산품인 냉장고는 0.7배, 선풍기는 1.7배 올랐다. 이처럼 미래에 적용할 물가상승률은 항목에 따라 크게 달라질 수 있다. 현금흐름표나 재무상태표를 보고 이런 항목들을 분류할 수 있어야 한다.

일정 기간 내 고정비용

인플레이션의 영향을 받지 않지만 본인의 평균 수명 이전에 지출이 끝나는 항목을 말한다. 은퇴설계에서 범하는 가장 큰 오류 중의 하나가 필요 생활비 전체에 대해 동일한 증가율을 적용하는 것이다.

은퇴 후에도 현재의 생활 수준과 동일하기를 희망하는 사람이 있다. 그 사람은 현재 연간 생활비로 5,000만 원을 지출한다. 그런데 이 지출에는 주택대출에 대한 원리금을 매년 1,000만 원씩 정액으로 상환하는 금액이 포함되어 있고, 이 금액은 은퇴 전에 납입을 끝낼 것이다.

우선 향후 인플레이션 비율을 연 4%로 가정하고 대출자금을 상환하는 기간 중에도 5,000만 원 전체에 대해 인플레이션을 적용하면 10년 후에 필요한 생활비는 5,169만 원이 된다. 그러나 대출원리금은 정액이기 때문에 10년 후에도 1,000만 원으로 고정될 뿐이고 나머지 생활비가 변동되는 것이다.

5,000만 원 전체에 대해 인플레이션 증가율을 적용시킨 생활비와 고정비를 제외한 금액을 기준으로 생활비를 예측한 금액은 34만 원의 차이가 난다. 그 금액을 은퇴 기간 중 투자수익률 연 3%로 가정하고 은퇴생활 기간을 30년으로 보면 이 전체 기간 동안의 총 금액 차이는 969만 원이 된다. 여기에 대출금이 은퇴 전에 상환이 되기 때문에 필요자금 총액은 훨씬 적은 금액이 된다.

이 사람이 희망하던 미래 생활은 단지 지금과 동일한 수준의 생활비를 지출할 수 있는 생활이었다. 그런데 생활비를 정확히 분류하지 않아서 이런 문제가 생긴 것이다. 결국 획일적인 가정으로 만들어진 은퇴설계는 본인의 것이라는 믿음을 줄 수 없다. 실현 가능성이 낮은 것이다.

계속적인 고정지출

인플레이션에 영향을 받지 않으면서 지속적으로 발생하는 지출을 말한다. 은퇴 기간 이후에도 지속적인 지출을 해야 하는 고정금리부 담보대출이 있다. 이 금액도 은퇴 후의 생활비를 계산할 때 중요한 항목인데, 빠뜨리거나 인상률을 잘못 적용하는 오류를 범할 수 있다.

일정 기간 내 고정지출

인플레이션의 영향을 받지만 본인의 은퇴 기간보다 빨리 지출이 끝나는 지출을 말한다. 자녀 교육비와 부모 간병비, 여행 경비 등이다. 이런 자금들이 자신의 은퇴생활 기간 중 적절하게 예상되고 포함되어 있어야만 자신에게 맞는 적절한 은퇴설계를 할 수 있다.

Five years before Retirement

– 2장 –
은퇴가 뒤흔드는 것
&은퇴가 찾아주는 것

인간에게 영향을 미치는 물리적, 환경적 요인과 구별되는 심리적 요인은 인지적, 동기적, 태도적 요소들이다. 인간이 이러한 심리적 요인을 받아들이지 않으면 물리적, 환경적 조건이 아무리 훌륭하다 하더라도 그것이 주는 효과는 반감될 수밖에 없다.

은퇴를 맞이할 때의 심리적 요인들을 분석해 보자. 자아존중감이 높은 집단은 그렇지 않은 집단보다 은퇴생활에 대한 기대감이 높다. 즉 자기 자신의 존재 가치에 대해 긍정적인 평가를 내리는 사람일수록 퇴직 후의 삶을 새로운 출발의 의미로 받아들인다고 볼 수 있다.

또한 직업인에서 은퇴자로 바뀌는 과정에서 매우 중요한 요인 중의 하나가 바로 성격이다. 강인한 내적 통제감을 지닌 사람은 인생이 운이나 기회와 같은 외적 요인에 바탕을 둔다고 인지하는 사람보다 계획을 잘 수립한다.

개개인에게 미래의 은퇴 준비에 대한 책임이 있다고 인식하는 사람은 경제적인 준비를 잘한다. 그러나 자신이 소유한 것이 많지 않으며, 미래의 자산을 통제하지 못한다고 인식하는 사람은 계획적 행동과 거리가 먼 행동양식을 보인다.

은퇴자의 심리적 갈등

은퇴자들이 은퇴 후 겪는 심인적 갈등 현상의 첫 번째 요인은 '직장과 일의 상실에 의한 좌절'이다. 자신의 정체성을 결정하던 사회적 정체성에 큰 해를 끼치는 이런 사건은 은퇴자들을 가장 우울하고 소극적으로 만드는 원인이 될 수 있다.

둘째, 은퇴자들이 은퇴 후 겪는 심인적 갈등 현상은 '존재감 상실에 의한 심리적 추락'이다. 사회적 정체성의 축소로 인한 정체감의 상실은 자존감에도 영향을 미치며 가정 내에서도 가장으로서의 직위를 위협받게 되어 집 안팎에서 자신이 설 자리가 없다고 여기는 자포자기적인 태도를 취할 수 있다.

셋째, 은퇴자들의 은퇴 후 심인적 갈등 현상은 '은퇴 후 불확실한 삶에 대한 참담함'이다. 미래는 항상 불안하다. 그래도 직장생활은 잘 짜여진 경력 개발도를 따라 성공한 선배만 쫓아가면 어느 정도의 신분과 직위가 보장되었다. 은퇴 후의 삶은 전혀 다르다. 어떤 일을 어디에서 어떻게 해야 할지 막연함으로 가득 찬 것 같다. 이것만으로도 불안감이 증폭된다.

넷째, 은퇴자들이 은퇴 후 겪는 심인적 갈등은 '심리적 좌절로 인한 우울증상'이다. 더 이상 쓸모없는 인간 혹은 퇴물이라는 자학적인 사고로 심리적인 좌절을 겪게 된다. 이런 감정이 연속해서 생기면 우울증으로 나타난다.

다섯째, 은퇴자들이 은퇴 후 겪는 심인적 경험은 '은퇴로 인해 책임 스트레스에서 해방되는 것'이다. 위의 상황들과 별개로 그동안 직장생활을 하면서 자신을 짓누르던 일로부터의 스트레스, 상사의 지시로부터의 스트레스, 동료들 간의 비교와 갈등에서 오는 스트레스, 부하직원 관리에서 비롯되던 스트레스에서 해방되었다는 긍정적인 느낌을 얻기도 한다.

변화하는 개인의 정체성

자아정체감은 한 개인이 자기가 누구이고, 현재 어디를 향해 가고 있는가에 대해 인식해 자신을 독특한 존재로 보는 것이다. 은퇴자들은 은퇴 이전에는 자신의 역할을 사회적 역할과 연결시켜 자아정체감을 형성하고 있었다. 즉 은퇴자들은 직장과 일, 사회적 역할을 통해 자신의 정체성을 찾아왔다. 그러나 실직하게 되면서 성취 중심의 인생에 회의를 느끼고 자아정체감에 혼란을 겪게 된다.

정리하자면 심인적 갈등 현상은 직장의 상실에 의한 좌절과 불확실한 삶에 대해 참담함, 우울 증상 등으로 볼 수 있다. 그리고 이 같은 갈등의 중심에는 직장과 사회적 역할 상실에 따른 자아정체감의 혼란이 있다.

이처럼 은퇴자들의 심리적 변화에 정체성 혼란이 중요한 요인이 될 수 있다. 은퇴자들이 어떤 정체성 혼란을 겪는지 더 자세히 살펴보자. 에릭슨Erickson, 1963은 개인의 정체성을 객관적인 측면과 주관적인 측면으로 구분했는데, 객관적인 측면은 심리사회적 정체성psychosocial identity을, 주관적인 측면은 개별적 정체성individual identity을 의미한다.

개별적 정체성은 다시 개인적 정체성personal identity과 자아 정체성ego identity으로 나누어진다. 개인적 정체성이란 시간이 흐르거나 상황이 바뀌어도 자기 자신이 동일한 존재라는 자기 동질성self-sameness과 자기 연속성self-continuity에 대한 자각을 뜻한다. 즉 상황이 바뀌고 시간이 지나도 자기 존재에 대해 항상 일정하게 인식하는 것이 바로 개인적 정체성이다.

이에 비해 자아 정체성은 보다 넓은 의미를 내포하고 있다. 우리는 개인적 정체성인 자기 동질성과 연속성을 유지하면서도 급변하는 사회 속에서 새롭게 부딪히는 다양한 내적 충동이나 욕구들, 외적인 자극들 그리고 도덕적 가치들을 수용해 자기 나름대로의 독특한 방식으로 자신을 재통합한다. 이러한 통합 과정을 통해 우리는 자신이 타인과 구별되는 고유한 존재라는 전체감wholeness 내지는 통합감integrity을 갖게 된다.

즉 우리가 사회적 상호작용 속에서 다양한 충동과 욕구, 능력, 역할, 가치 등을 통합해 추출해 낸 통합된 자기구조self-structure 내지는 자기 참조적 심상들self-referent images을 자아 정체성이라고 한다.

자아 정체성은 한 개인을 과거에서 현재와 미래로 연결해 주는 연속성 내지는 동질성을 내포하는 동시에 타인과 구별해 주는 독특성도 지니고 있다. 따라서 강한 자아 정체성을 소유한 사람은 타인과 다른 여러 가지 개인적 특성을 소유하면서도 그런 특성을 조화롭게 통합해 나가려는 의지와 능력을 갖게 되며, 시간이 지나고 경험하는 것들이 달라져도 자기 지각의 일관성을 지니게 된다.

객관적 정체성인 심리사회적 정체성이 강하면 은퇴로 인한 심리적 상실감이 클 것이다. 반대로 주관적 정체성인 개별적 정체성에 대한 의존도가 높으면 은퇴로 인한 상실감은 적을 것이다. 쉽게 말하자면 전자는 회사를 그만두는 것이 하늘이 무너지는 것 같은 느낌으로 다가올 수 있다. 반면에 후자는 '언젠가는 그만둘 회사다. 어차피 이렇게 되었으니 나에게 맞는 새로운 회사를 찾거나 새로운 즐길거리를 찾겠다'라며 상반된 반응을 보이는 것이다.

은퇴 전의 자존감과 은퇴 후의 자존감

자존감은 자기에 대한 느낌, 감정, 동기, 가치관, 인지 등이 개인의 심리현상 속에서 수용되고 조직화되는 전인격적인 의미를 지닌, 자기를 지향하는 하나의 평가적 개념이다. 자기 자신을 스스로 존중하고 사랑하는 마음인 '자아존중감'을 간단히 이르는 말이다.

자아존중감이 높으면 자신을 있는 그대로 수용하며 자신의 인간적인 약점을 잘 인내한다. 처한 환경이나 사회적 관계에서 안정감을 느끼며 소속감을 가진다. 개인적인 인생이나 직업 세계의 역경을 이겨 나갈 준비 태세를 잘 갖추며, 실패 후에도 자기 자신을 잘 일으켜

세운다.

반대로 자아존중감이 낮으면 자신을 쓸모없고 약하다고 생각해 스스로 학대하고 열등감을 가진다. 주변 사람들이 사소한 것을 가지고 거부하거나 조금이라도 비난하면 그들의 그 같은 태도에 쉽게 압도당한다. 또한 흡연, 음주, 폭력 등 자기 자신을 파괴할 수밖에 없는 행동에 스스로를 방치하게 된다.

평소 자존감이 낮았다면 은퇴기에 이르면 인지적 상실, 가족과 친구의 상실, 역할 상실 등으로 인해 자존감이 더욱더 저하되어 스스로를 무가치하게 생각하고, 삶을 살아가고자 하는 욕망을 잃게 된다. 즉, 자존감이 낮으면 자아상을 확립하지 못한다. 심하면 스스로를 무가치한 존재로 인식하고 자기학대까지 하게 된다.

은퇴자들이 자존감이 낮으면 결국 은둔자의 삶을 살게 된다. 그렇게 자기 스스로 갇힌 삶을 택하다 보면 삶의 질은 계속 떨어질 수밖에 없다.

직장과 부서와 직책이 없는 나

사회적 정체성 이론social identity theory에 따르면 사람들은 자신의 고유한 특성에 기초한 개인적 정체성과 사회적 정체성을 지니고 있으며, 이들을 통합함으로써 자신의 정체성을 증가시키려고 노력한다 (Ashforth & Mael, 1989; Miller et al., 2000). 그리고 사람들이 자신의 사회적 정체성에 관심을 갖는 것은 집단을 이용해 자신에 대한 긍정적 이미지, 즉 자아존중감을 높이려는 데에 있다고 본다.

이는 사람들이 집단을 통해 자신을 정의하고, 집단에서의 자신의 지위로 가치를 평가하는 것을 매우 중시함을 의미한다. 사회적 정체성 이론을 기반으로 연구자들은 사람들이 집단을 통해 자신의 사회적 정체성을 지각하는 과정과, 사회적 정체성을 지닌 개인들이 조직 내에서 협력하게 되는 과정을 설명하는 정체성 중심의 내재적인 동기부여 모델을 발전시켜 왔다.

이들 모델에서는 사람들이 집단을 통해 자신의 사회적 정체성을 형성하는 데 작용하는 요인은 두 가지 정보라고 설명한다. 하나는 자신이 속한 집단에 대해 지각하는 자부심이고, 다른 하나는 집단 내에서 자신의 지위에 대해 지각하는 존중감이라고 보았다. 첫 번째 요인을 애사심이라 표현하고, 두 번째 요인을 직책과 직위에 대한 자부심이라고 할 수 있다. 이들을 사회적 정체성의 평가지표 혹은 지위지표라고 볼 수 있다.

타일러Tyler, 1999는 집단과의 경험을 통해 집단에 대한 자부심과 집단 내 자신의 지위에 대한 존중감을 지각하면, 자신의 사회적 정체성에 대해 긍정적인 정보를 주는 조직에 협력하려는 태도와 행동을 취하게 된다고 주장했다. 그중에서도 자신의 집단에 대한 자부심은 자기가 속한 집단을 중시하도록 만들기 때문에 해당 집단을 특정하는 룰, 규범, 가치관에 자발적으로 복종하려는 협력의 태도와 행동을 보이게 한다.

이에 반해 집단 내 자신의 지위에 대한 존중감은 스스로를 존중받게 하는 근거를 제공한 자신의 능력과 독특성을 사용해 자발적이면서도 다양한 협력의 태도와 행동을 나타나게 한다고 설명했다.

특히 자신의 집단에 대한 자부심과 집단 내 자신의 지위에 대한 존중감이 중요한 이유는 이것들이 집단 구성원들의 내적인 근로 태도와 가치관을 변화시키기 때문이다. 이러한 내적인 변화는 조직에 대한 자발적인 협력의 태도와 행동에 지배적인 영향을 미친다. 또한 의무적인 협력의 태도와 행동들에 대해서도 보상에 의한 외재적인 동기부여 이상의 영향력을 지닌다(mael & ashforth, 1992).

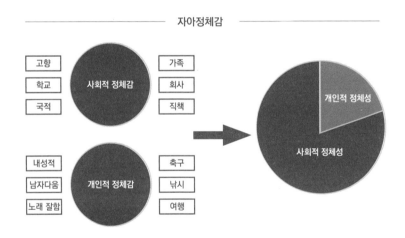

은퇴를 맞게 되면 사회적 정체감은 위기에 빠진다. 우선 자발적으로 온몸을 바쳐 정성을 다해 복종했던 조직에 대해 실망감과 배신감을 느끼고 서운함을 표한다. 아울러 그동안 자신의 가장 대표적인 페르소나라고 여겼던 가면이 벗겨지면서 민낯의 허망함을 느낀다.

여기에 그 가면을 대체할 수 있는 새로운 가면을 준비하지 못한 데 대한 아쉬움까지 더해진다. 사회적 정체감이 급격히 저하되면서 멘탈이 붕괴될 지경에 처하게 되는 것이다.

직장생활을 하는 동안 누군가를 만나 자신을 소개할 때 대부분 자기가 어느 직장의 어느 부서에서 무슨 직책을 수행하는 사람인지를 설명한다. 자아정체감 중에서 사회적 정체성 중심으로 자기를 이해하고 페르소나를 형성하고 있는 것이다. 그 시점에서 자아정체감의 구성비를 보면 전체를 100점이라고 가정할 때 사회적 정체성의 점수가 70점 이상이고, 개인적 정체성의 점수가 30점 미만으로 구성되어 있다.

직장생활을 하는 동안에는 가급적 직장을 통해 자아정체감을 형성한다. 직장에서의 자기 모습을 자기 자신의 모습과 동일시하기도 한다. 따라서 직장을 통해 자아정체감을 더 확실하게 높이려는 시도를 하게 된다.

그런데 퇴직이라는 사건을 통해 은퇴를 경험하고 나면, 사회적 정체성의 점수는 급격히 낮아질 것이다. 20~30점의 점수만 남게 된다. 결국 사회적 정체성과 개인적 정체성의 점수의 합은 50점밖에 되지 않는다.

은퇴하기 전까지만 해도 그렇게 어깨에 힘을 주고 다니던 사람이 퇴직을 하자마자 어깨가 축 처지고 기가 팍 죽어서 지내는 것을 자주 보게 된다. 이것이 바로 자아정체감의 상실로 인해 나타나는 현상이다.

사람들은 자아정체감을 통해 자신의 긍정적 이미지를 증진시키려고 한다. 자아존중감 확대를 위한 활동을 시도하는 것이다.

자아존중감이 높은 사람은 매사에 여유가 있다. 그러나 자아존중감이 낮은 사람은 아주 작은 성공에 과도하게 기뻐하고, 아주 작은 실패에도 전전긍긍한다. 자존감이 매우 낮으면 아주 작은 충격에도 약을 먹거나 목을 매거나 높은 곳에서 뛰어내리기도 한다.

자아정체성 점수의 변화 폭이 클수록 이런 현상들이 자주 보인다. 가장 대표적인 사례가 연예인들이다. 자고 일어났더니 영웅이 되어 있더라는 말이 나오기도 하는 연예인들은 사회적 정체성의 점수가 순식간에 100점 만점, 아니 1000점, 10000점까지도 급상승한다. 그런데 갑자기 이런 대접을 받으면 처음에는 당황스럽고 어색하지만, 곧 당연하게 여기며 즐기게 된다.

그런데 이렇게 갑자기 생긴 명성이나 인기는 순식간에 없어질 수도 있다. 이때의 상실감은 일반인들이 겪는 상실감과는 차원이 다를 수 있다. 연예인이 아니더라도 고위직 공무원이나 기업 임원 출신들이 상실감이 더 크다고 한다.

대부분의 퇴직자들을 보면 고위직으로 퇴직한 사람일수록 전 직장에 대한 미련과 불만과 아쉬움이 크다. 평사원으로 정년퇴직한 사람들은 이와는 많은 차이를 보인다. 오히려 오랫동안 다닌 그 직장 덕분에 자기 가족이 생활할 수 있었기 때문에 일생 동안 도움을 받은 고마운 곳이라고 생각한다. 이러한 현상 역시 자아정체감의 상실이 가져오는 문제라고 볼 수 있다.

인기가 갑자기 사라진 연예인이나 고위직 퇴직자는 정말 작은 일에도 상심하고, 극단적인 선택을 하기도 한다. 일반인으로서는 상상도 할 수 없는 충격적인 뉴스를 만들어 내는 것이다. 이들의 행동은 다른 여러 가지 요인들이 복합적으로 작용한 결과이겠지만, 자아정체감에 영향을 받아 자존감이 상실됐기 때문이라는 주장에 힘이 실린다. 고위직이 아니라 해도 직장에 대해 몰입도와 충성도가 높았던 사람일수록 상대적인 박탈감에 괴로워한다.

집단주의적 성격이 강한 한국인

트리안디스Triandis, 1995는 문화적 차이에 기초해 문화를 개인주의와 집단주의로 분류했다. 그리고 동양 문화를 집단주의 문화로, 서구 문화를 개인주의 문화로 보았다. 집단주의 문화권에서는 자신이 속한 가까운 내집단과 연결시켜서 자신을 파악한다. 또 사회적 신분과 역할 등이 개인의 정체성에 많은 영향을 미친다.

반면 개인주의 문화권에서는 성격과 취향 등 개인의 독특성이 정체성 형성에 기여한다. 즉 집단주의 문화에서는 정체성의 형성에 객관적인 측면인 심리사회적 정체성이 더 많은 영향을 미치는 반면, 개인주의 문화에서는 주관적인 측면인 개별적 정체성이 집단정체성보다 주목을 받는다.

집단주의 문화권에 속한 한국 사회에서는 정체성의 형성에 사회적 정체성이 더 많은 영향을 미친다. 어떤 직장을 다니는지, 어떤 직위에 있는지가 중요하고, 이를 중심으로 타인과 자신을 비교한다. 따라서 한국인은 자신의 독특성에 기초해 정체성을 확립하기보다 자신이 속한 집단의 속성에 기초해 정체성을 확립하게 된다.

한국인에게 존재론적 의미를 내포하는 개별적 정체성은 현실의 삶 속에서 그리 중요한 문제로 부각되지 않는다. 직장생활을 하는 동안 나보다는 회사와 조직의 업무가 우선이다. 같은 동양 문화권인 부탄을 여행하는 동안 가이드로부터 부탄 공무원들의 정시 출근율이 부진하다고 들었는데, 가장 큰 이유가 집에 일이 있어서라는 말이 참 인상적이었다. 우리에게는 너무나 생소한 이유가 그들에게는 당연하다는 것이 문화적 충격으로 다가왔는데, 그만큼 그 사회는 사회적 정체성보다는 개인적 정체성에 더 비중을 두고 있는 것이었다.

그들이 생각하는 행복의 가장 큰 척도 역시 우리와는 너무나 큰 차이를 보였다. 그들은 내가 출세하고 부자가 되는 것보다 가족과 같이하는 것이 행복이라는 가치관을 갖고 있다.

개인주의 문화권에 속하는 서구 문화에서는 심리사회적 정체성보다는 개별적 정체성이 개인의 정체성 형성에 깊이 관여한다. 따라서 서구 문화권에 속하는 사람들에게는 존재론적인 의미를 내포하는 개별적 정체성이 중요한 의미를 갖게 되며, 삶의 과정을 통해 지속적으로 개별적 정체성에 관심을 갖는다.

한국적 집단주의의 특징은 집단의 목표보다 구성원들 간의 관계를 더욱 중시한다는 점이다. 여기서 '우리'의 개념이 나온다. 한국인들은 우리라는 말을 자주 사용한다. 우리 집, 우리 회사, 우리 학교 등 서구적 관점에서 봤을 때 '나'의 개념이 들어갈 자리를 '우리'가 대신하고 있다. 심지어 우리 집사람이라는 말도 있지 않은가?

우리라는 말은 울타리, 즉 특정한 집단을 의미한다. 한국인은 좋든 싫든 이렇듯 다양한 우리 속에서 교집합을 이루어 살아간다.

따라서 직장생활을 그만둔다고 하는 것은 지금까지 우리 회사라고 하는 자신이 속한 가장 크고 중요한 집단에서 내쳐진 채 의미 없는 사람이 되었다는 것을 의미한다고 생각하는 것이다.

은퇴가 일으키는 감정의 변화

은퇴는 우리에게 감정적으로 무언가를 빼앗아 가고 또 무언가를 주기도 한다. 절망감과 불안감을 주는 동시에 상대적으로 자유와 기대감을 주기도 한다.

은퇴하는 사람들의 심리의 중심에는 절망감이 가득 차 있다. 은퇴하는 사람들은 자기 자신이나 자신의 미래에 대해 부정적인 기대를 하고 있다. 그러니 미래에 대한 목표 기대치 자체가 낮아질 수밖에 없다. 간단히 말하면 부정적 태도로 자기 자신을 바라보는 것이다.

이러한 절망감은 목표 달성 가능성에 대한 신념을 줄어들게 한다. 은퇴기에 접어들면서 직면하게 되는 정서적, 정신적 부적응의 문제에 적절하게 대처하지 못하면 절망감은 깊어만 간다. 심해진 절망감은 분노를 촉발하기도 한다.

은퇴한 노인의 마음속에서 일어나는 분노는 무기력해진 자신을 향한 분노이면서 동시에 사회를 향한 분노이기도 하다. 더 이상 자신을 받아 주지 않을 뿐만 아니라, 자신의 존재를 비롯해 능력에 대해서도 더 이상 긍정적 기대감을 갖지 않을 때 분노의 감정이 올라온다. 이러한 감정은 노인 우울증으로 이어질 가능성이 매우 높다.

은퇴는 많은 이들에게 독립이라는 자유를 주지만, 그것을 누릴 준비가 되어 있지 않은 사람들은 절망감과 불안감을 피하기 어렵다.

자유를 주는 은퇴

독립성의 일반적인 의미를 살펴보자. 독립성은 개인의 유능함과 자급자족 능력, 심리적 안정과 행복의 의미를 포함한다. 그러나 은퇴기의 독립은 재정적 독립만을 강조하기보다는 자신을 구속하던 통제로부터 정신적으로 독립했음을 강조한다. 근대 이전의 사회는 농경 사회였으므로 원칙적으로 은퇴란 없었다. 즉 건강이 허락하는 한 계속 일할 수 있었다. 다만 노동생산성이 떨어질 뿐이었다. 물론 현대인들이 겪는 은퇴 후 역할 상실로 인한 갑작스런 어려움은 겪지 않았을 것이다.

그러나 산업혁명 이후 노동의 가치를 화폐로 측정하는 임금 노동 시장이 출현했다. 임금 노동시장에서 최우선 가치인 생산성에 영향을 미치는 근로자의 노동력의 약화나 상실을 측정하는 기준으로 나이가 사용되었다. 이후 나이는 인간의 생산성 측정의 중요한 기준점이 되었다.

일정 연령에 도달해 퇴직하게 되는데, 이 퇴직은 그동안 임금의 수단으로 담보하고 구속하던 직장으로부터 해방시켜 근로자들 개개인에게 독립된 삶을 부여하게 된다. 은퇴하면 구속된 직장생활에서 근무의 대가로 지급받던 급여는 포기해야 하는 대신, 자신이 원하는 것을 즐기고 가진 것을 베풀 수 있는 독립의 길이 새롭게 열리는 것이다. 특히 일에 대한 책임감으로부터 자유로워지면서 인생 후반기 자신의 정체성을 새롭게 할 수 있다. 더 나아가 노년기에 자신이 진정 원하는 것을 발견할 또 다른 기회가 제공되는 것이다.

은퇴 후 노년기의 삶에는 사회적 기대와 시간적 압박이 없다. 자신의 재능과 시간을 사용해 더욱더 의미와 보람이 있는 삶을 살 수 있는 것이다. 이렇게 자유와 의미와 보람이 있는 삶은 은퇴 전에는 누리기 어렵다.

은퇴 후에 일에 대한 염려로부터의 자유는 산업 사회에서 대부분의 은퇴자들에게 주어진 축복이 될 수 있다. 행복한 노년기란 마음의 고요함이 지속적으로 유지되는 삶이다. 우리는 자신에게 주어진 마음과 시간의 여유를 자유라는 축복으로 받아들여 역동적인 삶을 살도록 해야 한다. 그래야 은퇴 후의 삶이 더욱더 풍성해진다.

더 나아가 자신의 사고思考와 활동에 대해 숙고해 볼 수 있는 이때 인간의 자기중심성을 극복하는 새로운 인생 항로를 설계해 보자. 그러면 노년의 생활을 즐기게 될 것이다.

에리히 프롬의 저서 『자유로부터의 도피』는 은퇴자들에게 시사하는 바가 많다. 1941년에 출간된 이 책은 거의 80년 후인 요즘의 은퇴자들의 상황을 미리 예측한 듯한 내용들로 구성되어 있다. 저자는 인간의 본능으로서의 자유에 대해 언급한다.

근대 사회는 프롬이 개체화individuation라고 부르는 현상을 동반하며 형성되었다. 프롬이 원초적 유대라 부르는 근대 이전의 혈연과 지연에 따라 결정되는 끈끈한 유대 관계는 개인의 개성을 허용하지는 않았지만, 그 대신 안정감은 얻을 수 있었다. 하지만 근대 사회와 함께 출현한 개체화는 개인들에게 안정감을 제공했던 원초적 유대에서 벗어나 그 이전의 사람들은 한 번도 느껴보지 못했던 고독과 불안이라는 감정을 집단적으로 느끼는 현상을 발생시켰다. 이러한 현상을 일으키는 외부의 힘은 사람일 수도 있고 제도일 수도 있고 국가일 수도 있다. 신, 양심, 정신적 충동일 수도 있다.

절대 흔들리지 않을 만큼 강력하고 영원하고 화려하게 느껴지는 힘의 일부가 되어, 그 힘의 기운과 영광에 참여하려는 것이다. 이를 위해 자아는 포기한다. 자아와 결부된 힘과 자존심을 모두 다 버리는 것이다. 그리하여 개인으로서의 본래 모습은 잃고, 자유는 포기한다.

개인이 최초의 결합으로부터 점차 벗어나는 과정을 '개성화'라 볼 수 있는데, 이것은 그리 간단치가 않다. 아기가 엄마와 생물학적으로는 분리되었지만, 기능적으로는 상당 기간 엄마와 일체를 이루는 것이 바로 그 예이다. 완전한 개성화의 단계에 도달해 자유롭게 되면 새로운 삶의 방향을 찾고 안정감을 회복해야 하는데, 이렇게 되면서 자유의 의미도 달라진다.

우리가 직장생활을 하는 동안 직장인으로서 가지게 되었던 여러 가지 혜택들을 생각하면 알 수 있다. 퇴직과 동시에 완전한 개성화에 도달해야 하지만 직장과의 원초적 유대 관계로부터 자신을 차별화하기가 쉽지 않다.

개성화는 퇴직을 전후해 받게 되는 직간접의 교육과정을 통해 더욱 촉진되는데, 이 와중에 육체적, 정서적, 정신적으로 자아에 대한 인식이 강화된다. 이것은 개인의 정체성 측면에서 보았을 때 하나의 성장 과정이고, 은퇴를 통해 개인이 얻을 수 있는 궁극적인 목표가 될 수 있다. 하지만 그 과정에서 고독감이 커질 수 있다. 때로는 개성을 버리고 바깥 세계에 몰입해 고독감과 무력감을 이겨 내고자 하는 충동도 생긴다.

자신의 삶을 구속하던 조직에서 비로소 나오게 되었지만, 새로운 구속을 하는 조직으로 귀속하기를 원하는 것이다. 이렇게 보면 은퇴에서의 자유는 '…에 대한 자유'라는 적극적인 의미가 아니라, '…으로부터의 자유'라는 소극적 의미일 수 있다. 쉽게 말해 직장에서의 구속에서 벗어나 하루 빨리 퇴직이 되어 좀 쉴 수 있으면 좋겠다고 생각하기도 하는 것이다.

직장에서 나와 새로운 자신만의 은퇴목표를 향해 가는 자기주도적인 은퇴생활을 꿈꾸는 것이 아니라, 현실의 고달픔만을 탈피하는 것만이 전부인 예비 은퇴자들을 말하는 것이다. 그동안의 통제와 규제로부터 벗어나 자유롭게 되었는데 다시 새로운 구속의 길로 들어서는 것이다. 이렇듯 현대 산업 제도는 개인을 발전시켰으나, 동시에 개인을 더욱 무력하게 만들었다. 또한 자유를 증대시켰지만, 새로운 종류의 의존심을 만들어 냈다.

현대 사회의 구조는 동시에 두 가지 측면에서 인간에게 영향을 미치고 있는 것이다. 즉 인간은 보다 더 독립적, 자율적, 비판적으로 되었으며, 동시에 보다 더 고립되고 격리되고 공포에 떨게 되었다.

자유를 전체적으로 이해하려면 이 같은 현대 사회의 양면성을 볼 줄 알아야 한다. 그러나 인간은 자유의 낡은 적으로부터는 해방되었으나, 그와는 다른 성질의 새로운 적이 출현했다는 사실은 충분히 인식하지 못하고 있다.

은퇴를 기준으로 이야기해 보자. 첫 번째 적은 계획되지 않은, 채우기도 벅찬 많은 시간이다. 여기에 더해 그동안 자신이 그들을 위해 희생했다고 생각했던 가족들조차 자신의 은퇴생활에 도움보다는 장애가 되는 새로운 적이라는 사실을 깨닫게 된다. 그야말로 충격에 휩싸이게 됨은 두말할 필요도 없다.

한마디로 자본주의는 인간을 전통적인 속박에서 해방시켰을 뿐만 아니라, 적극적인 자유를 증대시켜 능동적이고 비판적인, 그리고 책임을 가진 자아를 성장시키는 데 커다란 공헌을 했다. 그러나 자본주의는 동시에 개인을 더한층 고립되고 격리된 존재로 만듦으로써 인생의 무의미함과 존재의 무력감을 느끼게 했다.

자본주의에서는 경제활동의 목적이 개인의 행복이라기보다는 물질의 획득 자체가 하나의 목적이 되었다. 인간은 하나의 '개인'이 되기는 했지만, 거대한 기계의 조그만 톱니바퀴처럼 된 것이다. 이러한 개인은 당혹스럽고 불안하다. 점점 더 고독해진다. 그렇게 고립되어 자기 밖의 어떤 압도적인 힘에 조종되는 하나의 도구가 되어버렸다. 그리하여 재산이나 명성을 가지기 위해 노력하는 것이 진정한 삶의 가치라 여긴다. 그리고 더는 이러한 노력을 할 수 없게 된 은퇴라는 사건에 직면하면, 근본적으로 개인의 자아는 약체화되고, 그로 인해 무력감과 불안감을 느끼게 된다.

　이처럼 자유는 근대인에게 독립성과 합리성을 가져다주었지만, 다른 한편으로는 개인을 고립시키고 불안하게 하기도 한다. 자유는 근대적 개인이 이 불안을 감당할 수 있을 때 지켜질 수 있지만, 근대적 불안을 견디지 못하는 사람들은 오히려 자유라는 부담을 피해 의존과 복종으로 되돌아가려는 퇴행의 몸짓을 보여주기도 한다. 이는 프롬이 주장하는 나치즘 시대의 노동자 계급이 보여준 것이다.

　퇴직자들도 은퇴하기 전까지는 자신이 속해 있던 조직에서 근대 이전의 원초적 유대 관계로부터 자유를 획득하게 된다. 하지만 그 과정에서 안정감은 잃게 된다. 고독과 불안을 극복하기 위해 어렵게 획득한 자유를 버리고 더 큰 권위에 다시 소속되려 노력하거나 훨씬 더 열악한 조건인데도 새로운 조직에 끼어들기를 희망한다.

　절대적인 권위나 조직을 찾지 못한 많은 은퇴자들은 주어진 자유가 부담스럽기만 하고, 이를 어떻게 소화해야 할지 몰라 방황하고 있다.

　다른 한편의 사람들은 고독과 불안을 극복할 수 있는 더욱 강력한 자아를 형성해 자유를 지키려 애쓰게 된다. 이들이 진정으로 자신의 은퇴생활에서 획득한 자유를 누릴 자격이 있는 자들이다.

부탄의 행복 비결

　행복지수가 높다고 하는 나라 부탄을 다녀왔다. 인도 북동부와 히말라야 산맥의 동단부에 위치한 부탄은 국토의 대부분이 해발 2천 미터가 넘고, 네팔보다도 더 원시적인 자연 환경을 가지고 있다.

　나라 크기는 3만 8,394㎢로 우리나라의 1/6 정도이고, 국민소득은 2017년 기준 2,837달러로 2만 9,115달러인 우리나라와는 비교가 되지 않는다. 또 국민의 80%가 하루에 2달러 미만으로 생활한다. 그러나 국민의 97%가 자기가 행복하다고 믿고 있다.

　부탄인들은 사람이 행복하기 위해서는 사람이 깃들어 사는 자연도 행복해야 한다고 믿는다. 그래서 도로를 낼 때 터널을 뚫지 않는다. 자연을 큰 생명으로 여기기 때문이다. 낚시질도 하지 않는다. 낚시를 하려면 물고기를 속여야 하는데, 이 역시 부처님이 금한 행위에 해당한다는 논리다. 부탄에서는 물고기를 잡으면 종신형에 처해진다고 한다.

　나라 전체가 금연인 금연국가로 담배를 피다가 적발되면 벌금을

낸다. 나라 전체에 신호등도 없다. 수도 팀푸에는 왕복 2차선 도로에 일방통행로도 많다. 그렇지만 아무도 불평하지 않고 서로 양보하며 잘 지낸다. 관공서와 학교 사찰 등에서는 항상 남자 옷은 '고', 여자 옷은 '카라'라고 하는 국민복을 입는다.

노숙자가 없고, 양로원과 고아원이 없다. 어려운 사람은 도와주어야 한다고 해서 서로가 어려운 사람들을 돌본다. 또 나라 전체에 도살장이 없다. 그래서 닭과 돼지들은 천수를 누리고 죽는다. 육류는 이웃 나라 인도나 방글라데시에서 수입해서 먹는다. 꽃도 함부로 꺾지 않는다. 실내 장식이 필요하면 조화를 쓴다.

첫눈이 오는 날은 국경일이다. 첫눈이 오면 학교나 일터로 가지 않고, 집에서 가족과 함께 낭만을 즐긴다. 출근을 했는데 오후에 첫눈이 오면 다음 날 쉰다. 모든 공교육과 의료 서비스를 무상으로 제공한다. 아이를 낳으면 6개월 유급휴가를 가질 수 있고, 아이가 만두 살이 될 때까지 근로시간을 하루 2시간씩 줄여 준다. 고을마다 며칠씩 전통 축제가 열린다.

국가는 국민이 행복하지 않으면 존재 이유가 없다고 하면서 가장 큰 수입원이 관광 수입이지만 국민이 불편하지 않도록 입국 관광객의 숫자를 제한한다. 1인당 매일 250달러 우리 돈 30만 원 정도의 체류비를 내야 관광을 허락한다. 싸구려 덤핑관광, 관광객이 갑이 되는 관광은 허용하지 않겠다는 의지의 표현이다.

"경제적 풍요함을 추구하다 보면 가족과 보내야 할 시간이 희생되고, 자연과 함께하는 시간이 줄어들어 결국 건강을 해치게 된다."

근대화의 부작용을 알고 있다는 부탄 4대 국왕의 말이다. 부탄은 우리나라의 새마을 운동을 배워 가서 시행하다가 중도에 멈췄다. 너무 빨리 발전하는 게 좋지 않을 것 같다는 것이 그 이유였다. 그들은 천천히 국민 모두가 행복해지는 삶을 추구한다. 부탄 국민들이 행복한 이유는 여러 가지가 있겠지만 우선 소득 격차가 크지 않다. 3대가 모여 사는 대가족 제도의 영향도 크다고 한다.

우리 일행의 가이드는 둘 다 국비로 유학을 한 인텔리 부부였는데, 한국어를 하는 31세의 부인은 필리핀에서 영양학을 전공하고 팀푸의 국립병원에서 영양사로 일하고 있었다. 부인보다 여섯 살 연하인 남편은 인도에서 법학을 전공하고 부탄에서 문화 가이드로 활동하고 있었다. 부인이 필리핀에서 유학하는 동안 한국 유학생들을 만나 한국어를 배웠다고 했다. 부인에게 나이 차이가 많이 나는 남편과 어떻게 결혼하게 되었느냐고 물었더니, 아는 언니의 소개로 만나 사귀다 보니 사람이 진실돼 보이고 할머니와 할아버지가 좋아해서 결혼하게 되었단다.

다시 부부 모두에게 물었다. 유학했던 인도나 필리핀에서 사는 것이 더 좋지 않느냐고. 그런데 두 사람의 대답은 똑같았다. 가족이 있는 부탄에서 지내는 것이 행복하다는 것이다. 물질적으로야 당연히 외국에서 사는 것이 좋겠지만 그보다는 가족이 함께 모여 사는 것이 훨씬 더 행복한 것이라는 믿음이 그들의 마음속에 뿌리 깊게 자리 잡고 있음을 느낄 수 있었다.

부탄은 불교 국가여서 사원과 승려가 많다. 군인보다 승려가 많은 나라다. 그런데 사원에 가 보면 시내에 있는 사원들은 매우 화려하다. 규모도 크고 시설도 잘되어 있다. 정말 많은 사원에서 많은 수도자들이 순례를 하고 있었다.

티베트불교의 영향을 많이 받아 마니차를 돌리고 염주를 들고 앉아 하루 종일 기도만 하며 지내는 수많은 노인들을 만났다. 물론 젊은이들도 있었지만 순례자 대부분은 나이가 지긋한 노인이었다. 그들의 표정은 하나같이 평온해 보였다.

사원에는 당연히 전통 복장을 입고 와야 하고, 관광객일지라도 긴 바지에 긴 팔에 깃이 있는 옷을 입고 모자는 벗어야 한다. 동일한 복장의 많은 노인들이 모든 것을 달관한 듯한 평온한 모습으로 마니차를 돌리며 기도하고 있는 모습은 경이롭기까지 했다.

우리나라도 절이나 교회에 기도하러 오는 사람들이 많이 있지만, 기도의 내용에도 차이가 있었다. 우리가 하는 대부분의 기도는 자신이나 가족의 일신상의 영달이나 안녕을 위한 것이다. 하지만 그들은 모두의 행복을 기원한다. 더 크게는 범지구적인 행복까지 기원한다. 몇 년 전 동티베트를 여행할 때 보았던 장면들이 마치 데자뷔처럼 떠올랐다. 열흘간의 출사 기간 동안 꼭 보고 싶었던 탑공사 근처에서 이른 새벽 하얀 입김을 내뿜으며 오체투지를 하던 두 여인의 모습이 연상되었다.

영하 20도의 추운 날씨에 남루한 옷차림으로 온몸을 그 차디찬 아스팔트에 던지며 오체투지를 하던 여인들에게 우리가 가지고 있던 조금의 간식거리를 건넸다. 비록 자주 씻지 않아 깨끗하지는 않앉지만 밝은 미소를 보이는 그녀들의 표정에서는 세상의 모든 걱정 근심은 사라져 보였다. 오체투지는 자신을 한없이 낮추면서 불·법· 승 삼보三寶에 큰절을 올리며, 상대방에게 최대의 존경을 표하는, 고대 인도에서 온 예법이다.

머리·팔·가슴·배·다리 오체를 땅에 닿도록 엎드려 부처나 상대방의 발을 받드는 접족례에서 유래된 오체투지는 자신을 낮추어 몸과 마음에 있는 교만과 거만을 떨쳐 버리고 하심下心의 의미를 되새기는 티베트인들의 오랜 기도법이다.

"우리는 이 세상의 모든 사람들과, 생명을 가진 만물이 평화롭기를 바라며 기도합니다."

온몸을 완전히 땅에 밀착시킨 채 기도하던 한 여인의 말이다. 자기 자신을 위한 기도가 아니라 생명을 가진 모든 것들이 진실로 행복해지기를 바라는 마음으로 기도한다는 것이다. 부탄의 불교가 티베트에서 들어온 것이라는 것을 직접 느낄 수 있는 장면이었다.

우리는 부탄 여행 도중 현지 여행사와 조율해 2박 3일간의 해발 4천미터의 산악 트래킹을 하기로 했다. 해발 2천 미터에서 출발해 4천 미터 지역에서 숙박하며 트래킹하는 스케줄이었다. 텐트와 짐을 실은 7마리의 말과 주방장 포함 짐꾼 5명이 동반하는 번잡한 일정이었다.

어렵게 4천 미터 정상 지역에 도착해 첫날밤을 보내는데 밤새 폭우가 쏟아져 텐트 일부에 물이 들어차고 침구가 젖었다. 뜬눈으로 밤을 지새운 일행이 다음 날 아침 날이 밝자마자 모였다. 우리는 가이드에게 여기서 도저히 더 지낼 수 없으니 하산하게 해 달라고 요청했다. 물론 이것은 가이드가 결정할 사항은 아니었다. 출발지에 있는 현지 여행사 사장이 승낙해야 하는 문제였다.

그런데 사장과 통화를 마친 가이드는 우리에게 그렇게 하자고 했다. 우리 일행은 상황이 나빠 그런 요청을 하기는 했지만, 혹시 일정 변경에 따른 페널티가 있지 않을까 걱정이 되었다. 그런데 가이드는 그 문제는 걱정하지 말라고 했다. 단순 계산으로도 산꼭대기까지 따라온 짐꾼과 말 사용 비용, 새롭게 추가해야 하는 호텔 경비까지 적지 않은 금액이 추가될 텐데 별 문제 없이 해결된 것이다.

그래서 가이드에게 정말 괜찮은 거냐고 물어봤다. 그랬더니 손님들이 행복하지 않은 여행은 의미가 없는 여행이란다. 하산하여 만난 사장에게도 같은 질문을 했는데, 그 역시 같은 말을 했다.

부탄 사람은 우리와 매우 닮아 친숙하기도 했다. 외모는 거의 우리나라 사람과 닮았다. 그들은 우리 주변에 있는 일본 사람이나 중국 사람보다 훨씬 우리나라 사람에 가까운 외모를 지녔다.

공기놀이도 있고 활쏘기도 잘해 우리나라의 양궁 감독이 부탄 국가대표팀을 지도하기도 했다. 식당에 초청해서 관람했던 부탄 탈춤 공연은 우리나라의 탈춤과 너무나도 비슷했다. 동영상으로 촬영해 같이 활동했던 대학 탈춤 동아리 후배들에게 보여 줬더니 우리 탈춤과 똑같다며 깜짝 놀라는 것이었다.

부탄은 우리 문화에 대한 관심도 대단하다. 2017년 6월에 있었던 K팝 공연은 왕실 가족과 정부 관료들을 포함해 부탄 수도 전체 인구의 20%에 해당하는 가장 많은 관중이 모인 역사적인 행사였다고 한다. 여행 중 우연히 우리나라의 1990년대 스탠드바와 유사한 부탄 노래방에 들렀다. 싸이의 강남스타일을 신청하자 홀에 모여 있던 20여 명의 젊은이들이 싸이와 똑같은 모습으로 말춤을 추었다. 정작 한국 사람인 우리는 그 춤을 따라 하지도 못하는데 말이다.

산업 발전보다 자연 환경이 더 중요한 나라. 전통문화 유지에 힘쓰는 나라. 무리한 개발을 하지 않으며 근대화를 서두르지 않는 나라. 파리 한 마리도 함부로 죽이지 않는 나라.

우리나라에서 파견된 농구 감독이 부임해서 처음 연습을 하는데 갑자기 선수들이 연습을 중단하더란다. 왜 그런가 보았더니 벌레 한 마리가 바닥을 기어 다니고 있었다는 것이다. 그 벌레를 안전하게 밖으로 치우고 나서야 다시 연습을 하게 됐다고 한다. 부탄은 이런 나라다.

우리는 어떤가? 그들보다 물질적으로는 많이 부유하지만 행복하지가 않아서 나라를 떠나고 싶다는 이들이 많다. 물질적으로는 가난하지만 영혼이 풍요해서 행복하다는 부탄이라는 나라에서 태어나 삶을 누리고 있는 그들을 보며 정말 많은 것을 느꼈다. 무엇이 나를 행복하게 하는지 다시 돌아보게 하는 의미 있는 여행이었다.

은퇴 후 우리는 무엇으로 행복해져야 할까? 만족할 줄 모르는 욕망으로 물질 중심의 은퇴 준비를 할 것인가? 아니면 비움을 통해 영혼의 빈자리를 채우며 여유로움을 즐기는 행복 중심의 은퇴생활을 꿈꿀 것인가? 우리는 결정을 해야 한다.

비교하기와 여유롭기

부탄의 행복 비결이 모두가 다 못 살기 때문이라는 주장도 있다. 일리 있는 말이다. 그러나 가난하다고 다 행복해하지는 않는다. 부탄보다 국민소득이 더 낮은 나라 중에서 부탄만큼 행복지수가 높은 나라는 없다. 그런데 부탄은 어떻게 가난하면서도 행복할까? 행복 이론에 비교 이론이 있다. 행복과 불행은 우리의 삶에서 일어나는 사건들보다 그에 대한 인지적 해석에 달려 있다는 주장이다(Albert Ellis, 1962).

비교 이론에 따르면, 인간은 자신의 상태를 어떤 기준과 비교하여 그 기준과의 긍정적 차이를 인식할 때 행복감을 느낀다. 가장 중요한 비교 기준은 다른 사람, 과거의 삶, 이상적 자기상, 지향하는 목표다.

개인은 자신의 현재 상태를 이러한 기준들과 비교해서 우월한 방향으로 차이가 클수록 더 높은 행복감을 경험한다. 즉 개인이 처해 있는 현재의 상태 그 자체보다는 현재의 상태를 평가하기 위해 적용하는 기준의 속성이 행복에 중요하다는 것이다.

높은 기준과의 상향적 비교를 하는 사람은 불행감을 느끼기 쉬운 반면, 하향적 비교를 하는 사람은 행복감이 증가할 것이다. 이처럼 우리가 자신을 평가하기 위해 선택하는 비교 기준은 우리의 자존감과 행복뿐만 아니라 우리의 과거와 미래에 대한 태도에도 영향을 미친다.

평가를 위해 적용하는 가장 일반적인 비교 기준은 다른 사람이다. 이때 어떤 사람들을 비교 대상으로 하느냐에 따라 평가 결과가 크게 달라진다. 하향적 비교를 많이 할수록 행복도가 증가한다. 그러나 하향적 비교를 과도하게 하면, 우월 의식이 지나쳐서 자기도취와 교만으로 변질될 수 있다.

우리는 궁극적으로 타인과 비교한 결과가 긍정적이기를 원한다. 즉 비교를 통해 자신의 우월함을 보고 싶어한다. 그 때문에 우리는 우리와 비슷한 사람과 비교를 한다. 너무 우월한 사람과 비교하면 좌절하게 되고, 너무 열등한 사람과 비교하면 자존감에 도움이 되지 않기 때문이다.

그러나 이렇게 비교를 통해 행복을 추구하면 결과적으로 두 가지 경우의 수를 만나게 된다. 나보다 상대가 우월하면 비참해지고, 상대가 나보다 열등하면 교만해진다. 한창 사회문제가 되고 있는 갑질이라고 하는 행동들이 바로 이러한 비교로 인한 병폐라 할 수 있다. 갑질은 경제적으로나 아니면 직위가 상대보다 우월하다는 이유로 상대를 얕잡아 보고 함부로 대하는 행동을 말한다. 한데 갑질을 일삼는 사람들은 자신보다 경제력이 크거나 지위가 높은 자들에게는 꼬리를 내리는 비겁함을 보인다. 비교를 통해 갑질을 하는 사람들도 결국 두 가지 경우의 수를 만나게 되는 것이다. 비교의 결과, 그들의 심리는 '비참하거나 교만하거나'로 결정된다.

부탄의 행복은 적어도 남과의 비교에서 찾는 것이 아니었다. 그들은 비록 가진 것은 적지만 나누고 베풀 줄 안다. 그렇게 상대를 배려

하면서 행복을 느낀다.

여유는 다시 여백과 유연함으로 표현할 수 있다. 물질적으로 남보다 더 많이 가져야 한다는 욕심으로 가득 채워져 있는 마음속의 한 공간을 비우고, 나보다 우리가 같이 행복해지기 위한 배려로 그 빈자리를 채우는 것이다. 첫눈 오는 날을 국경일로 정하고, 터널을 뚫지 않아 멀리 돌아가더라도 자연 그대로의 길을 고수한다. 당일 안에만 도착하면 약속이 지켜졌다고 인정한다. 삶이 이와 같은 여백과 유연함으로 채워져 있다. 이러한 여백과 유연함이야말로 부탄 사람들의 행복의 원천이라고 볼 수 있다.

한편 우리는 현재를 과거와 비교하여 긍정적인 변화기 있다고 인식되면 행복감을 느낀다. '주관적 안녕' 연구에 따르면, 사람들은 수입의 절대 액수보다 변화량에 더 민감하다. 즉 과거에 비해서 수입이 얼마나 늘었느냐가 주관적 안녕에 더 강력한 영향을 미친다는 것이다. 하지만 은퇴자들이 미래에 대해 가장 걱정하는 것 중 하나는 퇴직 전과 비교해서 상대적으로 적어진 수입이다. 그러나 은퇴 전후를 이렇게 금전적인 소득만으로 비교하는 것이 어리석다는 것을 부탄은 우리에게 설명해 준다.

우리가 부탄보다 가진 것이 더 많을 수도 있지만, 상대적으로 가진 게 적은 것도 있을 수 있다. 그런데 우리는 일반적으로 비교를 할 때 단지 금전적인 소득만으로 가진 것을 비교하는 경향이 크다. 정말 우리가 부탄보다 경제적으로 부유하다고 해서 그들보다 행복해야 한다고 주장하는 것이 맞는지 생각해 보자. 그러면 은퇴 전후의 수입만으로 행복 여부를 판단하는 것이 얼마나 어리석은 일인지 알 수 있을 것이다.

계단으로 올라가
엘리베이터로 내려가기

2018년 현재 우리나라에서 가장 높은 건물은 높이 555미터의 롯데월드타워이다. 하지만 이 빌딩이 생기기 전까지만 해도 주상복합 건물을 제외하고 대부분의 사람들은 1985년 완공된 63빌딩을 가장 높은 빌딩으로 알고 있었다.

이 63빌딩에서 2003년부터 매년 63계단 오르기 대회가 열린다. 이 행사는 여의도의 랜드마크인 63빌딩 계단 총 1251개를 오르는 수직 마라톤 대회다. 수직 높이 249미터인 63빌딩을 가장 빨리 오른 역대 기록은 남성 7분 15초, 여성 9분 14초다. 63층까지 계단이 총 1251개니까 한 층은 대략 20개의 계단으로 이루어져 있다고 볼 수 있다.

만약 보통 사람들이 이 계단을 걸어서 올라간다면 얼마나 걸릴까? 건장한 청년의 걸음으로 17분이 걸렸다고 하니, 20분 이상은 걸릴 것이다. 그런데 계단 빨리 오르기 최고 기록은 7분 15초이지만, 엘리베이터로는 42초가 걸린다고 한다.

63빌딩을 걸어서 올라간다고 가정해 보자. 쉬운 일이 아니다. 1

층부터 63층까지 가는 동안 방화벽이 있어서 층간 구분이 되어 있는 곳도 있다. 도착 시간에 상관없이 오르기로 하고 출발한다 해도 분명 중도 포기하는 사람이 많이 나올 것이다. 우리가 은퇴를 맞이하기까지는 이 높은 빌딩을 오르는 과정과 비슷하다.

입사 초기에는 1층 출발 지점에 나란히 서 있다. 그런데 층수를 더할수록 앞서는 자와 뒤처지는 자로 나뉜다. 일부는 중도에 포기한다. 일찍 정상에 도착한 사람도 있지만, 정년이라는 제한된 시간 안에 정상에 도달하지 못한 사람이 더 많을 것이다.

힘들게 정상에 오른 사람이나 정상 부근에서 아직도 전진하고 있는 사람이나 모두가 다 정년이 되면 자신이 있던 그 자리에서 엘리베이터를 타고 하강하게 된다. 결국 출발선으로 돌아와 집으로 간다. 그렇게 오랜 기간을 투자해서 힘들게 올라간 자리에서 순식간에 강제로 엘리베이터에 태워져 내려오는 것이다. 고속 엘리베이터에서 하강하면서 현기증을 느낀다. 이것은 오로지 정상에 도전하는 것만을 생각하며 힘들게 계단을 오를 때는 상상할 수 없었던 불쾌한 감정이다. 순식간에 하락하게 되는 그때 들어가는 시간은 계단을 오르는 동안 투자한 시간과는 비교도 되지 않는다. 받아들이기 힘든 이러한 상황에서는 스트레스가 올라갈 때보다 훨씬 더할 수 있는 것이다. 이 스트레스는 내적 갈등으로 심화될 수 있다.

우리가 이 같은 내적 갈등에 대처하려면 역할 중심 사고에서 벗어나야 한다. 존재 중심 사고로 전환해야 하는 것이다. 즉 사회적 성공을 중시하던 성취 중심의 삶에서 인생의 가치를 중시하는 의미 중심의 삶으로 변화시키고자 노력해야 한다.

당신의 낙하산은 어떤가요?

높은 곳에 올랐다가 내려올 때 원하는 지점에 천천히 도착하려면? 낙하산을 이용하면 가능하다. 엘리베이터가 정해진 곳에 순식간에 도착하게 해 준다면, 낙하산은 훨씬 여유 있게 원하는 지점에 착륙하게 해 준다. 낙하산은 넓은 천으로 공기의 저항을 극대화해 낙하 속도를 줄여 주기 때문이다.

1595년 베네치아 공화국(오늘날 이탈리아의 베네치아)의 파우스토 베란치오Fausto Veranzio라는 발명가가 레오나르도 다빈치의 설계도를 기반으로 낙하산 제작에 착수했다. 1617년 마침내 최초의 낙하산을 발명했다. 그는 베니스의 산 마르코 종탑St Mark's Campanile에서 직접 시범 낙하를 선보였다. 참고로 이 종탑의 높이는 약 100미터. 첫 시범 낙하를 선보였을 때 파우스토의 나이는 65세. 시범 낙하는 별 탈 없이 끝났다. 하지만 낙하산으로서의 기능은 불완전한 점이 많았다.

이후 170여 년이 지난 1783년, 프랑스의 루이-세바스찬 르노르망Louis-Sébastien Lenormand, 1753~1809이 프랑스 남부 몽펠리에Montpellier에서 처음 공개적으로 낙하산 실험을 선보였다. 최초의 낙하산은 우산과 같은 둥근 모양이었으며, 이를 이용해 2차 세계대전 당시 미국과 독일 등은 공수부대를 도입했다. 이후 낙하산은 장방형, 렌즈형 등 여러 가지 모양으로 발전했다.

낙하산은 군용뿐만 아니라 스카이다이빙, 패러글라이딩과 같은 스포츠에도 이용된다. 그런데 낙하산은 한 장의 천으로 연결하기도 하지만, 몇 조각의 천으로 연결된 것이 일반적이다. 이 각각의 조각이 색깔이 다르고 또 그 색깔들이 조화를 이룬다면 더욱더 아름다운 하강이 될 것이다.

나는 은퇴생활을 생각하면 이 낙하산이 자주 떠오른다. 낙하산의 천 조각들의 다양한 색깔은 은퇴생활을 위한 준비 항목을 의미한다. 재무 설계, 가족을 포함한 관계, 취미 활동, 경력 관리, 애정, 주거환경, 자기 계발, 건강 관리 등 8가지 항목이 있다. 이 8가지를 잘 색칠해야 하고, 또 그 8가지가 균형을 이루면서 조화의 미를 보이도록 해야 한다.

그런데 많은 이들은 재무적인 준비만 잘하면 모든 것이 이루어질 것이라고 생각한다. 여기 돈으로 살 수 있는 것과 그렇지 못한 것을 비교한 재미있으면서 유익한 글이 있다.

"돈으로 집은 살 수 있지만 가정은 살 수 없다. / 돈으로 시계는 살 수 있지만 시간은 살 수 없다. / 돈으로 침대는 살 수 있어도 잠은 살 수 없다. / 돈으로 책은 살 수 있지만 지식은 살 수 없다. / 돈으로 의사는 살 수 있지만 건강은 살 수 없다. / 돈으로 직위는 살 수 있지만 존경은 살 수 없다. / 돈으로 피는 살 수 있지만 생명은 살 수 없다. / 돈으로 섹스는 살 수 있지만 사랑은 살 수 없다."

네덜란드의 속담이라고 한다. 돈 없는 사람들의 변명으로 치부할 수도 있지만 내용을 보면 틀린 말이 없다.

은퇴 후 40년을 더 산다고 할 때 그 40년 동안 평안하고 풍요롭게 지낼 수 있도록 안전하게 연착륙할 수 있는 나만의 은퇴 낙하산이 필요하다. 그 낙하산이 당신의 은퇴 목적지로 편안하게 안내해 줄 것이다. 이 낙하산은 돈이 많다고 구할 수 있는 것이 결코 아니다. 앞서 말한 8가지 각각의 은퇴 준비 항목들이 제각각 멋지면서도 다 함께 어우러져야 한다. 뛰어내려야 할 목적지가 높은 곳이라면 더더욱 그러하다.

Five years before Retirement

– 3장 –
누구와 어떻게
지낼 것인가?

은퇴생활을 지탱하는 가장 큰 기둥이 될 관계망은 어떻게 구축할 것인가? 관계망의 근본이 되는 '사회적 지지'는 가족, 친구, 동료 또는 전문가 등으로 이루어진 체계에서 제공하는 도움을 의미한다. 이러한 사회적 지지는 노인의 정신 건강, 행복감, 생활 만족도 등에 긍정적인 영향을 미친다. 또한 적절한 사회적 지지는 노인의 신체적, 심리적, 사회적 문제를 감소 또는 완화시킨다. 이는 성공적인 노화를 가져오고, 심리적 안정감을 갖게 한다.

'관계적 갈등 현상'이란 가족 부양자로서의 역할을 하고 있었으나 은퇴로 인해 가족 체계에 변화가 일어나면서 배우자나 자녀와의 관계에 갈등이 나타나는 것을 말한다. 관계적 갈등을 겪는 이들은 낮아진 자아정체감으로 자격지심을 느낀다. 또한 은퇴에 따른 가정 내에서의 변화를 수용하지 못해 갈등은 계속 커진다.

이 시기에 은퇴자들은 심인적 갈등과 관계적 갈등을 겪게 된다. 이러한 갈등은 은퇴 후 겪는 자아정체감 혼란과 관련이 있다. 좌절감, 심리적 추락, 참담함, 우울 등 내면에서 겪는 심인적 갈등과 배우자나 자녀와의 관계나 사회적 관계에서 겪는 관계적 갈등은 분리되어 나타나는 것이 아니다. 은퇴자들의 낮은 자아정체감으로 인해 서로 영향을 미치며 증폭되어 내적 갈등이 확대된다.

은퇴 후 겪는 대표적인 관계적 갈등 현상을 더 살펴보자. 아내와의 갈등이 누적되고 갈수록 악화되어 느끼는 절망감, 자녀와의 소원한 관계로 인한 초라함, 사회적 고립으로 깊어지는 소외감, 경제력 상실에 의한 관계 위축, 사회적 지지로부터 단절됨으로써 나타나는 심리적 불안정 등이 있다.

반면에 은퇴자들 중에는 은퇴 후에 직장을 통한 사회 관계가 축소돼 한때 소외감을 겪기는 했지만, 이를 극복하고 적극적으로 사회 활동에 참여해 활력을 얻는 이들도 많다. 동호인 모임이나 동창회에서 주도적으로 활발하게 활동해 사람들에게 인정받고 자신감도 다시금 찾고 있다. 성공적인 노후를 위해서는 신체적으로 건강해야 할 뿐만 아니라 이처럼 사회 참여를 해야 한다. 보다 다양한 활동에 참여할수록 노후의 질이 더 올라갈 수 있다.

워렌 버핏과 빌 게이츠가 워렌 버핏의 모교인 네브라스카 대학에서 학생들과 대화를 나눈 〈워렌 버핏·빌게이츠 학교에 가다〉라는 미국 PBS의 다큐멘터리 프로그램이 있었다. 한 학생이 "인생에서 사업 외적인 성공이 무엇이라고 생각하느냐?"고 물었다. 이 질문에 대한 워렌 버핏의 답은 어떻게 사는 것이 성공적인 삶인가에 대해 하나의 해결안을 보여 준다. 워렌 버핏은 다음과 같이 말했다.

"나와 나이가 비슷한 사람들 중에 많은 사람들로부터 사랑받는 사람을 거의 본 적이 없다. 그것은 진정한 의미의 성공한 인생이라고 할 수 없다. 성공적인 삶을 살아 온 사람이라면 나이를 먹는다고 해도 주위 사람들이 그 사람의 성공을 빌어 주어야 한다. 여기에는 가족, 사업상 동료, 그리고 그밖에 모든 사람이 포함된다. 그와 반대인 사람들도 있다. 엄청난 부를 누리고 있고, 자기 이름으로 학교를 세우고, 매일 만찬을 여는 등 모든 것을 갖춘 사람들인데, 불행하게도 진심으로 그를 생각해 주는 사람이 주위에 한 명도 없다. 그때의 그 나이는 인생이 참으로 허무해지는 때이다. 대단한 업적을 남겼고, 「포브스」가 선정한 400대 부자에도 들었는데 말이다. 또 지인 중 몇은 나와 비슷한 나이인데 아직도 아주 평범한 직업을 가지고 있으면서 주변 사람들로부터 많은 사랑을 받고 있다. 나는 이렇게 사는 것이 진정한 성공이라고 생각한다."

결국 '관계망'이 중요하다. 은퇴생활이 행복하려면 관계망을 통한 지지가 필수적인 것이다.

사회 재참여란 무엇인가?

　서양의 베이비부머는 개인주의 문화 속에서 개인의 정체성을 중시한다. 하지만 한국의 베이비부머는 집단 속에서 자신의 정체성을 찾는다. 즉 한국의 베이비부머는 '나'라는 정체성보다 '우리'라는 정체성이 우선시되는 문화 속에서 성장했다. 이는 은퇴한 후에도 과거 직장 동료나 친구 등 사회적 관계가 중요함을 의미한다. 따라서 퇴직 이후에도 자아존중감이 유지되는 데 사회적 관계는 매우 중요한 요소가 될 수 있다. 그래서 사회 재참여 활동들이 더욱더 필요할 수 있는 것이다.

　사회 재참여란 개인의 삶의 전 과정을 통해 자신의 행동 반경을 가족 이외에 다른 구성원들로 확산시키면서 자신의 관계망을 넓혀 가는 것이다. 그렇게 다양한 역할을 수행하면서 사회 구성원으로서의 역할을 하는 것이다.

　사회활동은 은퇴자가 속한 사회의 자원을 활용하고, 활동의 기반을 마련하는 데 매우 중요하다. 은퇴자들은 사회 재참여를 통해 사회 관계를 유지함으로써 지속적인 관계의 기회를 갖게 된다. 이는 사회로부터 격리되고 주변화되어 있는 사람들에게 새로운 역할을 제시해 준다. 개인의 잠재력을 사회적으로 이끌어 내는 사회 통합의 의미도 가지고 있는 것이다.

　사회 재참여는 단체 및 기관 가입이나 일자리 등과 같은 공식적 사회활동을 비롯해 친구·가족·친족 간의 관계망, 사회적 지지, 사회적 유대, 사회적 상호작용, 종교활동이나 자원봉사, 각종 모임 등의 비공식적 사회활동 등 다양하고 유연하게 이루어진다.

또한 사회 재참여는 가족, 친구 등과 의미 있는 사회적 상호작용을 하고 특정 집단이나 지역사회에 소속감을 느끼게 하는 활동인 사회적 활동과 정치적 활동을 포함한다. 이처럼 각 개인이 사회 참여를 통해 달성하고자 하는 목적에 따라 사회 재참여는 여러 가지 유형으로 나타난다.

왜 사회 재참여가 필요한가?

은퇴 후 시간적 여유가 많아지면서 생활이 단조로워질 수 있다. 이때 사회 재참여를 하면 역할 상실감, 신체적 약화, 심리적 위기감 등에서 벗어나 자신감을 가지고 지역 사회에서 활동할 수 있다. 이처럼 긍정적으로 은퇴생활에 적응해 나감으로써 노화를 지연시키고 건강을 유지할 수도 있다.

반대로 은퇴자가 사회 참여도가 낮으면 역할 상실감으로 자신을 수동적인 존재로 자각한다. 또한 계속 외부와 단절되어 소외감이 갈수록 커지면 이것이 사회활동 참여에 부정적인 영향을 미치는 악순환이 반복된다. 따라서 사회적 역할을 수행하면서 사회적 관계의 상호작용을 유지하는 것이 바람직하다. 또한 사회 재참여의 범위가 클수록, 그리고 은퇴 전 사회활동 유형과 차이가 없을수록 사회활동

참여를 통해 얻는 전반적인 삶의 만족도가 높은 것으로 나타났다.

사회 참여는 정신적, 심리적 안정감에 영향을 끼치며, 사회활동 범위가 줄어들어 위축되었던 자신감을 회복시켜 준다. 주변 사람들과 관계가 개선되면 신체적 건강에도 좋은 영향을 미친다.

은퇴 후에도 다양한 사회 재참여 활동을 함으로써 자아실현을 추구하고, 나아가 사회의 변화·발전에도 기여한다면 은퇴 후 노년기가 안정적이면서도 의미 있게 꾸려질 것이다.

다양한 사회적 관계망을 형성하라

사회적 관계망은 구성원들 간의 연결이 개인의 행동에 영향을 미치는 하나의 관계 체계를 의미한다. 우리 생활공간에서 나타나는 관심과 가족, 친구, 이웃, 자조집단 등 유대 관계를 포함한다. 사회적 관계망은 목적과 범주에 따라 여러 가지 유형으로 나눌 수 있다.

첫째, 가족 지지는 혈연관계의 1차적 관계로 친밀한 상호작용이 일어나는 관계다. 물질적, 정서적 의존 대상인 가족에게서 비롯된다.

둘째, 친척 지지는 혈연적 친밀성으로 접촉 빈도나 친밀도가 크다. 영속성이라는 특성상 장기간 필요한 도움과 자원을 제공한다. 그러나 과거에 비해 접촉 빈도와 친밀도가 낮아졌다.

셋째, 친구 지지는 가족, 친척 등의 혈연관계를 제외한 가까운 비공식적 관계이다. 비슷한 연령대에 공통된 관심과 경험을 가진 사람들로 친밀도가 높다. 정서적 지원을 제공할 수 있는 의논 대상자이다.

넷째, 이웃 지지는 지리적으로 근접하며 대면 빈도가 크다. 신속한 처리를 요하는 문제에 신속히 반응하며, 사소한 물질적 서비스나 지원을 제공하는 특징이 있다. 도시생활보다 시골생활에서 자주 만나지 않는 가족이나 먼 친척보다 더 중요한 관계망으로 작용한다.

다섯째, 기타 지지는 종교 모임이나 계 모임 등 자조활동 모임과 사회복지사, 성직자, 의사, 정신분석가, 교육자, 변호사 등 공식적 관계망의 전문적 지원을 제공하는 부류를 말한다.

이처럼 사회적 관계망은 각 개인이 사회적 정체성을 유지하고 다양한 자원과 서비스를 주고받을 수 있는 사회적 관계의 범위를 말한다. 한 개인의 사회적 관계망을 살펴보면 그가 사회관계 속에서 처한 상황을 파악할 수 있다.

은퇴 직후 남성들의 사회적 관계의 중심은 가족이 된다. 가치 체계에서 최우선순위도 가족이 차지하게 된다. 가족과의 지속적인 접촉을 통해 정서적인 지지를 받고, 특히 위기 상황에서 도움을 받는다.

현대사회에서 은퇴 이후는 대인관계가 점차 축소되고 사회적 지지가 상실되는 시기이다. 점점 더 핵가족화되어 가는 시대에 가족과 이웃의 지지는 은퇴자들에게 주요한 자원이라고 할 수 있다.

또한 다양한 사람들과 형성한 사회적 관계망은 은퇴 남성들에게 일상생활이나 위급 상황에서 직접적인 도움이 된다. 그뿐만 아니라 더 나아가 심리적, 정서적 건강에 영향을 주어 전반적인 생활 만족도에도 긍정적인 영향을 미친다. 그러므로 퇴직하기 전에 직장생활을 하는 동안에도 정례화되고 반복적인 일 중심의 관계만을 유지하려고 하지 말아야 한다. 업무와 관련 없는, 즉 '일맥'이 아닌 '인맥' 중심의 관계 형성이 필요한 것이다. 일주일 내내 같은 공간에서 일하던 동료들과 휴일도 같이 보내는 '근친' 관계를 벗어나 관계망에도 외부 수혈이 필요하다. 직장을 그만두는 순간 관계가 약해져 버리는 '일맥'보다는 공통의 취미나 관심사 등으로 만들어진 외부 관계망은 퇴직과는 큰 상관없이 유지될 수 있다. 경우에 따라서는 퇴직 후에 새 출발을 하는 데 큰 도움을 주기도 한다. 그러므로 일차적인 관계인 가족 이외에도 친구나 이웃과 같은 관계를 통해 적극적으로 심리적, 정서적 안녕을 추구해야 할 것이다.

변화하는 부부의 역할

사회 관계망 회복을 위한 일차적인 단계는 가족의 지지 확보이다. 그중에서도 배우자의 지지는 필수적이다.

노년기에 접어든다는 것은 자원을 상실하는 사건에 노출될 가능성이 높아진다는 것을 의미한다. 특히 노년기의 전주곡이 될 수 있는 은퇴라는 상실의 사건은 부부의 스트레스 수준을 높이고, 노년기의 전반적인 삶의 질에도 큰 영향을 미칠 수 있다.

은퇴를 맞게 되면 남편은 경제력을 상실하게 되고, 이에 따라 남편의 권위도 떨어진다. 아울러 사회적 역할도 축소된다. 이 시점의 부부 역할을 자원이론 관점에서 살펴볼 필요가 있다. 자원이론이란 남성과 여성은 상호 보완적이며, 서로가 가진 인적 자원에 의해 시간이 분배된다는 것이다. 자원이론의 하나로서 이용 가능한 시간을 하나의 자원으로 보고, 노동시간 분배를 설명하는 시간가용이론이 있다. 대표적으로 신고전주의 경제학자들이 주장하는 내용으로, 이들의 일반 명제는 가계의 복지를 극대화하기 위해 각 가족원은 자신에게 가장 알맞은 생산 영역을 찾아 그들의 시간을 유급노동과 돌봄노동에 배분한다는 것이다.

역할 수행을 위해서는 시간이 필요하다. 그러나 한 사람이 이용할 수 있는 시간은 하루 24시간으로 한정되어 있다. 그러므로 여러 가지 역할들이 그 사람의 시간을 차지하기 위해 경합한다. 그리고 결국 한 가지 역할의 활동에 소비되는 시간은 다른 나머지 역할의 활동에 사용될 수 없다는 것이 이 이론의 핵심이다.

개인이 사용할 수 있는 한정된 시간 안에서 노동의 분배가 시간의 가용성에 따라 합리적으로 배분된다는 것이다. 결국 부부는 가계의 효용 극대화를 이루기 위해 각 배우자의 상대적 우위에 따라 돌봄 노동과 유급 노동 간에 시간을 배분한다. 이는 궁극적으로 각 영역에서 노동을 전담하는 '전문화'로 나타난다.

시간의 가용성에 영향을 미칠 수 있는 가장 중요한 요인이 유급노동 시간이다. 따라서 돌봄 노동은 노동시장에서 보내는 시간을 제외하고 자유시간이 많은 사람이 더 많이 하게 된다. 유급노동에서 상대적 우위를 갖는 배우자는 유급노동에 더 많은 시간을 투입하게 되고, 나아가 유급노동을 전문화한다.

반면 돌봄 노동에 상대적 우위를 갖는 배우자는 돌봄 노동에 더 많은 시간을 투입하게 되고, 나아가 돌봄 노동을 전문화한다. 이때 상대적 우위를 측정하는 지표로 이용되어 온 것이 상대적 임금률이다. 이는 효용을 극대화하기 위한 합리적 의사결정의 요인이 된다.

은퇴생활에 접어들면 부인은 그동안 스스로 운용하던 자유로운 시간을 상실하게 된다. 아울러 남편은 가사활동을 도울 수 있는 시간을 획득해 가족과의 관계를 증대시킬 수 있다. 부부가 함께할 수 있는 여가활동과 사회활동의 기회도 늘어난다.

하지만 남편 입장에서의 이 같은 긍정적인 요소와는 반대로 은퇴 전까지만 해도 아내의 영역이던 가정에 어느 날 갑자기 은퇴한 남편이 침입자처럼 등장하면 아내는 하루 종일 배우자를 보살펴야 하는 입장이 된다. 그래서 자유를 구속당하는 느낌을 받게 된다. 그 같은 생활이 지속되면서 아내는 스트레스를 받게 된다. 남편 입장에서도 많은 시간을 한 공간에서 지내면서 그동안 보지 못했던 부인의 여러 가지 모습과 집안 모습에 관심을 갖게 된다.

우선 부인들이 그렇게 자주 거울을 보는지 몰랐고, 그렇게 홈쇼핑 채널에 관심이 많은지 몰랐으며, 그렇게 옛날에 사 놓은 옷이 많은지 몰랐다고 한다. 외출할 때 부인이 입은 옷이 분명 처음 보는 듯한 옷인데 물어보면 옛날에 사 둔 옷이라고 한다.

또 그동안 보지 못했던 냉장고 속의 유통기한 지난 음식이나 선반 위에 쌓인 먼지가 눈에 들어오기 시작한다. 평소 사무실 책상 서

랍 속까지 가지런히 정리하던 남편은 아무렇게나 방치되어 있는 듯한 살림살이나 냉장고 안을 보면 직장생활을 하며 몸에 밴 상사로서의 역할을 하게 된다. 자연스럽게 잔소리가 나오는 것이다. 그렇지 않아도 하루 종일 남편 수발로 힘든 부인은 스트레스가 극에 치닫게 된다.

그동안 외부 활동으로 가정에 도움을 주던 남편이 이제는 가사 활동에 부담을 주며 부인을 속박하는 새로운 역할자로 등장한 것이다. 아내의 가사 활동 영역을 침범하거나, 사생활을 제한하고, 일상생활을 혼란스럽게 만든다. 남편은 은퇴하면 배우자에게 더 의존하게 되므로 은퇴 전에 각자 자율적으로 삶을 영위해 왔던 부부일수록 갈등이 증폭될 가능성이 크다.

다른 한편으로는 아내가 남편의 시간을 조정할 수 있는 권위를 획득하고, 그것이 아내에게는 독립심과 자긍심을 가질 수 있는 계기가 될 수도 있다.

부부의 권력 구조가 바뀐다

은퇴는 부부생활에서 가장 큰 전환기적 사건이다. 이러한 은퇴를 맞이하여 부부 관계에서 권력 구조에 변동이 나타난다.

부부간의 권력 구조에 영향을 미치는 요인을 살펴보자.

첫째, 권한 행사에서 가장 강력한 힘을 발휘하는 경제적 권력이다.

둘째, 한 개인이나 집단이 다른 사람들에게 자신의 가치관, 규범 등 사회적 정의 판단의 기준을 강요할 수 있는 지배 권력이다.

셋째, 상대방을 조종할 수 있는 배우자의 매력이나 사랑, 성 등의 관계적 권력이다.

넷째, 어머니와 아내, 주부로서의 역할을 적절하게 수행함으로써 얻게 되는 지위 권력이다.

이러한 모든 권력이 부부간의 생활시간 사용에 영향을 미칠 수 있다.

은퇴 후 부부관계에서 권력 구조 변동이 나타나는 대표적인 두 가지 원인은 결국 다음과 같이 정리할 수 있다.

첫째, 남편들의 경제적 능력 상실이다.

둘째, 은퇴 후 남편이 일상적인 삶에 대해 아내에게 일방적으로 의존하게 되는 것이다.

우리나라 노년기 부부들을 보면 규범적 차원에 따라 남편이 직장에 다닐 때는 대체적으로 권력이 남편에게 있는 것처럼 보인다. 그러나 남편이 은퇴하고 나면 남편의 권력이 상대적으로 약해진다. 또한 은퇴 후 노년기의 부부 권력 관계는 각자가 동원할 수 있는 자원이 달라지는 과정에서 부부가 상호작용하면서 형성되어 간다.

은퇴 전에는 남편이 돈을 벌어 오면서 가장으로서 가정경제를 책임졌다. 부부 권력 관계에 동원할 막강한 자원을 가지고 있었던 것이다. 그러나 이제 돈을 벌어 오는 역할은 끝났고, 오히려 아내로부터 용돈을 받아 써야 한다. 집에서 할 역할이 특별히 없으니 권력으로 동원할 만한 자원이 거의 없다.

은퇴한 남편을 둔 한 부인은 은퇴 첫해에는 직장생활 할 때와 거의 비슷하게 용돈을 줬다. 그렇지 않아도 퇴직을 하여 의기소침해 있을 남편의 기를 살려 준다는 배려 차원이었다. 하지만 1년이 지나고 용돈을 반으로 줄였다. 그다음 해에는 아예 필요하다고 하는 만큼만 주었다. 급여 수입이 끊겨 생활비를 줄여야 하는데 남편 용돈이 가장 만만하더라는 것이다.

남편이 은퇴를 하니 이제는 남편의 역할은 없어지거나 축소되었다. 반면에 아내의 역할은 경제력으로나 가족 대소사에 대한 영향력으로나 막강해지면서 오히려 강화되었다. 부부 권력 관계에 동원될 자원이 남편보다 많은 것이다. 따라서 은퇴 후 부부 권력은 자연스럽게 남편으로부터 아내에게로 넘어오는 것이다.

은퇴 후 부부 권력 구조가 균형을 이루지 못하면 어떻게 될까? 힘이 약한 사람은 불편한 마음에 자꾸 서운하고 섭섭한 마음이 든다. 때로는 얕잡아보는 듯한 느낌을 넘어서서 애물단지로 취급당하는 것 같다. 힘을 가진 쪽에서는 상대 배우자를 못마땅하게 여기며 짜증을 내게 된다. 결국 부부 갈등이 심화된다.

그러므로 건강한 부부관계를 위해서는 은퇴 전에도 가정경제의 흐름에 대해 남편이 관심을 가져야 하고, 퇴직 후 자신의 용돈 정도는 마련할 수 있는 방법을 찾아야 한다. 근무에 대한 대가로 급여를 받는 것도 힘들고 어려운 일이지만, 배우자 눈치를 보며 용돈을 받는 것은 훨씬 더 자존심 상하는 일이기 때문이다.

은퇴 후에도 부부 권력 구조는 균형을 이룰 필요가 있으므로 부부 각자의 역할을 다시 나누고 자원도 서로 배분해 공유하는 것이 중요하다.

부부관계의 긍정적, 부정적 변화

은퇴를 전후한 중년 이후는 주로 은퇴라는 역할 전환적 사건이 일어나는 시기이다. 이에 따라 직업적 역할이나 사회적 관계가 점차 축소되므로 부부 관계의 중요성이 높아지는 시기이기도 하다. 또한 평균 수명의 연장과 자녀 출산율의 감소로 노부부만이 함께 시간을 보내는 빈 둥지 기간이 과거에 비해 증가하게 되었다. 중·노년기의 부부관계 질이 노후 삶의 만족도를 결정짓는 중요한 요소가 된 것이다. 그러므로 노후 삶의 질을 위해서는 지금까지 부모 자녀 관계에 몰두해 왔던 에너지를 부부관계의 질을 위해 쏟을 필요가 있다.

이러한 변화의 시기는 위기의 시기가 될 수도 있다. 이 같은 변화를 긍정적으로 받아들여 상대를 배려하며 각자의 역할을 재조정하면 바람직한 부부관계가 될 것이다. 하지만 각자의 입장만 고수하는 관계가 되면 그동안 수면 아래에 잠겨 있던 결혼생활의 모든 문제가 분출되어 돌이킬 수 없는 상황이 되기도 한다.

노년기에 부부관계의 질이 긍정적으로 변화하는 이유는 동반감의 증대이다. 직업에서 은퇴하고 자녀 양육에서까지 물러선 부부는 배우자에게 정서적, 심리적으로 한층 더 의존하게 되고, 많은 시간을 배우자와 함께한다. 따라서 이 시기에는 부부간에 느끼는 동반감 혹은 이질감이 더욱 확대될 수 있다.

동반감 측면에서 보면, 오랫동안 감정적인 유대가 쌓여 왔기 때문에 상대의 자존심이 상하지 않도록 조심하면서 서로 격려하고 인정해 준다면 생산적인 관계를 유지할 수 있다. 서로가 서로를 필요한 존재로서 아껴 주고, 관심사를 같이하며, 공통된 화젯거리가 고갈되지 않도록 관계를 키워 가는 일이 중요하다.

반면에 이질감 측면에서 보면, 우선 남편은 경제적인 능력이 없다는 이유로 부인으로부터 인정받지 못한다. 부인은 자신의 영역이 침범되고, 사생활이 제한받고, 일상생활의 흐름을 방해받는다고 생각한다. 이질감은 수십 년간 함께 살아 온 부부들이 노년기에 이혼하는 소위 '황혼이혼'을 하게 되는 이유이기도 하다.

중·노년기 이후 특히 은퇴라는 사건을 겪으며 부부는 역할 상실의 시기에 서로에게 중요한 정서적 지지자의 역할을 수행한다. 적극적인 부모 역할과 직업 역할의 책임에서 벗어나 동반자적 입장에 놓이기 때문에 이 시기에 은퇴와 부부관계의 질은 중요한 역학관계에 놓여 있다.

특히 퇴직한 배우자가 상실감에 빠져 있지 않고 긍정적인 자아감self-concept을 가지도록 격려하고 지지해 줄 때, 이러한 지지는 결혼생활 만족도를 높일 수 있다.

은퇴 후 닥치게 된 경제적 어려움도 반드시 부부관계를 악화시키는 것만은 아니다. 즉 경제적 변화가 부부관계에 큰 영향을 주는 것은 사실이나, 경제적으로 어려워졌다고 해서 부부관계가 악화되거나, 경제적으로 풍족해졌다고 해서 부부관계가 개선되는 것은 아니다.

물론 은퇴 후의 경제적 변화는 배우자에 대한 인식이나 태도를 변화시키는 데 중요한 요인으로 작용한다. 그러므로 이러한 태도 변화가 부부관계의 양상에 영향을 미친다는 점은 인지하고 있어야 할 것이다.

은퇴로 인한 부부관계의 질의 변화는 긍정적인 변화와 부정적인 변화로 나누어 볼 수 있다. 은퇴하게 되면 서로의 역할 갈등이 줄어들고, 친구 사이처럼 친밀감을 높이며, 부부간 상호 의존도가 높아질 수 있다. 이때 배우자의 지원은 은퇴자의 적응에 영향을 미치는 중요한 자원이 될 수 있다. 은퇴 후 함께 여가생활을 하고, 서로 정서적으로 지원해 주면 부부관계가 좋아진다.

반면에 은퇴로 인해 부부간에 과도한 상호작용이 발생하기도 한다. 이는 사생활 침해의 양상을 보이기도 한다. 그렇게 되면 긴장 상태나 분열로 이어질 수도 있다.

가장으로서의 역할을 수행하던 남편은 은퇴로 인해 사회적 관계가 축소되고 그래서 소극적이고 의존적이 된다. 아울러 생소한 환경인 가정 내에서 생활하는 시간이 늘어나는데, 표현적 역할 수행에 익숙하지 못하므로 고독과 소외를 경험할 가능성이 높아진다.

반면, 부인은 노년기에 접어들어 사회적 친화력이 증가한다. 사회적 관계가 확대되고 적극적이다. 자립생활이 가능한 경우가 많다. 이러한 노년기의 역할 전환에 따라 나타나는 부부관계의 변화에 성공적으로 적응하려면 노화에 의한 변화를 수용하고, 서로 협력하는 등 부부의 공통된 노력이 필요하다.

세대 간에 조화를 이루는 법

대기업 대표이사 출신 아들이 노인정 회장인 94세의 어머님과 친구들에게 점심식사를 대접했다. 그런데 어머니와 같이 지내는 93세의 할머니가 불만을 토로했다. 회장님은 커피 심부름을 자기에게만 시킨다는 것이었다. 자기도 93세나 되었는데 부려 먹는다고 말이 되느냐며 아들에게 따졌다고 한다. 그랬더니 회장 할머니는 그래도 네가 건강하고 활동적이고 나는 무릎이 안 좋아 움직이기가 어려워 그랬다며 미안하다고 했다는 것이다.

그런데 그 어머니는 오래전부터 자녀들과 별거하며 혼자 아파트에서 지내고 있다. 여러 명의 아들과 딸을 자녀로 두고 있지만 자기가 불편하다며 어느 누구와도 같이 지내지 않고 대부분의 일상을 노인정에서 보내고 있다.

93세의 할머니와 94세의 할머니는 예전 같으면 생각도 못할 만큼 많은 나이이다. 하지만 최근에는 TV에서 100세 어머니와 80대의 며느리 이야기가 심심치 않게 보도된다. 수명 연장이라는 것이 단지 남의 이야기가 아님을 인지하게 된다. 그래서 이제는 90대와는 어떻게 지내야 할지 그리고 90대를 어떻게 살아야 할지도 생각해 보아야 한다.

두 딸을 둔 한 친구는 큰딸이 중3일 때 연년생인 둘째딸과 함께 가기 싫다는 외국으로 두 딸만 유학을 보냈다. 두 딸들이 그곳에서 대학을 졸업할 때까지 매년 인당 1억 원이 넘는 학자금을 조달해 주었다. 그러나 평소 일과 딸밖에 모르던 이 친구는 딸들과 떨어져 지내자 점차 생활의 리듬을 잃고 귀가 시간이 늦어졌다. 부인은 부인대로 가끔 딸들을 돌보러 외국을 왔다 갔다 했는데 그러면서 부부 사이가 소원해졌다.

결국 둘은 이혼하게 되었다. 평소 아빠를 동조하던 큰딸은 아버지와 같이하고, 아버지를 두려워하고 거리를 두었던 작은딸은 엄마가 돌보는 조건으로 수년간의 다툼 끝에 이혼 조정이 이루어졌다.

이혼 후 큰딸은 귀국해 국내에서 대학원을 다니며 아빠와 함께 지내게 되었는데, 그동안 친구는 좀 안정이 되는 듯 보였다. 딸이 결혼 전까지는 같이 지낼 수 있을 것 같아 너무 좋다며 그동안 자식이지만 머나먼 이국에서 떨어져서 남처럼 지냈던 그 시절을 보상받을 수 있을 것 같다고 했다.

또 딸이 통학하기 힘들 것 같아 학교 근처로 이사도 갈 것이고, 이사 가기 전까지만이라도 통학용으로 외제차를 사주기도 했다. 그런데 큰딸이 1년간 국내 대학원 생활을 하면서 외국과는 너무나 다른 권위적이고 도제적인 대학원 교수 방법에 대해 실망하게 되었다. 결국 다시 자신이 졸업한 외국 대학에서 대학원을 졸업하기로 하고 출국해 버렸다.

조금이라도 자기를 이해하고 또 자기편일 거라 생각했던 큰딸의 배신으로 이 친구는 이혼보다 더 큰 충격을 받은 것 같았다. 자기가 힘들고 애썼다는 사실을 아무도 몰라 주는 현실이 너무나도 원망스럽다고 했다. 친구는 술자리에서 두 딸을 외국으로 유학 보내기 전의 그 시절로 돌아가고 싶다고 했다. 그렇게 된다면 절대로 유학을 보내지 않을 것이라고 했다.

학자금과 이혼 위자료를 위해 지금까지 열심히 살아 온 것 같다며 자신의 인생이 허망하다고 했다. 그 자리에 참석했던 절친 몇몇은 그 친구에게 지금 상황을 벗어나기 위한 가장 좋은 방법이 새로운 배우자를 만나 자신만의 인생을 가지는 것이라고 조언했다.

반대편 자리의 한 친구는 외국 주재원 생활을 했는데, 아들은 한국에서 딸은 외국에서 학교를 다녔다. 한국에서 학교를 다닌 아들이 외국 유학을 하고 싶다고 했을 때 그냥 국내에 혼자 남아 학교를 다니라고 했다. 딸은 외국에서 학교를 다니다가 주재원 생활을 마치고 귀국해서 외국인 학교를 다녔다. 졸업 후 아들은 외국어 실력이 딸려 취업이 어렵고, 딸은 우리말 실력이 딸려 취업이 되지를 않았다. 이 친구는 앞의 친구와는 반대로 아들이 가고 싶다고 하는 외국 유학을 보내 주지 못한 것이 후회스럽다고 했다.

그 아들이 어렵게 취업해서 결혼까지 하게 되었는데 이 친구도 주재원 생활을 하며 떨어져 있었던 아들과 또 새롭게 맞이하게 되는 며느리와 같이 지내고 싶어 한동안만이라도 같이 지내자고 했단다. 하지만 부인은 절대 안 된다며 전세를 얻어 아들을 분가시켜 버렸다. 아들의 짐을 다 옮기는 날 자기들보다 더 오랫동안 집을 지키면서 어려서부터 혼자 지내던 자기 방에서 창밖을 내다보며 생각에 잠겨 있는 아들의 뒷모습을 보고 가슴이 많이 아팠다고 한다.

한 친구는 아들이 외국 봉사단체에 취업했는데 유럽 며느리를 맞았다. 아들 내외는 유럽에서 생활하며 1년에 한두 번 아빠가 보낸 비행기표를 가지고 귀국해서 지내다가 돌아간다고 했다. 그런데 며느리와는 대화가 되지를 않고 손녀와도 대화하기가 어려워 며느리에게 무슨 말을 하려고 하면 아들에게 한국말로 부탁하고 아들은 다시 영어로 며느리에게 전달하는 식으로 대화가 이루어진다고 한다. 예전보다는 국제결혼이라는 것이 많이 보편화되기는 했지만 실제 부모 입장에서 외국인 며느리나 사위를 대한다는 것이 만만치는 않을 것이다.

출사 동호회에서 지방 출사를 가면서 동승한 두 명의 동반자와 나눈 대화는 많은 것을 생각하게 해 준다. 명문대를 나와서 강남에서 치과를 운영하고 있는 치과 원장은 아들이 자기와 같은 길을 걷게 하고 싶지는 않다고 했다. 명문대 법대를 나와 부장검사를 마치고 현재 로펌의 대표 변호사로 재직 중인 다른 동승자도 자녀가 자기처럼 살게 하고 싶지는 않다고 했다.

물론 직업관 같은 것 때문에 그럴 수도 있지만, 두 사람 모두 자신들이 판단하기에는 그 직업의 전망이 밝지 않다는 것이었다. 이는 생각보다 그 직업이 어려움이 많다는 것을 의미한다. 하지만 우리 자녀들이 만약에 그 대학에 입학했다면 어땠을까? 아마 많은 이들에게 자랑을 했을 수도 있다. 실제 그 직업을 우리는 선망의 대상으로 여기고 있다. 하지만 그 직업 종사자들의 만족도는 크지 않을 수 있다. 또 그 직업의 미래 전망이 실제로 어두울 수도 있다.

자기는 치과의사로 부를 이루고 나름 성공했지만 자녀들이 그 길을 가기에는 너무 힘들고 자녀들이 사회생활을 해야 되는 20년, 30년 뒤에도 이 직업이 잘될지 모르겠다는 것이다. 또 판사가 되고 변호사가 되는 일이 그리 쉽지도 않고, 미래에 그 직업이 지금처럼 유지될지도 모른다고 했다.

우리는 자신이 해 온 경험을 중심으로 자기의 생각이 옳다고 믿는 경향이 있다. 그래서 자녀들에게도 자신이 옳다고 믿는 것들, 남들에게 잘 보일 수 있는 것들이 좋다고 생각하고 이를 강요하는 경우가 많다. 전통적인 대가족 제도하에서 산업화 시대를 살아 온 기성세대들이 새로운 시대적 변화에 맞게 대응해야 한다. 특히 부모를 모시고 한 가족이 모여 살다가 혼밥과 혼술과 혼행이 일반화되는 가족 관계로 변화되는 세상에 대응할 새로운 전략이 있어야 한다.

자녀와의 관계에서 부딪히게 되는 세대 단절의 당혹함은 근본적인 원인을 이해해야만 해소된다. 지금 은퇴를 앞두고 있거나 은퇴생활에 접어든 50~60대 부모의 경우 그들의 인생관에 가장 큰 영향을 미친 청소년기는 1970년대이다. 그러나 그들의 자녀는 2000년대 이후이다. 시기적으로는 차이가 30년 정도에 불과하지만 그동안 대한민국은 어마어마한 변화를 이루었다. 1974년에서야 부모 세대를 지배하던 냉전 이데올로기의 상징인 북한과 국민소득이 역전되 없다(북한:남한=584달러:586달러, 유엔 통계자료). 그 이전에는 북한보다 못살았다는 이야기다. 그리고 1977년에 우리나라의 국민소득이 1000불을 넘는다.

2000년에는 1만 1000불이었고, 2006년도에 2만 불을 넘긴다. 국민소득 1000불 시대의 가치관과 2만 불 시대의 가치관이 같을 수 있을까? 혹자는 그래서 부모는 후진국에서 살던 사람, 자녀는 선진국 사회를 사는 사람이라고 표현했다. 경제적인 요소가 가치관 형성에 영향을 미치는 절대적인 요인은 아니겠지만, 그래도 가치관의 변화를 이끄는 중요한 요소 중의 하나임은 부인할 수 없다.

그런데 후진국 사람들의 사고방식으로 선진국 사람들의 사고방식을 이해하기가 쉽지 않다. 어른들은 지금의 청년층에게 근검절약 정신과 헝그리 정신이 없다고 지적한다. 그러나 현 세대들은 '헝그리'라는 삶의 모습을 상상하지 못한다. 중진국에서 태어나 선진국에서 자랐기 때문이다.

급격한 사회의 변화는 세대 간의 단절을 만드는 중요한 요인으로 작용했는데, 정작 이 시대를 관통하며 살아 온, 그리고 이런 선진국으로 나라를 만들어 온 부모 세대들은 후진국적인 사고에 빠져 있는 것이다. 자신의 사고가 후진국적인 사고일 수 있다고 스스로 인정해야 한다. 또한 자녀들이 선진국 시민으로 생활하고 있다는 점을 정확히 이해해야 한다. 그다음 이에 맞는 적절한 메시지를 전해야 자녀들과의 세대 단절을 극복할 수 있을 것이다.

부모를 모시는 방법과 자녀와 지내는 방법도 달라져야 한다. 지나치게 강요하지 말고, 집착하지 말고, 의지하지 말고, 스스로 독립할 수 있는 전략이 필요하다. 부모도 연로해서 자식에게 의지하지 않아야 하고, 자녀들에 대해서도 집착하지 않는 불가근불가원不可近不可遠의 관계가 유지되어야 할 것이다.

야박해 보이지만 내 것과 네 것을 구분할 수 있어야 한다. 자식들의 머리 위를 뱅뱅 돌며 일거수일투족을 간섭하는 헬리콥터 부모나 다 큰 자녀를 끼고 사는 캥거루족 부모가 되지 말아야 한다.

그들만의 리그

친구들과 벳푸에 골프 여행을 간 적이 있다. 한국 사람이 운영하는 골프장이었는데 숙소까지 갖추고 단체로 오는 팀들에게 숙식을 제공하며 골프를 즐길 수 있도록 해 주는 곳이었다. 오래전부터 모임을 갖고 있던 대학 동창 4쌍의 부부가 여행을 같이했다. 그런데 그 숙소에는 우리 말고도 한국에서 여행을 온 팀들이 또 있었다. 그들과 숙소를 같이 쓰게 되어서 자연스럽게 어울리게 되었다. 그중한 사람이 우리 모임에 대해서 관심을 가지고 어떻게 왔는지, 며칠 있을지 등을 물었다. 우리는 부부 동반이었지만, 그 팀은 남자 세 명에 여자가 한 명이었다. 그 4인 팀 구성이 궁금해서 물어보았더니 두 사람은 부부이고 두 명은 지인들이라고 했다.

그런데 우리에게 관심을 가졌던 그 사람은 원래 고등학교 교장 선생님이고 다른 두 명 중 한 명과 친한 사이여서 여행을 오게 되었다고 했다. 그래서 모르는 사람들과 같이 다니는 것이 힘들지 않느냐고 했더니, 불편한 것도 있지만 이렇게 하지 않으면 같이 어울릴 사람이 없어서 어쩔 수 없이 같이 왔다고 했다.

그런데 사실 자신은 강남의 명문 고등학교의 교장으로 정년퇴직했지만, 같이 어울리는 사람들은 같은 지역의 명문 고등학교의 교장 선생님들밖에 없다고 했다. 동료 교사들은 왜 안 만나느냐고 했더니 자신들이 교장 선생을 하는 동안 섭섭함을 갖고 있던 교사들이 감정적으로 대한다는 것이다. 잘해 준 것들은 다 잊고 섭섭한 것만 가지고 자신들을 대하는 모습을 보고 그 이후로는 일부러라도 그 사람들과는 만나지 않고 같은 경험을 했던 자기들끼리만 모임을 갖는다는 것이다.

서울에서 살다가 시골에 내려와 보니 정말 이런 일들이 많다. 우리 동네에 교육청에서 운영하는 연수원이 있는데 연수원장이 가끔 지역 유지들과의 모임 이야기를 했다. 경찰서장, 시장, 농협지부장, 교육장 등이 정기적인 친목 모임을 갖는다는 것이었다. 연수원장이 정년퇴직하는 날 행사장에는 그 모임의 장들이 보낸 화환이 진열되어 있었고 시장이 와서 축사를 했다. 멤버들은 그 모임에 대한 자부심이 대단히 컸고, 퇴직한 연수원장의 후임으로 부임한 새로운 연수원장은 마을 발전을 위해 그 모임에서 자신이 주장했던 영웅담을 기회가 있을 때마다 설명했다.

그들은 그들만의 리그에서 다른 세상을 만들어 다른 사람들처럼 지내고 있었다. 동네에도 정말 많은 모임들이 있는데 이 모임들은 매우 배타적이다. 몇 년 전 길게는 몇 십 년 전부터 회비를 받아 운영하면서 매월 모임을 하고 연중 한두 차례 여행도 다니는데 새로운 회원은 가입하기가 매우 어려운 모임들이 여러 개가 운영되고 있다. 비록 내가 내려온 곳이 고향이라 타지인보다는 차별이 덜하지만 이런 모임에는 접근이 어려운 이방인 취급을 받을 수밖에 없다.

최근 만나는 대기업 임원 출신 은퇴자들의 삶은 매우 럭셔리하다. 대화 주제가 거의 해외 여행이거나 골프 여행이고, 아니면 자녀 결혼식에 무엇을 해 줄까, 손주들에게 무엇을 해 주었는가 등이다. 나도 대기업 임원 출신이지만 내 처지로도 감당하기 힘든 딴 나라 이야기 같은 생각이 든다. 그런데 이들은 가장 자주 만나는 팀들이 대부분 그들 회사의 OB 임원들이다. 퇴직을 했지만 회사에서 아직 임원 OB들에게는 사무실 공간을 내주거나 연간 행사를 개최해 준다. 이들은 정기적으로 월간 모임들을 만들어 운영한다. 뜻이 맞는 사람들끼리는 소그룹 모임을 결성해 부부 동반으로 활동한다.

서로의 입장을 이해하고 공감할 수 있는 사람들과 만남을 유지하고 싶다는 것이다. 내 돈을 내 맘대로 쓰는데 누군가로부터 비난을 받거나 눈치를 보는 것이 싫다는 것이다. 그래서 비슷한 수준에 비슷한 생각을 가진 그들만의 리그를 만들어 모임을 갖는다.

비단 같은 회사 사람들만의 모임뿐만이 아니다. 대학 CEO 과정이나 동호회에서 만난 사람들끼리 자신들만의 영역에서 타인의 눈치를 보지 않아도 되는 그룹을 만들어 행동하고 있다. 누군가로부터 왕따를 당하는 것이 아니고, 스스로 자신들을 타인들로부터 왕따시키는 삶을 살고 있는 것이다.

남편들의 생존 전략

SNS에서 회자되고 있는 '삼식이' 시리즈가 있다. 하루 세 끼를 꼬박꼬박 챙기는 남편은 별로 좋은 대접을 받기가 어렵다는 이야기이다. 또 주말부부를 하는 부인은 삼대에 덕을 쌓아 얻어진 복이라든가, 돈 많은 남편과 이혼하고 위자료를 많이 받아 혼자 지내는 50대 이후의 여자가 가장 부러움의 대상이라고 하는 이야기들도 있다.

이 이야기들의 공통점에는 모두 남편의 시중을 들지 않아도 된다는 생각이 깔려 있다. 남자들 입장에서 보면 억울하고 화가 날 일이다. 그런데 사실 주부 입장에서 보면 일면 이해가 되는 부분도 있다.

주부들은 그렇게 오랫동안 집안일을 했어도 매 끼니 식단은 걱정이 된다고들 한다. 남편이 직장생활을 하는 동안 하루에 한 끼나 두 끼를 준비해야 했을 때도 신경을 썼는데, 퇴직 후 집에만 있어서 세 끼를 준비하자니 신경이 쓰일 만도 하다.

그런데 직장생활을 하는 동안은 웬만한 실수나 한두 끼 식단이 비슷해도 남편이 별 반응을 보이지 않았는데 퇴직 후에는 같은 상황에서 깨알 같은 잔소리가 더해진다. 그제와 어제와 오늘이 특별히 다를 것 없는 지루하게 이어지는 일상에서 그나마 낙으로 기다리는 것이 식사 시간이다. 그러나 식사에 대한 이런 기대가 어긋나면 실망하게 되고 잔소리가 이어지는 것이다. 잔소리 끝에 쌓인 것이 터져 나와 큰 목소리가 오가며 부부 싸움을 하기도 한다. 그런 것이 싫어 점심만이라도 밖에서 해결하고자 결심하고 집을 나서 보지만 밖의 상황도 그리 녹록지는 않다.

지인들과 식사 약속을 하고 만나지만 대부분 지인들의 사무실 근처에서 만난다. 점심 약속 시간을 맞추기 위해 일찍 출발해서 기다리다가 빠듯한 점심시간을 마친다. 하지만 그날 하루 일과가 점심 약속이 전부일 때도 많다. 또 이런 약속을 지속할 만큼 많은 지인들과 관계를 유지하기도 쉽지가 않다.

식사 시간에 화제도 공통점을 찾기 어렵고, 국회에서 여야 간사가 만나듯 서로의 입장 차만 확인하고 헤어질 때가 더 많다. 만남을 통해 공허함을 채우려 했는데 상대적으로 더 큰 공허함만 안고 돌아오게 되는 것이다.

또 간혹 식사 약속이 여의치 않거나 갑자기 약속이 취소되면 혼자 점심을 해결해야 한다. 그러나 대한민국의 음식점들은 50~60대의 남자가 혼자 식사하기에는 아직 그리 우호적이지도 않고 일부 식당에서는 1인분 주문을 거절하기도 한다.

내 돈 내고 밥 사 먹겠다는데 그게 안 된다니 난감하기 그지없다. 다행히 혼자 식사가 되는 곳에서 식사를 할 때도 뭔지 모를 서글픔이 밀려온다. 직장을 다닐 때도 간혹 혼자 밥 먹을 일이 있었지만 그때는 단지 같이 식사할 시간을 놓쳤거나 약속을 하지 못해 어쩔 수 없는 것이라고 여겼다. 그런데 퇴직 후 혼자 하는 식사는 몹쓸 자괴감이 생겨 괴롭다.

이런 상황에 처하지 않기 위한 좋은 방법 중 하나는 자신이 직접 요리하는 것이다. 자신이 한 요리로 스스로 식사를 해결하고 경우에 따라서는 부인의 식사도 해 주면서 부인을 주방에서 해방시켜 주는 것이다. 40~50대의 주부들에게 가장 맛난 식단이 무엇이냐고 물었더니 남이 차려 주는 식사란다. 그중에서도 남편이 차려 주는 식사가 가장 맛있다고 한다.

뷔페나 멋진 레스토랑의 비싼 요리보다 남편이 준비한 식단으로 식사 한번 하면 소원이 없겠다고 하는 사람들도 있다. 그런데 이런 이야기를 하면 남편들은 말도 안 되는 소리라면서 관심을 기울이지 않는 경우가 더 많다. 또 어떤 이들은 그렇게 하면 부인의 버릇이 나빠져서 안 된다고도 한다. 남자는 부엌에 들어가면 안 되는 것이고 그게 당연한 것으로 자기 집안에서는 묵시적으로 인정되고 있는데 갑자기 자기가 부엌에 들어가기 시작하면 이런 원칙이 무너져서 자신이 피곤해진다는 것이다.

이는 전통적으로 이어져 오던 가부장적인 사고의 결과이지만, 다른 한편으로 남편들이 그런 생각을 하는 것은 사실 요리를 해 본 적도 없고 할 줄도 모르기 때문인 경우가 많다.

요리라고 해 봐야 옛날에 자취를 하고 캠핑을 다니면서 해 먹었던 라면이나 김치찌개, 달걀 프라이 정도다. 이런 것만 가지고도 감동은 줄 수 있겠지만 그래도 제대로 된 요리라고 할 만한 것들로 식단을 차리면 그 감동은 훨씬 클 것이다.

멋진 식단을 차리기 위해서는 요리하는 방법을 배우면 된다. 인터넷에서도 요리를 배울 수 있고 또 요리만 전문으로 가르쳐 주는 많은 요리 학원들이 있다. 요즘은 주민센터에서 운영하는 교양강좌 프로그램에도 빠지지 않고 요리 강좌가 포함되어 있다. 한식, 일식, 중식, 사찰요리 등 다양한 요리 강좌가 진행된다. 대부분의 수강생들은 주부이지만 간혹 은퇴를 했거나 은퇴를 앞둔 남자들도 섞여 있다.

그들에게 왜 요리를 배우냐고 물어보면 식당을 하기 위해서, 식당에 취업하기 위해서라고 답하기도 하지만, 그냥 요리가 좋아서 배운다는 이들도 많다. 퇴직 후 새로운 일을 하는데 가장 많은 이들이 도전하는 분야가 음식점이다. 그런데 음식점은 워낙 많이 생기기도 하고, 가장 빨리 폐업하는 종목이기도 하다. 음식점 창업이 성공하지 못하는 이유는 여러 가지가 있겠지만, 주인이 음식 자체를 잘 모르고 음식을 잘할 줄도 모르는 것이 크다. 그래서 요리를 잘한다고 하는 인건비 비싼 주방장을 데려다 놓고 영업을 한다. 꼭 주방장이 사장 같다. 그렇게 진짜 주인은 주방장 뒷감당을 해 주는 역할만 하는 식당이 많다.

주인이 음식을 잘 알고 잘한다면 이런 일로 어려움을 겪지는 않을 것이다. 정말 자신이 잘하는 요리가 있다면 테이블 한 개만 놓고 자신의 이름을 걸고 하는 1인 식당도 가능하다. 굳이 비싼 월급 줘 가면서 요리사를 고용하지 않고 큰 비용 지출 없이 자신의 요리를 좋아하는 사람들만을 위해 제공하는 이런 일도 요리를 잘하면 한번 해 볼 수 있는 것이다.

꼭 식당을 하지 않더라도 여러 기능 중에 요리는 인간의 기본 욕구를 충족시키는 가장 기본적인 기능에 해당하므로 나름의 경쟁력을 가질 수 있다. 과거와 달리 요리사에 대한 사회적 기대치는 매우 높아졌다. 은퇴 전보다 훨씬 많아진 시간을 음식 조리에 투자하고 부인을 위해 주방에 들어가서 앞치마를 두를 줄 아는 용기와 배려로 부부 역할을 재조정하는 것도 은퇴 후를 즐기는 하나의 방법이다.

요리를 배우자. 그래서 삼식이 딱지도 떼고 좋아하는 이들을 위해 식단을 준비하고 실력이 쌓여 자신감이 생긴다면 음식 전문가로서의 삶도 펼칠 수 있다.

고슴도치 딜레마와 공간거리

'고슴도치 딜레마'라는 용어의 기원이 된 쇼펜하우어의 저서 『부록과 추가Parerga und Paralipomena』의 내용이다.

추운 겨울 어느 날, 서로의 온기를 느끼기 위해 몇 마리의 고슴도치가 모여 있었다. 하지만 고슴도치들이 모일수록 그들의 바늘이 서로를 찌르기 시작했다. 그들은 떨어질 필요가 있었다. 하지만 추위는 고슴도치들을 다시 모이게 했다. 그리고 다시 같은 일이 반복되기 시작했다.

수차례 모임과 헤어짐을 반복한 고슴도치들은 다른 고슴도치와 최소한의 간격을 두는 것이 최고의 방법임을 발견했다. 이와 같이 인간 사회의 필요로 인해 인간이라는 고슴도치들이 모이게 되었지만, 가시투성이인 인간의 본성으로 시로 상처를 입힐 뿐이있다. 그리하여 인간들은 서로 거리를 유지하기 위해 예의를 발견했으며, 이를 지키지 않을 경우 서로 간에 거리를 지키기 위해 거칠게 말을 하곤 했다.

이 방법을 통해 서로의 온기는 적당히 만족되었으며, 또한 인간들은 서로의 가시에 찔릴 일도 없게 되었다. 하지만 남을 찌를 수도, 자신을 찌를 수도 없었던 사람은 자신만의 온기로 추운 겨울을 보내게 되었다.

인간관계에서 우리의 일반적인 모습을 일찍이 쇼펜하우어가 예측한 것이다. 그런데 이런 고슴도치 딜레마로 인해 스스로를 가두고 외톨이가 되는 많은 은퇴자들이 있다. 심하게는 가족들에게조차 이런 가시를 내보이며 자기만의 영역 안에서 외로움과 추위에 몸을 떨고 있다.

인류학자 에드워드 홀Edward T. Hall이 소개한 '개인공간personal space' 개념에 의하면, 사람은 누구나 자기 주변의 일정한 공간을 자기의 것이라고 생각하는 무의식적인 경계선을 가지고 있다. 그래서 타인이 일정한 거리 이내로 접근해 오면 긴장감과 거부감, 심지어 생존의 위협감을 느낀다.

개인공간은 문화, 환경, 개인에 따라 차이가 있기는 하지만, 홀은 네 단계로 개인공간을 구분 지었다.

· 밀접한 거리(15~46cm) : 자연스런 스킨십이 가능한 연인 사이의 거리. 자기 방어를 위한 최소한의 사적인 기본 공간이다.

· 개인적 거리(46cm~1.2m) : 경계심이 없는 친한 친구와 대화할 때의 거리. 팔 길이와 연관이 있다.

· 사회적 거리(1.2~3.6m) : 사무적인 인간관계가 이루어지는 거리. 회의실의 테이블 크기 등이 이 거리와 관계가 있다.

· 공적인 거리(3.6m 이상) : 연설, 강연 등이 이루어지는 거리. 친밀감과는 거리가 있다.

밀접한 거리 안에 많은 이들이 존재한다면 외롭지 않을 것이다. 그런데 이런 개인공간에서의 활동들이 익숙지 않다면 고슴도치 딜레마와 같이 심리적인 거부감으로 공간 안에 접근한 자를 침입자로 규정하고 스트레스를 받는다.

반면에 은퇴생활을 즐기는 이들을 보면 공통적으로 좋은 인간관계를 맺고 있다. 그들에게는 성공과 행복을 기원하며 베풀고 나누는 지인이 많다. 고슴도치 딜레마에 가장 해당되지 말아야 될 사람이 배우자이고 가족이다. 그런데 가족조차 이 공간 안에 머무르지 못하게 하는 은퇴 초년생이 많다. 이들은 이런 상황을 극복하고자 더 많은 노력을 해야 할 것이다.

Five years before Retirement

— 4장 —
어디에서
살 것인가?

은퇴이민을 꿈꾸는 사람들이 많다. 적은 생활비로 가사도우미와 운전기사와 정원사를 두고 매일 골프를 치며 즐겁게 사는 환상을 꿈꾸며, 황제 같은 생활을 할 수 있다는 언론 보도에 흥분하는 사람들이 많다. 실제로 이런 비즈니스를 추천하는 사업체들도 많이 있다. 하지만 실제 은퇴이민은 어떨까? 먼저 은퇴이민을 선택하는 이유는 무엇일까? 첫째, 대한민국은 경쟁이 너무 지나친 경쟁사회인 것 같고 남북 대치 상황과 정치 상황 등을 종합적으로 판단해서 이런 복잡한 현실에서 탈피하고 싶은 심리가 있다. 둘째, 인간은 근본적으로 게으른 존재로 누군가로부터 인정받고 대접받으며 편해지려고 하는 심리 때문에 같은 금액으로 누군가를 고용해서 이런 생활이 가능할 것이라는 마음에서 은퇴이민을 꿈꾸게 된다.

은퇴이민의
현실과 이상 사이

그런데 실제 은퇴이민의 현실과 이상 사이에는 괴리가 없을까? 동남아 지역인 필리핀이나 인도네시아, 말레이시아 등으로 은퇴이민을 가면 국내 생활비의 절반도 되지 않는 돈으로 하인까지 거느리며 황제 같은 삶을 살 수 있다는 말에 많은 이들이 환상을 가지고 은퇴이민을 떠났다.

하지만 문화도 다르고 언어도 잘 통하지 않는 나라에서 친구도 없이 지낸다는 것이 얼마나 힘든지를 알게 된 많은 이들이 다시 귀국을 하거나, 일정 기간은 그곳에서 보내고 나머지 기간은 자기 집에서 보내는 부분 해외 노후생활로 방향을 선회하고 있다.

이러한 수요를 충족시켜 주기 위해 현지에 콘도 형태의 시설을 운영하며 1년에 일정 기간 동안 현지에서 생활할 수 있도록 편의를 제공하는 업체도 많다. 얼마 전 겨울에 중국 황산에서 만난 열몇 쌍의 노인 부부들이 숙박을 하며 골프를 치는 것을 보고 저들이 누구냐고 물었더니 평생회원권을 사서 단체로 이곳에서 일정 기간 머물며 지내는 노인들이라는 것이다. 회원권을 가진 회원들에게는 골프 라운딩 비용이 거의 공짜 수준이었고 숙박료도 저렴했다. 또한 주변 관광지를 다니며 좋은 요리들을 먹으며 관광도 할 수 있어서 인기가 많다는 것이었다.

하지만 자신의 평생의 근거지를 버리고 이민을 떠난다는 것은 정말 큰 위험이 따른다. 그것도 인생의 노년에 그런 선택을 한다는 것은 더 위험할 수 있다. 현지에서 젊어서부터 오랫동안 생활해 본 경험이 있고 인맥도 많은 게 아니고, 단지 자연환경이나 물가 때문에 선택하는 것이라면 매우 신중하게 생각해야 한다.

은퇴이민을 가면 백만 원으로 황제같이 산다는 말들을 하는데, 현실은 절대 그렇지 않다. 백만 원으로 황제가 되는 꿈은 버려야 한다. 실제 물가가 싸다고 하는 동남아 국가들도 생활비와 주택 임대료, 가사도우미, 운전기사 비용에 1주에 골프 2~3회 치고 지낸다고 했을 때 월 300만 원 이상이 든다고 한다. 그보다 더 큰 금액이 들 수도 있다. 여기에 치안이 허술한 나라에서는 별도로 경호원을 고용하기도 한다.

은퇴이민은 두 가지로 나누어 볼 수 있다. 많은 돈을 가지고 우리보다 더 잘 살고 풍요로운 곳으로 가는 은퇴이민과, 우리보다 못살지만 물가와 인건비가 싼 곳으로 가는 은퇴이민이다.

전자는 많은 경비를 지불하는 대신 사회 안전망 구축이 잘되어 있다. 그러나 현지 문화에 적응하려면 노력을 많이 해야 한다. 또 가끔씩은 어쩔 수 없이 귀국해야 하는데 비행기 경비가 만만치 않다.

후자는 적은 돈으로 생활할 수 있을지는 모르지만 부족한 사회 안전망을 보완하기 위해 별도의 블록으로 지정된 구역 안에서 비싼 거주비를 지불하거나 경호 인력을 두어야 해서 경비가 추가로 든다. 그 울타리 안에서 새로운 문화에 적응하는 것도 쉽지가 않다. 동남아가 아닌 아프리카의 케냐에서도, 남미의 에콰도르와 페루에서도 상황은 비슷하다.

은퇴이민으로 적합한 자들은 매월 일정한 소득이 발생하는 연금 수령자나 임대수입자들이다. 목돈만 가지고 가는 것은 여러 가지로 부적합하다. 많은 돈을 가졌다는 이유로 범죄의 표적이 될 수도 있고, 그 돈을 굴릴 수 있는 경제활동들이 거의 금지되어 있다.

영화 〈아웃 오브 아프리카〉의 배경이 되었던 케냐를 최근 다녀왔다. 영화 속에 등장했던 주인공이나 유럽 사람들의 생활이 어찌 보면 황제 같은 삶이었을 텐데 그들 역시 그곳에서 커뮤니티를 형성하고 나름대로의 생활양식을 고수하기 위해 노력했지만 결국 원주민들에게 모든 것을 남기고 떠날 수밖에 없었다.

많은 이들이 이 영화 속 장면 같은 삶을 꿈꾼다. 지금은 그때에 비해 여러 가지 요소들이 달라졌지만 아직도 우리나라보다는 물가도 싸고 인건비도 싸다. 그래서 이런 곳에서 영화 속 황제 같은 삶을 꿈꾼다. 하지만 황제는 누리는 것이 많지만 결정하고 책임져야 할 일도 많다. 저개발 국가로 떠나는 은퇴이민으로 이런 것들을 꿈꾼다면 전부 다 돈으로 해결해야 한다. 그것도 꽤 많은 돈이 필요하다.

그렇게 해서 외형적으로 포장된 황제로서의 권한을 행사하며 얻은 성취감으로 행복해질 수 있느냐는 또 다른 문제이다. 황제가 되려면 권한을 행사할 수 있는 대상이 있어야 한다. 그 대상이 많고 수준 높은 집단이라면 그 만족감이 높겠지만 실제 돈을 주고 고용한 현지인 몇 명으로부터 받는, 그것도 돈으로 산 인정은 그리 만족도가 높지 않고 오래가지도 못한다.

더구나 자신을 보호하기 위해 주변과의 완벽한 단절을 구상하며 울타리를 높이고 경호원을 두고 생활한다. 그런데 이런 것들이 결국은 스스로를 밀폐된 공간 안에 가두는 관계 단절을 만들어 외로움을 견디지 못하게 되기도 한다.

이런 것보다는 좋아하는 사람들과 어울려 그들에게 사람 사는 냄새를 풍기며 마음속에서 우러나오는 존경을 받을 수 있는 삶이 진정으로 황제 같은 삶이다. 손끝에 물도 묻히지 않는 드라마 속의 안방마님이나 갑질을 일삼는 재벌총수보다는 서민 가장으로 자녀와 배우자, 이웃들로부터 인정받는 삶이 진정한 황제의 삶이다.

은퇴이민은 귀향이나 귀촌과도 같다. 많은 이들이 찌든 직장생활에서 벗어나 어려서 생활하던 고향으로의 귀향이나 귀촌을 꿈꾼다. 그러나 막상 고향에 돌아가 보면 내가 생각하던 어린 날의 고향은 어디에도 없다. 오히려 도시보다 더 각박하고 배타적인 시골의 삶에 적응하지 못하고 실망하여 다시 역귀향하는 사람들도 많다.

일상에 만족하는 생활이란 그 집단에 녹아들어 같이 지내야 가능한데, 물에 기름 도는 듯한 삶으로는 행복하게 살 수 없다. 귀농, 귀촌은 현지에서 직접 농사도 지어 보고 살아 보면서 이웃과의 문제를 극복해 가는 과정을 거친 후에 결정해도 늦지 않다. 은퇴이민도 마찬가지다. 남의 말만 듣고 혹은 잠시 여행하면서 가졌던 느낌으로 결정하지 말라. 가급적 긴 시간 현지 체험을 통해서 상황 파악을 한 이후에 선택해야 한다. 또한 가능하다면 완전이민보다는 계절별로 여러 곳을 순회하며 지내는 부분이민을 하는 것이 더 바람직해 보인다.

시골에서 산다면

　도시에 살고 있는 많은 이들이 퇴직 후 시골생활을 꿈꾼다. 시골 생활에 대해 말하자면, 우선 시골에 살고 있는 사람들과 새롭게 이사를 오는 입주민과의 입장 차가 존재한다.

　시골에 이사를 가는 사람들은 자신만의 공간이 새롭게 만들어지는 것으로 이해한다. 신대륙에 처음 도착한 이주민들에게 정해진 시간 안에 말을 달려 깃발을 꽂는 곳까지 소유권을 인정하는 장면이 인상적인 1992년 개봉한 론 하워드 감독, 톰 크루즈와 니콜 키드먼 주연의 〈파 앤드 어웨이〉라는 영화가 있다. 시골에 처음 오는 이주민들의 마음도 사실 이와 크게 다르지 않다. 돈만 지불하면 자연스럽게 자신의 소유권이 인정되고 기존의 많은 물리적인 조건들과 현지 인물들이 모두 자신을 위해 움직일 것이라고 생각한다.

　그런데 사실 말을 달려 깃발만 꽂으면 되는 줄 알았던 그 땅들은 원주인인 인디언들에게는 조상 때부터 지켜 온 그들 고유의 지역이었다. 당연히 그들의 입장에서는 외부의 침입자가 자신들의 영역을 침범한 것으로 여길 수밖에 없다.

　귀농 귀촌도 마찬가지다. 원주민들의 입장에서는 외지에서 온 누군가가 자신들의 공간을 침범한 것으로 여기게 된다. 이러한 입장 차가 결국은 갈등으로 비화돼 때로는 물리적인 충돌이나 법적 다툼으로 이어져 외지인들이 왕따를 당하거나 적응하는 데 실패해 고통을 받게 된다.

비유가 좀 그렇지는 하지만, 외부로부터 우리 몸에 들어오는 균은 항체 입장에서 몸에 해를 끼치는 존재라고 판단되면 주변의 모든 항체들과 힘을 합해 이 침입자에 대해 총공격을 하며 대항하는 것과 다르지 않다. 그러므로 '외부 침입자'가 되어서는 안 된다.

얼마 전 주막에 방문한 어떤 부부는 우리 집에서 얼마 떨어지지 않은 고개 너머 마을에 살고 있는 사람들이었다. 그들은 행정구역으로는 같은 포천 시내에서 이사를 왔다고 했다. 몇 년간을 아주 작은 마을에 살고 있는데 주변 사람들의 텃세 때문에 도저히 살 수가 없어서 다시 원래 살던 곳으로 가야겠다고 했다.

작은 공장을 운영하기 위해 처음 이사 왔을 때부터 이장이 와서 마을 행사에 찬조를 부탁했고, 조그마한 행사만 있어도 손을 벌리고, 금액이 적으면 진입로를 막는 것까지 이웃들이 냉대가 말도 안 되게 심하다는 것이었다.

내가 운영하는 양조장에도 비슷한 일이 있었다. 오래전부터 마을 도로로 사용하는 것을 땅 주인이 동의하여 포장까지 되어 있는 도로였는데, 너무 오래전이고 땅값이 쌀 때의 일이라 공무원들이 이 땅의 소유권을 변경하지 않았는데 그것이 문제였다.

기부했던 땅 주인인 아버지는 사망하고 그 아들이 땅 주인 행세를 하며 기존에 이 도로를 사용했던 몇 집과 새로 전입 온 집들을 상대로 이 도로를 막고 비싼 가격에 이 땅을 매입하라는 것이었다. 매일 다니던 길이 없어져 버린 것이다. 차 한 대가 간신히 지나다닐 정도의 공간만 남기고 큰 바위로 길을 막았다. 운전이 미숙한 운전자들은 차량에 큰 상처를 내기도 해서 불만이 많았다.

우리 양조장도 진출입에 큰 지장을 받았는데 행정관서에서도 중재를 못해 불편한 상황이 지속되었다. 결국 시에서 근처에 주차장을 만들면서 그 부지를 사는 조건으로 다시 그 길을 사용하게 되었다.

이 같은 상황에 빠지지 않으려면 우선 귀농과 귀촌을 왜 해야 하는지 분명한 목표가 있어야 한다. 그래야만 어려운 상황이 닥쳤을 때 그것을 극복할 힘을 얻을 수 있다. 또한 어디에 가서 무엇을 하며 누구와 지낼지도 검토해야 한다. 귀농 이유에 대해 '그냥'이라고 답하는 사람들도 많다. '고향이라서', '친구 따라서' 또는 '어떻게 되겠지'라고 하는 이들도 있었다.

분명하고 확고한 목표는 우리가 중도에 마주칠 수 있는 많은 문제를 해결하는 버팀목이 되어 준다. 우리가 하는 일에 성공하려면 치밀한 상황 분석이 필요하다. 물론 아무 준비 없이 닥치는 대로 문제를 해결하다가 성공하는 경우도 있다. 하지만 그 같은 무모함보다는 발생할 수 있는 문제를 미리 살펴보고 해결책을 충분히 마련하는 것이 성공 확률이 확실히 높을 것이다.

그렇다면 성공적인 귀농 귀촌을 위해 검토해야 할 것들로는 무엇이 있을까?

우선 귀농과 귀촌의 성공을 결정짓는 가장 큰 변수는 귀농과 귀촌의 개념에 대한 이해이다. 귀농 혹은 귀촌은 도시를 떠나 시골로 가는 것을 의미한다. 그런데 귀歸라는 글자는 다시 돌아간다는 의미를 내포하고 있다. 다시 말해 원래 있던 곳으로 돌아간다는 의미인데,

실제 귀농·귀촌자들은 고향으로 가기도 하지만 전혀 낯선 곳으로 가기도 한다.

전혀 낯선 곳으로 가는 것이 어떻게 귀농, 귀촌이 될 수 있을까? 이들은 자기가 살던 곳을 떠나 새로운 곳으로 이사를 가는 것이다. 그래서 귀농이 아니고 이농移農이 맞다. 이농離農이란 원래 농촌에서 살던 사람들이 농촌 생활이 싫어 도시로 떠나는 것을 말하는데, 거기서 사용된 이離자는 이별한다는 이離자이고 시골로 가는 이移자는 이사한다는 이移자이다.

다시 말해 시골에서 살던 사람들이 여러 가지 이유로 그러나 대부분은 그 생활을 견디지 못해 이농離農한 그곳에 도시에서 살던 사람들이 가서 그 자리를 이농移農으로 채우는 것이다. 시골 사람은 농사가 경쟁력이 없고 가능성이 낮아 안정적인 수입이 있는 도시 사람이 부러워 농사를 그만두었다. 그런데 도시 사람은 스트레스 받아 가며 그리 많지도 않은 돈을 버는 것보다는 자신이 하고 싶은 일을 하며 큰 경쟁 없이 지내는 시골 사람이 부러워 그 사람이 포기한 농사 일로 성공할 수 있다고 한다. 이것이 귀농의 냉정한 현실이다.

그런데 귀농인지 이농인지 이런 개념이 왜 중요한가? 개념을 잘 이해하고 가야 성공을 위한 준비를 잘할 수 있기 때문이다. 부모님이나 친인척이 자리를 잡고 있거나 친구들이 있는 고향으로 가는 것과 생전 알지도 못하던 낯선 곳으로, 그것도 라이프스타일 자체가 완전히 다른 시골로 가는 것은 차원이 전혀 다른 상황이다. 각각의 상황에서 성공을 위해 준비해야 하는 것들 역시 너무나도 다르다.

자기가 살던 고향으로 갈 때도 자신이 어려서 성장했던 그 당시의 모습만을 연상하고 갔다가는 낭패를 볼 수 있다. 어느 시대보다 빠르게 변하는 시대를 살고 있는 우리는 도시도 변했지만 시골도 도시화되고 있음을 알아야 한다. 아울러 당연히 그곳에 살고 있는 사람들도 많이 바뀌었다는 사실을 인지해야 한다.

원래 고향을 지키고 있던 사람들도 있지만 많은 타지인들이 들어와 제2의 고향처럼 본토인보다 더 원주민처럼 살고 있는 경우도 많다. 굴러온 돌이 박힌 돌을 뽑아 버린 격이다. 토지 가격도 예전에 생각했던 것과는 엄청난 차이를 보인다. "그냥 시골에 가서 농사나 지으며"라는 말을 무색하게 만들 만큼 많이 올라 있는 곳도 있다.

고향을 지키고 있는 사람들과의 관계 형성도 만만치 않다. 나는 상대를 모르지만 상대는 내 일거수일투족을 알 수도 있는 곳이 시골 고향이다. 앞집 뒷집 사람들이 누구인지 모르면서도 10년 이상을 사는 것이 하나도 이상하지 않은 것이 도시 아파트 생활이라면, 시골생활은 전혀 다르다. 이웃집의 숟가락 개수와 저녁 밥상 메뉴까지도 꿰고 있다. 이런 상황에 처음 직면한 도시 출신 사람들은 낯설고 황당함에 섬뜩하기조차 하다.

또 난감한 것 중에 하나가 지인들을 만났을 때 마지막으로 헤어질 때의 관계와 상대방의 이름이 잘 생각나지 않는 경우이다. 동창인지 선배인지 후배인지 가늠이 되지 않고 이름도 입 안에서만 맴돈다. 상대는 나를 반갑게 맞아 주지만 존댓말을 써야 할지 반말을 써야 할지 어색한 웃음으로 상황을 겨우 모면하는데 상당히 어색하다.

그중 가장 심각하게 생각해 보아야 할 문제가 배우자와의 관계이다.

또한 부부 중 한 사람만 시골생활이 좋다고 생각하는 경우가 더 많다. 동네에 큰 펜션을 운영하고 있는 부부가 우리 주막을 방문했다. 도시에서 살다 온 한 부인은 여기만 아니면 아프리카라도 좋을 것 같다면서 시골생활이 싫다고 했다. 어느 정도의 손해를 감수하고서라도 어서 펜션을 팔고 자신이 살던 도시로 가고 싶다고 했다.

남편이 시골생활이 왜 좋은가에 대해 말하던 모든 것들, 이를테면 조용하고 한적하고 여유 있는 생활이라는 것은 그 부인에게는 다 싫은 조건이었다. 너무 외롭고 무섭고 무료하다는 부인의 옆에 앉아 있던 남편은 또 저 푸념을 한다며 인상을 쓰고 있었다.

그래서 시골생활에 성공하기 위해서는 막연하게 떠나서는 안 된다. 현장에서 벌어질 수 있는 문제에 대해 선배들에게 많은 조언을 들어야 한다. 그리고 실제 몇 개월간이라도 시골생활을 체험한 뒤에 이주를 결정하는 것이 바람직하다.

무엇을 할 것인가에 대한 문제도 시골에서 살고 있는 사람들보다 나은 생활을 희망한다면 그들을 뛰어넘는 무언가가 있어야 한다. 그들과 똑같이 해서는 그들보다 나아지기 어렵다. 이미 오랫동안 그곳에서 시행착오를 거듭하며 그 분야의 노하우를 가지고 있는 이들을 이기기란 쉽지 않다.

또 새롭게 안정적인 농촌생활을 하기 위해서는 새롭게 만나는 조직의 장長의 역할을 잘 이해하고 관계를 잘 맺는 일이 중요하다. 도시생활에서는 그다지 중요하지 않았던 이장이나 반장, 새마을 지도

자, 영농회장 등과의 관계가 시골생활 전반에 걸쳐 영향을 미치기 때문이다.

결국 성공적인 시골생활을 위해서는 자신이 떠나온 뒤 시간이 지나면서 변화된 시골에서의 상황과 관계인들과의 역할 변화에 대한 인식 제고, 그리고 해야 할 일에 대한 확실한 믿음이 있어야 한다. 시골생활은 도시에서의 생활과는 분명한 차이가 존재하는데, 그것을 이해하는 것도 시골생활에 적응하는 데 도움이 된다.

우선 시골생활은 갈등과 공존 속에서 성장하는 공동체 생활이다. 우리가 도시생활을 할 때 거주하던 행정조직은 수직 구조를 갖추고 있다. 직장생활을 하던 회사라는 조직 역시 효율성 때문에 수직 구조이다. 그런데 마을 조직은 위아래가 없는 수평 구조이다. 마을 이장이나 반장이 업무 수행을 하기는 하지만 그들이 상사는 아니다. 민주적인 조직이라고 볼 수도 있지만, 의사 결정이 어렵고 모두가 상사가 될 수 있는 조직이라 화합하고 단합하기가 어렵다.

그래서 상대를 잘 인정하지 않고, 오해를 자주 하기도 하고, 스스로 시기와 질투의 대상이 되기도 한다. 내가 살고 있는 동네는 이장 선거가 대선보다 더 치열하다. 이런 상황을 잘 이해하지 못하고 시골생활을 시작해서 마을에서 공동으로 하는 여러 행사에 도시생활처럼 무관심하거나 비협조적으로 행동했을 때도 상상을 초월하는 결과가 있을 수 있다.

그래서 큰 성공까지는 아니지만 적어도 도시생활보다는 낫게 유지할 수 있다는 결론이 나와야 한다. 그렇지 않고 그냥 한번 해 보고 안 되면 그만두겠다는 생각으로는 절대 성공할 수 없는 것이 시골생활이다. 그것이 낯선 곳에서의 생활이라면 더더욱 많은 준비가 필요하다. 어렵게 시작한 시골생활을 접고 다시 역귀향을 해야 한다면 귀농보다 몇 배 더 견디기 힘든 상처를 입게 될 것이기 때문이다.

그린대학

시골에 내려와 양조장을 준비하면서 가장 먼저 들른 곳이 시청이었다. 당시 시청에는 많은 동창생들이 고위직으로 근무하고 있었다. 평소 관공서는 인감증명서를 떼러 동사무소에 들르는 정도가 전부였던 터라 양조장 면허 관련 인허가 업무 처리에 대해 거의 백지상태였다. 시청 어느 부서에서 무엇을 진행해야 하는지 알 수가 없었다. 다행히 친구의 도움으로 농업기술센터에 있는 다른 친구가 내가 원하는 업무를 총괄하는 팀장이라는 이야기를 듣고 그 친구를 찾아갔다.

시청과는 멀리 떨어진 완전 별개 건물의 농업기술센터는 난생 처음 들어보는 기구조직이었다. 그곳에서 농업 관련 업무지원과 행정업무를 진행한다는 것을 그때 처음 알았다. 양조장 허가뿐 아니라 생산품의 외부 전시나 지원사업 등도 대부분 농업기술센터에서 진행되고 있었다.

양조장 허가를 얻고 난 다음 해 농업기술센터에서 사업 공모가 진행된다는 공고가 났다. 농업회사법인으로 사업체가 등록되어 있어서 자격 요건이 되었기 때문에 사업에 공모하기 위해서 농업기술센터에 방문했다가 그곳에서 1년 과정의 그린대학과정을 운영한다는 것을 알게 되었다.

몇 가지 자격 요건이 있기는 했지만 부족한 부분이 없어 사업 공모와 함께 그린대학에서 진행하는 6차산업학과에 입학지원을 했다. 비슷한 시기에 사업공모와 입학지원이 동시에 진행됐는데 공모사업은 서류심사와 현장심사를 하고, 입학사정은 서류심사와 필기시험으로 선발하게 되어 있었다.

그런데 공모사업과 입학전형에 모두 탈락했다는 통보를 받았다. 결과가 납득이 되지 않아서 농업기술센터를 방문해 그 이유를 물어봤다. 두 사업 모두 한 부서에서 담당하고 있었는데 탈락 이유가 농업 경력이 짧은 것이라고 했다. 사실, 평가 점수에 그 점수는 그리 비중이 높지 않았는데 무슨 일인지 합격하지 못할 정도의 점수를 받은 것이었다. 이미 결과가 그렇게 난 것을 번복할 수는 없는 노릇이었다.

한 해를 기다려 다음 해에 다시 그린대학에 입학지원을 했다. 다행히 재수 끝에 합격했다. 입학식은 예술회관 대강당에서 학장인 시장의 주재로 진행되었다.

1년 과정의 대학생이 되었다. 일주일에 한 번 4시간씩 농업 관련 기초 교육과 새로운 트렌드인 6차산업에 대해서 학습하는 과정이었다. 농번기에는 휴강도 있고 여름방학을 끝내고 마지막에는 수학여행도 갔다.

　귀농해서 농사를 시작한 지 얼마 되지 않은 사람들이 대부분이었고, 전업 농업인도 몇 있었다. 처음에는 아는 사람이 시청 공무원으로 근무하다가 그해에 퇴직한 동창 한 명밖에 없어서 어울리기가 힘들었다. 하지만 시간이 지나면서 친한 사람들이 생기기 시작했다.

　더구나 현장 학습으로 전교생이 우리 양조장과 주막을 방문한 뒤로 가져간 술의 관리법에 대해서도 물어보고 맛도 평가해 주면서 더 많이 가까워졌다. 강원도 체험학습과 제주도 수학여행까지 같이하면서 동기생들과 친해졌다. 그들이 우리 지역 곳곳에서 어떤 일을 하고 있는지 알게 되었다. 농업기술센터의 직원들과도 가까워졌다.

　이 과정을 거쳐 간 많은 선배들이 곳곳에서 활동하고 있어서 지역에서 네트워크를 형성하는 데 많은 도움을 받을 수 있었다. 그런데 동창생들 중에 많은 이들이 이 과정은 처음이지만 농업기술센터에서 진행하는 다른 많은 과정은 이미 수료한 상태였다. 알아봤더니 처음 시골에 내려올 때 꼭 받아야 하는 귀농학교과정이 운영되고 있었고, 그 외에도 어느 정도 농사만 지으면 자격이 주어지는 과정들이 많이 운영되고 있었다. 학비가 전액 무료이고 이곳을 통해 여러 가지 공모사업 정보도 얻고 공무원들과 관계도 맺을 수 있기 때문에 그렇게 열심히 다닌 것이었다.

　심지어는 그린대학 재학 중에도 수업하는 요일에 다른 과정을 중복해서 다니기도 하고 있었다. 그렇게 서로 여러 과정에서 인연을 맺은 사이로 친하게 지내고 있었던 것이다.

시골에서 생활하려 한다면 꼭 가까워져야 할 곳이 바로 이 농업기술센터이다.

나만의 케렌시아

케렌시아querencia는 피난처, 안식처, 귀소본능을 뜻하는 말로, 본래 투우에서 마지막 일전을 앞두고 소가 숨을 고르는 영역을 말한다. 스페인 내전에 참여했다가 투우에 매료된 소설가 헤밍웨이는 논픽션 『오후의 죽음』에서 이렇게 설명한다.

"소는 본능적으로 케렌시아를 찾는다. 그곳은 소의 뇌리에 바로 나타나지 않는다. 인간과 싸우는 동안 서서히 발견된다. 소는 거기 들어서면 뒤에 벽이 서 있는 것처럼 안정된다."

이곳에서 소는 숨을 고르며 죽을힘을 다해 마지막 에너지를 모은다. 투우장의 소에게 케렌시아가 마지막 일전을 앞두고 잠시 숨을 고르는 곳이라면, 일상에 지친 현대인에게는 자신만이 아는 휴식 공간이 케렌시아다.

케렌시아에 들어가기 직전의 소는 죽음을 예감하고 있다. 뒷덜미에는 투우사가 내리꽂은 작살이 주렁주렁 매달려 있다. 어깨와 등에도 수없이 창과 칼을 맞았다. 원형경기장을 가득 메운 관중들의 함성에 극심한 흥분과 공포를 느낀 소는 투우사가 흔드는 붉은 천을 향해 돌진을 거듭하다 탈진되기 직전에 다다른다. 이때 소는 피범벅인 채로 거친 숨을 헐떡이며 자신만의 피난처 케렌시아로 달려간다.

케렌시아에 들어선 소는 등에 몇 개의 칼이 꽂혀 피가 흐르는 채로 마지막 투우사와의 일전을 준비하는 것이다. 케렌시아에 들어선 소를 투우사는 공격하지 않는다고 한다. 헤밍웨이의 책에는 다음과 같은 대목도 있다.

"케렌시아에 있는 소는 다루기가 몹시 위험하고, 죽이는 것이 거의 불가능하다. 케렌시아에 있는 소를 죽이려고 덤벼들다 목숨을 잃는 투우사가 부지기수다."

최후를 준비할 시간을 준다는 의미도 있지만, 케렌시아의 소는 가장 위험한 상태로 잘못 건드리면 투우사가 죽을 수도 있을 만큼 강한 저항을 한다고 한다.

케렌시아에 들어가는 소는 현대인의 모습과 일치한다. 특히 세상의 전쟁터에서 수많은 전투에 피투성이가 되고, 지치고 힘든 은퇴자들의 모습은 더욱더 그러하다. 그래서 전쟁터에서 집으로 돌아온 남편만의 케렌시아가 필요하다.

자신을 돌아보고 휴식하고 나름의 취미활동을 할 수 있는 공간이 필요한 것이다. 그런데 사실 이런 공간을 만드는 것이 생각만큼 단순하지가 않다. 그 이유는 이 시점에서 케렌시아를 원하는 사람은 단지 남편만이 아니기 때문이다. 평생을 가족 뒷바라지로 보내 온 부인 입장에서도 이런 케렌시아가 필요한데, 대부분은 거실을 자신의 케렌시아로 만들고 싶어 한다.

남편 퇴직 전에 일상을 보내면서 하나씩 하나씩 자신만의 케렌시아를 구축하는데, 일반적으로 주택에서 가장 넓은 공간인 거실을 자신만의 취향에 맞게 아름답게 인테리어를 하고 집기를 설치한다. 이곳이 자신의 궁전이자 케렌시아가 되는 것이다. 그런데 이런 공간에 들어오면 안 되는, 즉 가장 거부감을 일으키는 대상이 남편이라고 한다.

똑같은 공간일지라도 남편과 아내에게 집이라는 공간은 그 의미가 다르다. 직장이라는 공간이 있는 남편과는 달리 아내에게 집이라는 공간은 일터이자 의식주를 해결하는 곳이며 자신만의 휴식 공간이기도 한 특별한 공간이다.

공간은 우리가 알고 있는 기하학적이고 물리학적인 어떤 척도나 좌표가 아니라, 그 안에 존재하는 사람들이 구체적으로 체험하는 공간을 의미하는 것이다(Van Manen, 1994). 그러므로 아내에게 집이라는 공간은 남편이 체험하는 공간과는 다를 것이다.

아내에게 집은 30여 년 동안 자신이 구축해 놓은 성과 같은 곳이다. 더 이상 갈 곳 없는 남편이 이미 아내의 성이 되어 버린 이 성에 자신의 공간을 마련해 보고자 하나, 아내는 이 성을 고수하려고 한다. 그 와중에 '공간 다툼'이 일어나는 것이다. 그러나 이미 집이라는 공간을 차지하고 있는 아내의 권력은 막강해서 남편이 이 공간을 차지하기는 결코 쉽지 않다. 퇴직한 남편은 서재나 안방에서 생활하게 하고 거실 접근을 원천봉쇄한다.

다행히 집 안에서의 이런 장애를 극복하고 나름의 케렌시아를 구축한 남편은 그곳에서 생활할 수 있지만, 이런 갈등을 해결하지 못한 남편들은 집 밖에서 케렌시아를 찾게 된다. 사무실 공간을 임대해서 자기들만의 취미생활을 즐기는 동호인들에게는 그 사무실이 케렌시아이다. 누군가는 퇴근길에 지하 주차장에서 차를 세우고 휴대폰 메시지를 확인하는 시간이 케렌시아라고도 한다.

그래서 공간적인 측면에서도 적절한 공간의 나눔과 공유가 필요하다. 이를 위해서 남편의 은퇴 후 부부 사이의 역할 전환과 역할 변화를 부부가 받아들이고, 현재의 상황에 알맞게 역할을 공유 또는 분담할 수 있도록 부부가 상의하여 결정해야 한다.

Five years before Retirement

— 5장 —
무엇을 하며
지낼 것인가?

은퇴 후에는 우리에게 감당하기 힘들 만큼 많은 시간이 주어진다. 그런데 이 시간은 은퇴 전에는 나보다는 회사가 관리해 주었다. 형식적으로는 내가 시간표를 짜고, 내가 업무를 수행한 것 같지만 사실 내가 한 행동의 대부분은 회사를 위해, 회사가 시킨 대로 한 것이었다. 그 시간 중 정작 나를 위해 사용한 시간은 거의 없다고 해도 과언이 아니다.

　그러나 은퇴 후 시간은 회사를 위해 사용했던 그 시간들이 이제는 무한대로 나에게 주어진 것이다. 그래서 은퇴생활을 효과적으로 보내기 위해서는 무엇보다도 시간관리에 변화가 필요하다.

　이러한 시간들로 구성된 우리의 활동을 생활세계라고 한다. 이것은 개인의 일상이 이루어지는 시공간을 의미한다. 생활세계는 반복적이고 단순한 일상과 사소한 일로 가득 찬, 우리가 당연한 것으로 여기는 것들을 말한다. 일상사가 반복 또 반복되면서 일반화되거나 구조화되고, 사회의 각 계층에 침투해 공통적인 존재양식과 행동양식을 일정하게 보이는 경향이 나타난다.

인간 발달의 각 단계가 바로 전형적인 생활세계의 모습이다. 유아기에는 생활시간의 대부분을 신체의 유지를 위해 사용한다. 아동 및 학생 시기에는 학습하는 데 사용한다. 성인기에는 일과 가족과 관련된 행동으로 시간을 사용한다. 은퇴 후 맞게 되는 노인의 생활세계는 인생의 다른 단계와 또 다른 차이를 보인다.

인간의 노화는 생물학적, 심리적, 사회적 차원에서 진행되는 퇴행적 발달 과정이다. 노화의 과정과 결과로 노인은 비노인 성인 계층과는 다른 상이한 생활세계를 구성하게 된다. 성인기의 생활세계가 유급노동 및 가족을 중심으로 구성되었다면, 은퇴가 시작되는 퇴직은 유급노동 시간의 감소 또는 중단으로 커다란 변화를 가져온다.

이러한 유급노동 시간의 감소는 사회적 역할과 가족 내의 역할의 변화와 함께 급작스런 여가시간의 증가를 가져오게 된다. 그런데 노년기는 신체적 퇴행과 질병으로 인해 외부 활동이 위축된다. 소득은 줄어들어 경제적으로 여유롭지 못해 여가활동은 단순하고 그 질은 떨어진다. 이러한 노년기의 열악한 생활세계는 전반적인 삶의 질 저하를 가져올 수 있다.

생활시간은 개인이 매 시간, 일, 주, 월, 연, 그리고 생애 등의 일정시간을 어떻게 사용하는가를 나타내는 것이다. 시간사용time use,

시간예산time budget, 시간배분time allocation 등 다양한 용어로 사용된다. 정부 통계에서는 시간예산으로, 경제학에서는 시간배분으로 사회학과 가정학에서는 시간사용이라는 용어가 주로 쓰이고 있다.

생활시간은 연구자의 연구 목적과 시각에 따라 다양한 기준으로 분류한다.

1. 의무적인 활동시간과 자유시간

· 의무적인 활동시간에 노동, 가사노동, 자녀양육, 개인유지, 교통 (이동 시간) 등

· 자유시간에 조직활동과 교육, 대중매체 이용, 사회여가 시간 등

2. 노동과 비노동 시간

3. 생리적 시간(개인유지), 수입노동시간(유급노동), 가사노동시간 (무급노동), 사회문화적 시간(자유시간)

4. 통계청: 필수시간, 의무시간, 여가시간

· 필수시간: 잠, 식사 등 개인유지를 위해 필수적으로 필요한 시간

– 해당 행동분류: 개인유지(수면, 식사 및 간식, 개인건강관리 등)

· 의무시간: 일, 학습 등 일반적으로 해야 하는 의무가 부여된 시간

– 해당 행동분류: 일, 학습, 가정관리, 가족 및 가구원 돌보기, 이동

· 여가시간: 필수, 의무시간이 아닌, 개인이 자유롭게 사용 가능한 시간

– 해당 행동분류: 참여 및 봉사활동, 교제 및 여가활동 등

사회참여와 봉사활동은 경제활동과 함께 생산적 노령화 또는 은퇴자의 생산적 활동으로 간주된다. 이러한 사회참여 및 자원봉사 역할은 일반적 분류에서는 유급노동을 의미하는 일의 범주에는 포함되지 않고, 오히려 개인이 자유롭게 활용할 수 있는 행위의 하나로 인식되어 여가와 함께 분류하고 있다.

하지만 다양한 사회참여 활동과 자원봉사 활동은 사회적인 가치와 기여를 창출하는 중요한 원천으로 은퇴자의 삶의 만족도와 삶의 질에 긍정적인 영향을 미친다. 그러나 한국의 가부장적 문화에서 노년이 되었다고 여성의 가사노동과 보살핌 노동에 대한 부담이 근본적으로 줄어드는 것은 아니다. 여성 노인은 여전히 전통적 가사노동과 그 배우자의 일차적 수발자로서의 역할을 수행하고 있다.

한국의 노인들은 고령으로 인해 수면과 건강관리 등의 개인유지 활동이 증가한다. 퇴직하는 노인의 비율이 증가함에 따라 일과 관련된 생활시간이 크게 감소하는 반면, 여가시간은 크게 증가하고 있다.

그러나 은퇴 이후 노년 여가의 질은 다른 연령대에 비해 상대적으로 열악하다. 또한 가족과 관련된 시간에는 상당한 성별 격차가 존재한다.

남성 노인의 경우 가족과 관련된 시간사용이 다른 연령대보다 많다. 여성의 경우 그 시간이 다소 감소했음에도 불구하고 여성의 가족 관련 노동부담은 노년에도 계속되고 있다. 농촌에 거주하는 노인들은 더 늦은 나이까지 더 많은 일을 하고 있고, 가족이나 여가와 관련된 시간은 상대적으로 적다. 노인들은 대부분의 시간을 집에서 보내고 있으며, 여가활동 대부분이 TV 시청과 같은 수동적인 활동으로 채워져 있다.

노령으로 인한 노화는 신체기능 저하, 사회적 역할기능의 감소, 유급노동으로부터의 퇴직 등으로 연결되어 노인들은 급격한 생활세계의 변화를 경험한다.

노인의 생활세계는 첫째, 농촌 지역 노인의 경우 연령의 증가가 곧바로 생활세계의 급격한 변화를 초래하지 않는다. 농촌지역 노인들은 적정 은퇴연령 이후에도 계속 농업에 종사하는 경우가 많으며, 따라서 일과 관련된 행동은 여전히 중요한 생활세계의 한 축이다.

농촌 지역 노인들은 문화적 기반이 취약하고 일 이외의 스포츠나 레저 활동을 기대하기 힘들다. 그러므로 여가생활을 풍요롭게 할 수 있는 방안, 예컨대 농어촌 지역의 경로당을 중심으로 한 문화·취미 프로그램 등이 강구되어야 한다.

둘째, 전통적인 남성 부양자 모델에 의거해 유급노동을 축으로 생활세계를 구성하던 도시 지역의 남성 노인들이야말로 급격한 일의 상실이나 감소로 인한 근본적인 생활세계의 변동이 가장 심각하다.

도시 지역의 남성 노인들에게는 일의 상실로 인한 변화의 충격을 완화시키고 새로운 일을 제공함으로써 역할을 재정립하는 것이 일차적인 과제이다. 사회참여, 자원봉사와 같은 사회적으로 가치 있고 생산적인 일에 참여할 수 있도록 지원할 필요가 있다. 또 사회적 일자리를 확충해 초로의 노인들을 흡수, 이들이 지속적으로 일을 생활세계의 한 축으로 구성하도록 해야 한다.

셋째, 도시 지역 여성 노인의 경우 일 관련 생활시간이 줄어들기는 하지만, 가족을 중심으로 생활세계가 구성되어 있다는 점에서 생활세계의 변동이 남성 노인에 비해 크지는 않다.

문제는 젊었을 때와 마찬가지로 가사노동의 부담이 대부분 여성 노인에게 전가되고 있다는 사실이다. 따라서 도시 지역 여성 노인에게는 가족과 관련된 노동 부담, 특히 남성 노인에 대한 보살핌 노동의 부담을 경감시키고 여가활동의 폭을 넓히는 방안이 필요하다.

시간이라는 예산을 관리하라

예산은 수입과 지출 부문으로 구성된다. 수입은 국세수입과 세외수입으로, 지출은 본예산과 추가경정예산으로 구성된다. 그러나 시간예산에서 수입은 누구에게나 24시간으로 동일하다. 지출 부문은 은퇴 전과 은퇴 후의 구성이 크게 다를 수 있는데, 예산을 집행할 때 본예산의 비중이 크고 추경은 보완 역할을 한다.

예산은 본예산을 잘 짜야 하는데, 시간예산도 은퇴 전에는 잘 구성되어 있다. 본예산이라 할 수 있는 주 활동 영역이 의무활동으로 대부분이 구성되고, 여유시간이 여가로 분류된다. 그러나 은퇴 후 시간은 본예산이 될 의무활동 영역과 여가활동 시간이 비슷하게 구성되거나, 여가·의무활동 시간이 적게 구성된다. 결국 은퇴 이후 시간예산 관리는 의무시간의 내용과 여가활동 시간을 잘 구성하는 것이 중요하다.

60대 주부들이 희망하는 일상을 보면 시간 본예산은 해외여행하는 것과 맛있는 음식 먹는 것에 집중되는 경향이 있다. 이들의 모임에서 주된 화제는 여행 다녀온 이야기와 새로운 여행 계획이다. 여행을 가기 위해 계모임을 하고, 가기로 결정된 여행을 같이 가지 못하는 회원들에게 여행 경비를 돌려줄 것이냐 말 것이냐 등을 가지고 갑론을박한다.

하지만 현실적으로 생각해 봐야 하는 문제도 있다. 아예 여행을 다니지 않고 경제력과는 무관하게 너무 빡빡하게만 사는 것도 문제이지만 이런 것들만 지나치게 추구하다 보면 오히려 여행 이외의 생활이 무미건조해질 수 있다. 또 여행에 동반하지 못하는 남편의 입장도 고려해 봐야 한다.

남편을 배려한다고 부부가 같이 다니는 것도 좋지만, 현실적으로 이것도 만만치 않다. 한 집에 살기는 했지만 생활의 주 무대가 달랐고 여행을 하며 오랫동안 한 공간에서 타인들과의 관계를 풀어가는 상대방의 낯선 모습들 때문에 스트레스를 받고 긴 여행 끝에 부부 싸움을 하는 경우도 많다. 그리고 여행에서 돌아오자마자 또 다른 일행들과의 여행 때문에 짐도 제대로 풀지 않고 다시 여행을 반복하는 스케줄로 움직이는 이들도 있다. 이런 경우 개그 소재로 쓰였던 '누가 소를 키울 것인가?'라는 문제도 생각해 보아야 한다.

여행할 경비나 여력이 충분하다면 모르지만, 남에게 보이기 위해서라든가 집에서 둘이 얼굴을 마주 보고 지내는 것이 무료해서 무작정 떠나서는 안 된다. 이러한 무분별한 여행들로 채워진 은퇴시간표는 반드시 재고해야 한다.

그러면 어떻게 하면 은퇴 후 주어지는 시간을 효율적으로 사용할 수 있을까? 은퇴 전과 비교해서 의무활동 영역의 시간들에 적절하게 가감된 여가활동 시간으로 시간예산을 수립하는 것이 바람직하다.

회사를 다니는 동안 우리의 시간과 노동은 회사의 것이다. 회사에서 원하는 대로 시간과 노동을 제공하고, 회사로부터 스트레스와 급여를 받는다.

사실 급여는 우리가 받는 스트레스의 반대급부이다. 그런데 급여

차이를 살펴보면 실제 노동 시간, 노동 강도가 급여와 비례하지는 않는다. 오히려 스트레스가 급여의 크기에 비례한다고 볼 수 있다. 시간은 누구에게나 24시간으로 동일하게 주어지지만 노동 강도는 저마다 다른데, 오히려 육체노동자가 더 힘든 일을 하기도 한다. 그러나 급여가 많은 사람들은 대부분 화이트칼라이다. 화이트칼라의 급여 크기는 직급의 차이, 다시 말해 책임의 차이로 결정된다. 많은 권한과 책임이 있는 자리가 많은 급여를 받는다.

그런데 직장 만족도는 급여의 크기에 비례하지는 않는다.

적은 급여를 받지만 삶이 여유 있는 사람과 많은 급여를 받지만 더 많이 받지 못했다며 불만이 가득 찬 사람의 행복지수는 다를 것이다. 결국 행복한 삶이란 급여의 크기보다는 마음의 여유의 크기로 판단되어야 한다.

퇴직하면 더 이상 급여는 받지 못하지만 회사로부터 돌려받은 시간과 노동을 나 자신을 위해 사용할 수 있다. 은퇴 후 스트레스를 적게 받는 방법을 찾는다면 삶의 만족도는 훨씬 높아질 것이다.

생계설계에서 생활설계로

생계라는 말은 살아갈 방도나 형편을 뜻한다. 생계형이라는 말도 있고 생계수단이라는 말도 있다. 생계형은 살아갈 방도를 마련하기 위해 무엇을 함을 뜻하고, 생계수단은 살림을 해 나가기 위해 이용하는 방법이나 도구를 의미한다.

생계비라는 말도 있다. 생계비는 경제생활을 영위하는 하나의 단위인 가계가 생활을 하기 위해 지출하는 비용을 말한다. 생계비와 관련된 연구는 17세기 영국과 독일을 비롯한 유럽에서 시작되었다. 생계비 연구는 초기에도 지금처럼 빈곤층을 규정하고 최저 임금선을 결정하기 위해 이루어졌다.

생계비는 생활 수준에 따라 최저생계비, 표준생계비, 유락생계비 등으로 나누어 볼 수 있다. 최저생계비는 말 그대로 최소한의 생활을 하는 데 드는 비용이다. 표준생계비는 우리 사회에서 보편적이고 정상적인 문화생활을 하면서 건강하게 사는 데 드는 비용이다. 유락생계비는 충분히 여유 있게 생활하는 데 드는 비용이다.

생계비 품목을 구성할 때 최저생계비의 경우 구성도 최소화하고 가격도 최저가 수준으로 설계한다. 표준생계비의 경우는 절반 이상이 사용하고 있는 품목을 대상으로 중간가격을 고려한다. 유락생계비의 경우는 그 이상이라고 생각하면 된다. 예를 들어 최저생계비는 문화활동비를 TV 시청 정도로만 구성할 수 있다. 이에 비해 표준생계비는 영화 감상, 음악 감상, 보편적인 스포츠시설 이용 정도를 예상할 수 있다. 유락생계비는 골프를 치고 여행을 다니는 것까지도 고려할 수 있다.

그런데 우리는 생계를 해결하기 위해서 직업을 선택하고 일을 한다고 말한다. 은퇴설계를 할 때 가장 중요하게 생각하는 것도, 그리고 은퇴 후 가장 큰 공포도 이 생계비가 바닥나지나 않을까 하는 것이다. 그런데 일반적으로 생계비를 중심으로 활동하는 것을 생계형이라고들 한다. 일을 하는 이유가 대부분 생계비를 벌기 위해서라는 것이다.

최저생계비일 수도 있고, 표준생계비일 수도 있고, 유락생계비일 수도 있다. 기왕이면 유락생계비를 벌기 위해 일하는 것이 좀 더 보람이 있겠지만 말이다. 하지만 이러한 생계비를 위한 생계형 활동은 어떤 경우든 그 목적이 급여이다. 생활비를 해결하기 위한 수단으로 일을 하는 것이다.

은퇴 이후에 일을 할 때도 그 일이 생계를 위한 일일 수 있다. 그러나 일을 하는 세 가지 이유 즉 생계와 출세와 소명 중 가장 만족도가 높다는 소명이 포함된 일을 은퇴 후에 할 수 있도록 해야 한다. 생계형이 아니라 나름의 꿈이나 자신의 가치를 실현하는 활동들이 조화를 이룬 보람된 생활로 구성된 일이라면 어떨까?

생활은 사람이 생명을 유지하고 살기 위해서 행하는 필수적인 활동이다. 생활은 일상생활과 같은 의식주 활동 외에도 일과 여가생활과 상호작용으로 적극적인 의미를 발견하는 행위, 직업생활과 사적생활, 사회생활 등 모든 것을 말한다. 생계보다는 훨씬 포괄적인 의미이다. 은퇴설계를 먹고사는 문제로만 국한하는 '생계설계'보다 자신의 꿈이 포함된 의미 있는 활동으로 채우는 '생활설계'로 해야 하는 이유이다.

일에 대한 새로운 접근

일은 여러 가지 의미를 가지고 있다. 다양한 분류가 있겠지만 가장 일반적인 분류법은 금전적인 보상이 있는 일인가 아닌가로 분류하는 것이다.

이런 분류법은 산업혁명 이전에는 없었던 것인데 산업혁명이 진행되면서 노동력은 철저하게 금전으로 환산되었다. 초기에는 육체노동으로 만들어 낸 결과물인 생산물의 가치로 임금을 결정했다. 하지만 점차 지식노동자에게도 보이지 않는 지식노동의 가치를 환산해 급여를 지급하게 되었다. 그래서 임금이 있는 활동만을 일로 인정하게 되었다. 어떤 직장에서 얼마의 임금을 받는가가 그의 정체성을 판단하는 기준이 되었다. 그리고 그 일이 끝나는 은퇴는 그 사람의 정체성을 바꾸는 엄청난 사건이 되어 버린 것이다.

직장에서 급여를 받지 못하는 자는 실업자로 분류한다. 하지만 일에는 급여를 지급받는 활동만이 포함되는 것은 아니다.

가사라는 말이 있다. 집안에서 이루어지는 살림살이라는 뜻인데 집안일을 의미한다. 집안일도 일이다. 급여를 받는 임금 근로와 비교해서 그 가치나 강도가 결코 적지 않다. 그런데 이 가사노동을 돈을 받고 고용되어 해결해 주는 도우미는 근로자이고, 평소 일상적으로 가사 일을 하는 주부들은 근로자가 아니다. 같은 일을 급여를 주느냐 아니냐로 구분하는 것이다.

스포츠 활동에서도 일반인들은 돈을 지불하고 스포츠를 즐긴다.

그런데 프로 선수들은 같은 활동으로 돈을 번다. 그들에게 스포츠 활동은 일이다. 일의 개념이 확대될 필요가 있다. 여가를 즐기기 위해 하는 일련의 활동, 급여 없는 가사 노동, 경우에 따라서는 내 돈을 기부하며 하는 봉사활동도 일의 범주에 포함시키는 것이다.

일의 포트폴리오를
새롭게 구성하라

『찰스 핸디의 포트폴리오 인생』의 저자 찰스 핸디가 본인의 일 포트폴리오를 다음과 같이 구성했다. 1년을 날짜별로 배분해 100일을 공부에 할애하고, 일에 150일을 투입했다. 돈을 벌기 위해 총 250일을 투자했기 때문에 10%인 25일을 자원봉사 일로 넣었다. 또 나머지 90일은 집안일, 휴일, 여가 등으로 넣었다. 그리고 절대로 어기지 않았다. 일거리가 아무리 많더라도 절대로 일하는 시간을 늘려 수입을 키우지 않았다. 이렇게 포트폴리오를 짠 이유는 인생의 이점인 '자유'를 지키기 위해서였다.

포트폴리오는 투자법 중에 분산투자의 이점을 주장한 마코위츠의 이론이다. 흔히 계란을 한 바구니에 담지 말라는 격언처럼 투자할 때 특정 종목에 '몰빵' 투자를 하지 말고 상관성이 없는 종목으로 나누어 투자하라는 것이다. 분산투자는 최고의 수익률을 의도한 투자는 아니다. 위험을 분산함으로써 투자 수익에 비례하는 위험의 크기를 줄이는 방식이다.

그런데 앞서 말했듯이 투자 포트폴리오 종목 편성 시 지켜야 할 원칙이 있다. 서로 상관성이 떨어지는 종목으로 편성한다는 것이다. 같은 업종이나 같은 지역으로 종목을 편성하면 그 업종이나 지역에 위험이 발생하면 분산효과를 얻을 수 없기 때문이다.

이런 투자 포트폴리오 이론을 바탕으로 일의 포트폴리오를 구성한다고 할 때 수입만을 위한 일뿐만 아니라 그 밖에 다양한 형태의 일을 복합적으로 편성할 필요가 있다. 평생직업이라면서 한 가지 업종에만 집중하기보다는 다양한 형태의 일들에 관심을 갖는 것이 좋다.

특히 미래의 직업은 특정한 한 가지 일을 하는 것보다는 이것저것 몇 가지 직업이나 취미 활동들을 동시에 수행하는 것이 바람직할 것으로 판단된다. 특히 은퇴 이후의 일들은 더욱 그러하다. 단순하게 수입만을 생각해서 돈이 잘 벌릴 수 있는 특정 업종에 올인하지 말라. 종목별 수입이 많지는 않아도 여러 곳의 수입원을 확보하는 것이 좋다. 또한 가급적 스트레스를 줄여 주는 일들로 재설계한 후에 그 일을 할 준비를 할 필요가 있다.

은퇴생활에서는 누가 더 많은 돈을 버는가보다 누가 더 다양한 분야의 인생을 체험하며 스트레스 적은 삶을 사는가가 행복의 척도가 될 수 있기 때문이다.

주책스럽지 않게 사는 법

주변에 주책스럽다는 말을 듣는 사람들이 있다. 흔히 그 언행이 일정한 줏대가 없이 자꾸 이랬다 저랬다 하여 몹시 실없는 데가 있는 사람들이다.

자동카메라의 기능 중에 오토 포커싱이라는 것이 있다. 말 그대로 자동 초점이라는 것인데, 찍고자 하는 피사체에 초점을 맞추고 셔터를 누르면 별도의 거리 조절 없이 사진이 찍히는 기능을 말한다.

사진은 몇 천분의 일초를 다투는 찰나를 찍는 일인데, 아날로그 필름 시절에는 사진을 찍을 때마다 렌즈의 초점을 맞춰야 했다. 요즘은 그에 비하면 사진 찍기가 한결 편해졌다. 요즘은 휴대폰 카메라에도 이 기능이 대부분 탑재되어 있다. 이 기능을 잘 활용하면 아웃포커싱이 된 색다른 사진도 찍을 수 있다. 찍고자 하는 피사체는 분명하게 보이고, 주제와 다른 거리의 피사체들은 흐릿하게 보이게 해 대상물을 돋보이게 만드는 기법이다. 광고 사진에서 많이 사용되는데, 초보자도 조금만 연습하면 아웃포커싱이 된 멋진 사진을 찍을 수 있다.

영상학에서는 특정한 점이나 모양을 가상의 선을 이용해 특정한 이미지를 상상해 내는데, 이러한 방식으로 도출해 낸 형태를 게슈탈트라고 한다. 게슈탈트Gestalt는 독일어로 형태, 모양을 의미한다. 게슈탈트 형상 속에서 초점이 잘 맞아 강조된 주제를 전경이라 하고, 아웃포커싱 된 장면을 배경이라 한다. 카메라의 기능이 좋으면 원하는 대로 아웃포커싱이 잘되지만, 카메라가 고장 나면 이 자동초점 기능이 작동하지 않아 전경이 되어야 할 피사체와 배경이 되어야 할 피사체가 뒤죽박죽되거나, 어느 곳에도 초점이 맞지 않는 흐릿한 사진이 만들어진다.

심리학에서도 이 단어를 사용하는데, 스스로 자각된 자신의 행동 동기가 이렇게 한 장의 장면으로 형성된 것을 의미한다. 게슈탈트를 형성한다는 것은 자신이 어느 한 순간에 가장 중요한 욕구나 감정을 전경으로 떠올린다는 말과 같은 뜻이다. 건강한 사람들은 매 순간 자신에게 중요한 게슈탈트를 선명하고 강하게 전경으로 떠올린다. 그리고 이렇게 만들어진 장면들을 해소해 배경으로 보내고 다시 새로운 전경을 만드는 과정이 자연스럽게 이루어진다.

그렇지 못한 사람들은 흔히 자신이 진정으로 하고 싶은 것이 무엇인지를 잘 모른다. 행동 목표가 분명치가 않아서 자신이 원하는 선명한 전경을 만들지 못한다. 어렵게 만들어진 전경도 정확히 해소가 되지 않아 배경으로 가지 못해 언행에 일관성을 잃고 자주 이랬다저랬다 한다. 흔히 말하는 주책스러운 사람들이다.

은퇴와 관련해서 이런 경우가 많이 생긴다. 은퇴 전에는 자신의 삶에서 언제 내가 주인공이고 배경일지를 잘 알고 상황에 맞게 어디서 무엇을 해야 할지가 분명했다. 이에 비해 은퇴 후에는 전경과 배경이 명확지가 않다. 한번 만들어진 전경이 초점이 바뀌었는데도 불구하고 그대로 예전의 전경으로 머물러 있다. 혹은 새로운 전경을 잡지 못해 버벅거린다. 그것도 아니면 아무 전경도 잡지 못하고 흐릿한 배경으로 전체를 채우기도 한다.

예를 들면 아직도 과거에 근무했던 곳의 명함을 내밀거나 오래전 직장의 직위로 불리기를 좋아하는 것이다. 상황이 달라졌음에도 과거에 자신이 받았던 대접을 받고 싶어 한다. "내가 누군데" 하는 식으로 대응한다. 자기를 대신해 후임자가 결정됐는데도 마치 자신이 현직에 있는 것처럼 후임자를 대한다. 심하면 후임자를 무시하려는 태도를 보이고, 더 지나치면 영향력을 행사하려고 하기도 한다.

자신의 현재 상황을 의도적으로 인정하지 않거나 과거 현직에서 했던 것 같은 행동들을 반복하는 것이다. 즉 배경이 되어야 함에도 전경에서 물러나지 않으려고 하는 것이다. 상황에 맞지 않게 행동하면서도 주변의 눈총을 느끼지 못하는 주책스러움을 보이는 것이다.

상황에 맞는 분명한 게슈탈트를 형성하지 못했거나, 게슈탈트를 형성했지만 해소를 잘하지 못하는 것이다. 이 상황을 초래시킨 미해결 과제는 무엇일까? 전경이었던 게슈탈트가 배경으로 사라지지 못하고 남아 있는 것이다. 이런 식으로 상황 변화에 자연스럽게 적응하지 못하거나, 의도적으로 차단하면 카메라의 고장 난 자동초점 기능처럼 일상에서 미해결 과제가 쌓이게 된다.

반대로 건강한 삶을 사는 사람들은 자연스럽게 떠오르는 전경들에 맞는 적절한 대응을 한다. 이때 전경을 만드는 과정을 '알아차림'이라 한다. 그리고 이렇게 떠오른 전경의 게슈탈트를 해소하기 위해 주변과 상호작용하는 것을 '접촉'이라고 한다. 접촉은 인위적인 사고나 이론적 태도를 버리고 순수하게 본능적인 체험이 가능하도록 모든 것을 자기 조절 능력에 내맡기는 것이다.

심리학에서는 접촉경계라는 말이 있는데, 게슈탈트의 자연스러운 형성과 해소가 이루어지는 현재 자신의 위치와 주변과의 관계 사이의 경계를 의미한다.

'접촉경계 혼란'은 무엇일까? 자신과 주변 사이의 경계에 문제가 생겨 어울려 살기 힘든 것이다. 즉 정상적인 접촉이 방해를 받는 것이다. 이 같은 상황이 반복되면 미해결 과제가 쌓이고, 상황과 관계의 변화에 창조적으로 적응하는 데 실패하고 만다.

접촉경계 혼란은 마치 우리의 의식에 안개가 낀 것과 같다. 이러한 중간층을 '마야'라고 한다. 이는 개인과 환경의 접촉을 방해하는 환상을 의미한다. 은퇴 후 많은 이들이 일상생활에서 수많은 마야에게 에너지를 빼앗긴다. 그래서 환경과 접촉할 에너지가 남아 있지 않다.

얼마 전 동네 주민들과 관광을 떠났다. 차 출발과 동시에 음악이 나오기 시작했다. 휴게실을 다녀온 뒤부터는 노래방을 틀고 돌아가며 노래를 불렀다.

처음에는 원하는 사람들이 한 곡씩 돌아가며 불렀다. 그런데 돌아오는 차 안에서는 두 사람이 마이크를 독점하고 한 시간 이상 노래를 불렀다. 차 안의 다른 사람들은 모두 눈을 감고 반응을 보이지 않았다. 그런데도 두 사람이 경쟁하듯이 악을 써 가면서 노래하는 것이었다. 보다 못해 기사한테 부탁해서 노래방 기계를 끄게 했다. 그제야 다른 일행들은 안심한 눈빛을 보였다.

다 알고 있는데 본인들만 모르는 것이다. 마치 자신들의 노래를 모든 사람들이 즐기는 것으로, 그리고 자신들이 마치 가수인 것으로 착각하는 것이다. 상황 판단을 못하는 전형적인 게슈탈트 장애가 발생한 것이다.

주책스럽지 않은 행복한 은퇴생활을 영위하기 위해서는 자신의 욕구와 감정을 좀 더 잘 지각해야 한다. 아울러 현재 상황을 객관적으로 판단할 수 있도록 주변과 적극적으로 접촉함으로써 공상과 현실이 다름을 알아차려야 한다.

은퇴 전, 우리가 원하는 장면에 초점만 맞추면 멋진 작품으로 만들어지던 순간들이 있었다. 은퇴 후라고 다르지 않다. 스스로 결정한 것에 대한 책임을 자각해야 한다. 자동초점 기능이 제대로 작동하도록 해 전경과 배경이 자연스럽게 만들어지는 건강한 삶을 영위해야 한다. 이것은 많은 준비와 훈련을 요한다.

갈라파고스땅거북과 이구아나

여행을 좋아하는 사람들이 꼭 가고 싶어하는 섬 중에 갈라파고스섬이 있다. 갈라파고스 제도의 공식 이름은 콜론 제도로, 남아메리카로부터 1,000킬로미터 떨어진, 적도 주위에 태평양의 19개 화산섬과 주변 암초로 이뤄진 섬 무리이다. 에콰도르 영토로 갈라파고스 주에 속한다.

'갈라파고'는 옛 스페인어로 '안장'을 뜻하며, 갈라파고스 제도에서 발견되는 갈라파고스땅거북의 등딱지 모양에서 유래했다. 1835년 로버트 피츠로이가 이끄는 탐사선 비글호를 타고 찰스 다윈이 이곳을 방문했다. 이후 다윈은 자연선택 이론을 발전시켜 진화론을 발표한다. 그리고 쓴 책이 『종의 기원The Origin of Species』이다. 진화론의 발단이 되었던 갈라파고스땅거북은 갈라파고스 섬의 상징처럼 알려져 있다.

갈라파고스땅거북Galapagos Tortoise은 에콰도르령 갈라파고스 제도에만 서식하는 희귀종이자 국제적 멸종 위기종에 등재된 파충류이다. 갈라파고스코끼리거북, 갈라파고스자이언트거북으로도 불린다. 갈 갈라파고스땅거북은 갈라파고스 섬에는 천적이 없어 먹이사슬 중 최상위등급이다. 지구상에 서식하는 모든 거북 종류 중에서 제일 몸집이 크다. 몸길이는 평균 1.4미터이고 최장 1.8미터까지 나간다. 무게는 평균 400~500킬로그램이나 나간다. 등껍질은 갈색을 띠고 있고, 세로로 길쭉한 육각형의 등고선 모양의 무늬이며, 가운데가 볼록하게 튀어나와 있다.

평소에는 시속 0.2킬로미터로 느릿느릿하게 움직이지만, 지구력이 강해 하루에 6킬로미터 정도를 갈 수 있다. 냉혈 동물이기 때문에 1~2시간 정도 일광욕을 한다. 몸 안에 먹이와 물을 저장할 수 있기 때문에 일 년 동안 먹이를 입에 대지 않아도 살아남을 수 있을 정도로 생존력이 뛰어나다.

수영은 기본적으로 가능하나 육생이며, 주식은 식물의 열매, 선인장, 이끼, 풀 등이다. 다른 거북들처럼 치아가 없다. 각질로 덮인 입술 끝의 돌기로 풀이나 과일을 씹어 먹는다. 곤충류나 거미를 잡아 먹을 수도 있으나, 먹이를 쫓는 능력이 전혀 발달하지 못해 주식으로 삼지는 못한다. 청각은 퇴화했다. 무리를 지어 생활하며, 수명은 매우 길어 180년 정도이다. 갈라파고스 섬에서 살기에는 최적화된 진화가 진행된 것이다.

그러나 18세기 대항해의 시대에는 새로운 상위 포식자인 인간이 포경선에서 기름을 짜내기 위해 거북이를 포획했다. 물이나 음식을 주지 않아도 오랫동안 살 수 있는 장점 때문에 신선한 단백질 공급 원으로 배에 싣고 다녔다. 그리하여 거북이 개체가 급격히 감소했다. 어느 곳의 몇몇 종은 멸종하기도 했다. 포경업자와 물개 모피 사냥꾼이 활동함에 따라 이들의 개체는 거의 멸종 수준에 이르렀다. 한동안 에콰도르 정부의 노력으로 개체수 감소 속도는 늦추어졌지만 새로운 문제가 발생했다.

이후 항공로의 횡단로가 건설되면서 유럽을 중심으로 관광객이 방문하게 되었는데, 관광객의 짐에 딸려 들어온 모기들이 옮긴 질병 때문에 새로운 위기가 찾아온 것이다. 육지와 떨어져 섬에서만 생활하면서 만들어진 항체는 새로운 병균들에 대한 저항력이 없어서 작은 질병에도 쉽게 목숨을 잃게 된 것이다. 지금은 다윈연구소와 국립공원관리사무소를 설치하고 세계유산으로 등록해 관광객에 대한 내추럴리스트 가이드 제도 등으로 엄격한 보호 대책을 강구하고 있다. 관광객들은 손발을 씻지 않으면 출입이 허가되지 않을 정도로 강력한 보호 체제를 갖추었다. 그렇지만 아직도 개체수는 계속 감소하고 있다.

경영학 용어 중 갈라파고스 증후군 또는 잘라파고스는 1990년대 이후 일본의 제조업, 그중에서도 주로 IT 산업이 일본 시장에만 주력하기를 고집한 결과 세계 시장으로부터 고립되고 있는 현상을 일컫는 용어이다. 일본 기업이 개발한 기술과 서비스가 일본 국내에서 독자적으로 일본 소비자들의 취향에 맞춰 발전하게 됨으로써 세계 시장의 욕구와 국제 표준을 맞추지 못하게 되어 결국 일본 기업이 개발한 기술과 서비스는 고립됨으로써 세계 시장 진출이 막히고 나아가 일본 내수 시장마저 위기에 처할 것이라는 것이다.

마치 남태평양의 갈라파고스 제도가 육지로부터 고립돼 고유한 생태계가 만들어진 것과 같아 붙여진 이름이다. 원래 일본의 상황만을 일컫는 말이었으나, 최근에는 대한민국의 인터넷 산업이나 미국의 자동차 산업 등 다른 나라의 비슷한 상황에도 사용되고 있다.

갈라파고스 섬에는 또 다른 갈라파고스만의 동물도 있다. 갈라파고스 육지 이구아나는 산타페 섬과 몇 개의 섬에 서식하고 있었지만, 이미 멸종된 섬도 있다. 주로 선인장을 먹는데 18세기에 인간이 풀어놓은 염소에 의해 먹이가 줄어들어 생존이 위태로워졌다.

최근 조사에서는 바다이구아나와 갈라파고스 육지이구아나의 공존 관계가 무너져 바다이구아나와 갈라파고스 육지이구아나의 교미에 의해 태어난 새끼는 양쪽 모두의 DNA를 가지고 있는 것으로 밝혀졌다. 따라서 갈라파고스 육지이구아나에는 없는 발톱이 돋아

난 하이브리드이구아나라고 불리는 신종 이구아나가 출현했다. 또한 엘니뇨의 영향으로 몸길이가 25퍼센트 정도 짧은 이구아나가 발견되고 있다.

갈라파고스 증후군은 은퇴를 앞둔 많은 이들에게 분명한 시사점을 보여 준다. 자신만의 세계에 빠져 외부와 소통하지 않고 조직이 만들어 준 먹이사슬의 상위 포식자로 지내다 보호막이 걷어지면서 부딪히게 되는 외부의 충격에 속절없이 무너지는 은퇴자들. 이들이 바로 갈라파고스의 거북이다.

조직의 보호막에 감싸여 있던 고위 관료들이나 대기업 출신의 고위직들이 은퇴생활에 적응하지 못하는 원인이기도 하다. 대중교통을 이용하는 방법도 모르고, 집에서는 라면도 끓일 줄 모르는 무능력자로 지내면서도 과거에 기사와 비서가 모든 일을 해 주던 시절처럼 행동하려 드는 것이다. 영원히 튼튼할 것 같았던 조직마저도 급격한 환경 변화에 하루아침에 박살이 나기도 한다. 은퇴라는 현실 앞에서는 거북만을 위한 영원한 갈라파고스 섬은 존재하지 않는다.

이들보다는 육지이구아나처럼 환경 변화에 대응해서 육지와 바다 양쪽에서 적응이 가능하도록 진화하는 능력이 필요한 것이다. 이를 위해서는 조직생활을 하면서도, 업무에 방해받지 않는 범위 내에서, 울타리 안에만 갇혀 있지 말고 이해관계로 얽히지 않는 사람들과 적극적으로 교류하고 그 관계를 잘 유지해야 한다.

70대 CEO의 복귀

회사생활을 할 때 회사에서 대학 최고경영자과정에 보내 주었다. 그때 만난 한 사람은 그 당시에는 대기업의 부사장이었는데, 얼마 후 사장으로 승진했다. 자연스럽게 우리 모임의 회장이 되고 내가 총무가 되어 모임 구성원들을 위해 봉사도 많이 했다. 그런데 모기업이 어려워지면서 회사는 법정관리에 들어갔고, 법정관리 이후의 구조조정과 정상화를 위해 노력하다가 고문으로 퇴직해 미국 현지법인으로 떠났다. 명분은 현지 법인의 고문이었지만, 법정관리로 회사가 넘어가 버린 상태에서 모그룹의 오너가 배려 차원으로 미국에 보내 준 것이었다.

그 사람은 미국에 두 아들이 살고 있었는데 서울에 있는 집은 전세를 주고 두 부부가 자녀들이 있는 미국에서 재미있게 지내고 있다는 소식을 들었다. 가끔 서울에 올 일이 있으면 동기들끼리 모여서 귀국연을 가지곤 했다. 그리고 몇 년이 지났는데 어느 날 동문들이 보는 SNS에 놀라운 소식이 올라왔다. 올해 70세인 그가 다시 그 회사의 대표이사로 복귀한다는 것이었다. 일반적으로 대표이사를 하고 있어도 물러난다고 해야 될 나이에, 그것도 자신이 지분을 가지고 있는 오너 회사도 아닌 곳에서 새롭게 대표이사를 맡게 된 것이다. 이 소식은 축하에 앞서 진위 여부부터 확인해야 할 정도로 빅뉴스였다.

며칠 후 축하를 하기 위해 모인 자리에서 어느 정도 상황 파악이 되었다. 그 회사는 재벌 그룹의 계열사였는데 법정관리가 되면서 모기업에서는 완전히 손을 떼고 주간사인 은행에서 경영을 하는 동안 성과가 별로 좋지 않았다. 법정관리 당시에 은행의 담당 부장이었던 사람이 부행장으로 승진하면서 이 기업의 회생을 위해서는 법정관리 초기 이 회사를 맡아 정리해고를 하느라 노조와 담판을 지었던 이 사람만이 회사에 적합한 인물이라고 강력하게 주장했다는 것이다.

미국에서 갑자기 연락을 받고 급거 귀국해 이사회에 참석했고, 대표이사로 이 회사를 맡아 달라는 요청을 받았다고 한다. 너무 갑작스럽게 진행된 일이라 서울에 전세 준 집도 다시 들어갈 수가 없고, 배우자에게도 정확히 설명하지 못해 아직 귀국도 못하고 혼자 먼저 와서 회사에서 마련해 준 숙소에서 지내고 있다고 했다.

동기생 모두가 이 놀라운 경사를 축하하는데 그분의 한마디가 정말 가슴에 깊게 와 닿았다. 40년 가까이 직장생활을 할 때는 몰랐던 자유로운 삶을 몇 년간 경험하다 보니 진정 자신만을 위한 삶이 어떤 것인지 알게 되었는데, 운명의 장난인지 다시 과거에 하던 일을 할 수밖에 없는 상황이 발생했다는 것이다. 그러면서 자신이 그 일을 계속할 기간은 길어야 3년 정도로 잡고 있다고 했다.

이유를 물었더니 그렇게 자신만의 삶을 산다는 게 좋다는 것을 알게 됐는데, 그리고 그런 생활이 가능한 나이가 80세까지 정도니까 앞으로 한 10년 남은 것이라고 본인은 판단하고 있다고 했다. 그런데 회사생활을 계속한다는 것은 이런 생활을 포기해야 하는 것이라 가급적이면 그 시간을 줄이고 싶다고 했다. 무슨 일이 있어도 앞으로 자신의 의지대로 자유롭게 생활할 수 있는 이 시간을 회사를 위해서 희생만 할 수는 없다는 것이었다.

그러면서 그 자리에 있던, 또 다른 그룹의 부회장으로 지내고 있는 60대 중반의 회원도 비슷한 이야기를 했다. 그는 가까이에서 지켜본 그룹 오너들의 재미없는 생활을 이야기해 주었다. 가진 것은 엄청나지만 점심을 같이할 사람이 없어서 비서들이 준비한 도시락을 혼자 먹거나, 점심식사를 같이하기 위해 계열사 사장들이 돌아가며 정기적으로 회장실을 방문하는 등의 이야기였다. 그러면서 그는 자기도 이제는 좀 자유로워지고 싶다고 했다.

직장인들이라면 누구나 오르고 싶었던 그 높은 자리가 자신의 삶에 별로 도움이 되지 않는다는 이야기이다. 이것이 우리에게 전해주는 메시지는 무엇일까? 은퇴를 앞둔 사람들은 이에 대해 생각해 보아야 한다. 이 사람은 출세도 했고 돈도 많으니까 그럴 수 있지만, 나는 당장 먹고살기도 급급한데 그런 배부른 소리를 하느냐고 반문할 수도 있다. 먹고사는 문제가 우선일 수 있다. 하지만 정작 먹고사는 것만을 고민한다면 이를 해결하는 데는 그리 많은 돈이 필요하지 않다.

건강하다면 어떤 노력을 해서든 먹는 것은 해결할 수 있을 것이다. 그러나 남은 인생을 아무 꿈도 없이 그저 생존만을 위해 하루하루 보낼 수는 없지 않겠는가? 앞에 설명한 것처럼 돈은 엄청나게 많이 가지고 있지만 그 돈을 지키기 위해 또는 그보다 더 많은 돈을 갖기 위해 도시락으로 점심을 해결하거나 당번을 정해 식사를 하는 재벌들의 삶의 모습을 보면서도 같은 질문을 던질 필요가 있다.

금요일 오후와 일요일 오후

직장인들이 가장 좋아하는 날이 금요일 오후라고 한다. 그리고 가장 긴장하고 스트레스가 많은 날이 일요일 저녁이라 한다.

한 선배가 대기업 대표이사로 있다가 퇴직했다. 퇴직으로 인해 그 선배는 여러 가지 좋은 점과 나쁜 점이 생겼지만, 그중에서도 가장 좋은 것이 더 이상 마음 졸이며 일요일 저녁을 보내지 않아도 되는 것이라고 했다. 그래서 이유를 물었더니 일요일 저녁을 내일 회사에 출근해서 진행할 회의와 오너에게 할 업무보고 때문에 항상 긴장한 채로 보냈다고 한다. 그런데 더는 그러지 않아도 되니 너무 좋다는 것이다. 어느 요일이든 상관없이 자기가 원하는 대로 지낼 수 있어서 특별하게 어느 요일이 좋고 나쁘고가 없지만, 그래도 상대적으로 퇴직 전 부담이 제일 컸던 일요일 오후가 좋다고 했다.

직장생활을 하는 동안 금요일은 가장 피곤한 시간이다. 월요일부터 이어진 업무로 피로도가 최고조일 때이다. 그리고 일요일 오후는 주말을 푹 쉬었기 때문에 육체적으로는 가장 충전된 시간이어야 한다. 물론 주말을 힘들고 격렬하게 보냈다면 그렇지도 않겠지만, 그래도 그런 활동조차도 업무로 얻어진 피로가 아니고 충전을 위한 활동이었기 때문에 피로도는 가장 낮아야 한다. 그러나 반대의 현상을 보인다. 오히려 금요일 오후가 가장 스트레스가 낮다. 왜 그럴까? 당장은 피곤하지만 내일부터 쉴 수 있다는 기대심리 때문일 것이다. 반대로 일요일 오후는 내일이 월요일이라는 부담감 때문일 것이다.

은퇴를 바라보는 관점도 이와 다르지 않다. 은퇴가 주말처럼 스트레스를 주지 않고 여유롭게 즐길 수 있는 시간으로 기대된다면 하루빨리 은퇴하고 싶을 것이다. 즉 은퇴가 금요일 오후 시간처럼 느껴질 수도 있다. 반대로 은퇴하면 직장에서 누리던 많은 것들을 내려놓아야 하고, 이제부터 어렵고 힘든 일들이 기다린다고 생각하면 직장생활을 할 때의 일요일 오후처럼 앞날들이 엄청난 스트레스를 주는 기간으로 다가올 것이다. 그래서 정해진 은퇴 날짜를 애써 외면하고, 의도적으로 피하는 태도를 취하게 될 것이다.

잘하는 것 만들기

은퇴설계 상담을 위해 만나는 많은 이들이 은퇴 후 무엇을 하며 지내면 좋을지 물어 온다. 나는 가급적 좋아하거나 잘하는 것을 하며 지내라고 이야기해 준다.

그러면 좋아하는 것을 하는 것이 좋은지, 잘하는 것을 하는 것이 좋은지 묻는다. 사실 좋아하는 것보다는 잘하는 것을 하며 지내는 것이 더 효과적일 수 있다. 일반적으로 좋아하는 것은 돈을 지불하며 하는 것이고, 잘하는 것은 돈을 벌며 할 수 있는 일이기 때문이다.

그래서 행복한 은퇴생활이란 자기가 잘하는 것을 좋아하며 지내는 것이라고 할 수 있다. 이것이 은퇴자의 가장 이상적인 모습이 될 수 있는 것이다.

설날 시골집에 갔다가 놀라운 사실을 목격했다. 고등학교에 다니는 조카들이 모바일 게임을 하고 있었는데 그 방식이 특이했다. 출퇴근시간에 지하철 안에서 많은 사람들이 하는 게임으로 그 게임의 최고 점수 보유자라는 사촌간인 세 명의 조카들의 손놀림은 말 그대로 현란했다. 전철 안의 사람들이 게임을 할 때는 시시각각 변하는 게임의 색깔이나 모양을 보고 판단해서 같은 패턴을 찾아내어 터치하는 방식인 데 반해, 조카들은 액정화면에서 손을 떼지 않고 마치 김연아 선수가 피겨스케이팅을 하듯이 시계방향이나 반대방향으로 계속 빙빙 돌려가면서 게임을 하고 있었다.

사냥에 비유하자면 다른 사람들이 하는 방식이 창을 들고 표적을 향해 투척하는 식이라면, 이들의 방식은 저인망 그물로 바닥까지 물샐 틈 없이 긁어 가는 모습이라고 할 수 있다. 사실 조카들이 그 빠른 시간 안에 게임에 전개되는 패턴을 다 이해하고 터치하는지는 의문이었지만 점수를 올리는 데는 탁월한 방식인 것만큼은 확실했다. 한쪽이 점으로 공격하는 것인 데 반해, 다른 쪽은 그 점을 연결한 선으로 하는 공격이었기 때문이다.

운동경기로 비교하자면 아마추어와 프로선수의 차이라고 할 수 있다. 대중이 즐기는 많은 운동경기에는 아마추어와 프로가 공존한다. 아마추어들은 좋아서 하는 것이고, 프로들은 잘하기 때문에 한다. 프로선수들 중에는 처음부터 좋아하지 않았는데 어쩔 수 없이 시작한 사람도 있겠지만 대부분 그 운동을 좋아해서 시작했을 것이다. 즉 자기가 그 운동을 잘할 수 있다는 것을 알고 프로선수가 되었을 것이다.

그런데 아마추어와 프로 사이에는 분명한 경계가 존재한다. 야구를 예로 들면 야구 경기에서 가장 큰 역할을 하는 투수들의 구속이 프로야구에서는 시속 150킬로미터를 넘나든다고 한다. 느리다 해도 120킬로미터 전후이다. 그에 비해 일반인들은 100킬로미터의 시속을 내기도 어렵다.

골프는 프로 선수들의 평균 타수가 72타 내외이다. 아마추어는 그보다 9타나 많은 81타 전후의 스코어만 기록해도 싱글 핸디캡을 가진 대단한 실력으로 인정해 준다. 프로와 아마추어의 이러한 차이는 어디서 나올까? 선천적인 재능의 차이도 있겠지만, 한 분야에 얼마나 집중했느냐의 차이일 것이다.

흔히 1만 시간의 법칙이라 말하는 그 전문성이 가장 중요하다. 저널리스트 출신의 글래드웰 교수는 『아웃라이어Outliers』라는 책을 통해 무슨 일이든 하루 3시간씩 10년간 1만 시간을 투입하면 달인의 경지에 접어들 수 있다며 끊임없는 노력의 중요성을 강조했다. 목표를 정하고 이를 성취하기 위해 개척자 정신을 가지고 적극적으로 실천하며 노력해야 한다는 얘기다.

최근 우리나라에서 분야별 1호로 성공한 여성들의 공통점을 찾아낸 기사가 있었다. 그들의 공통점은 바로 주도성과 전문성 그리고 자긍심이었다. 은퇴 후 삶도 크게 다르지 않다. 실제 행복한 노년을 보내고 있는 사람들은 대부분 경제적인 크기에 상관없이 전문 분야에서 주도적인 삶을 살며, 자신의 일에 대해 자부심이 크다. 이것은 취미활동에만 국한된 것이 아니고, 취업이나 창업에도 적용되는 이야기이다.

은퇴 후 새롭게 시작하는 프로들이 경쟁하고 있는 기존의 시장에 확연한 실력 차가 존재하는 풋내기 아마추어 방식으로 접근해서는 이기기가 거의 불가능하다. 결국 처음의 패기와 용기는 다 사라져 버리고 한두 번의 시도에서 얻게 되는 실패의 여파로 상실감만 키운 채 소리도 없이 시장에서 사라져 버리는 것이다.

행복한 노년을 보내고 싶다면 은퇴 후의 삶에서 전문성을 키우기 위해 힘써야 한다. 여가생활이 됐든 일이 됐든 흉내만 내는 어설픈 아마추어가 아닌 그 분야의 전문가가 될 수 있는 준비와 노력을 할 필요가 있다.

생각하기도 싫다면서 다가올 퇴직 날짜를 막연하게 걱정만 하며 하루하루를 등 떠밀리듯 보내지 말아야 한다. 오히려 당당하게 자신만의 삶으로 재설계할 그날을 손꼽아 가며 기다려야 한다. 은퇴 후 그동안 갈고닦은 실력을 발휘하며 꿈을 실현하기 위해 살아야겠다는 적극적인 태도가 필요한 것이다.

잘하고 좋아하는 것을 만들기 위해서는 시간 여유를 두고 미리 관심 있는 많은 분야를 경험해 볼 필요가 있다. 겉으로 멋져 보이는 것들이 실제 적성에 맞지 않을 수도 있고, 별거 아닌 것 같은 일에서 정말 큰 재미를 찾을 수도 있기 때문이다.

새로운 것 해 보기

일탈(자우림)

매일 똑같이 굴러가는 하루

지루해 난 하품이나 해

뭐 화끈한 일 뭐 신나는 일 없을까

할 일이 쌓였을 때 훌쩍 여행을

아파트 옥상에서 번지점프를

신도림역 안에서 스트립쇼를

머리에 꽃을 달고 미친 척 춤을

선보기 하루 전에 홀딱 삭발을

비오는 겨울밤에 벗고 조깅을

가수 자우림의 〈일탈〉이라는 노래 가사가 재미있다. 할 일이 쌓여 있는데 여행을 떠나고, 아파트 옥상에서 번지점프를 하고 싶단다.

많은 은퇴 예비자들을 만나 자신이 진정으로 하고 싶은 일을 하며 사는 것이 행복한 삶의 모습이라고 힘주어 말하면 꼭 이런 질문을 한다. 자신이 좋아하는 것을 모르는데 어떻게 그것을 찾을 수 있느냐고 말이다. 그때 난 새로운 것들을 해 보라고 한다.

다행히 자신이 무엇을 좋아하고 무엇을 해야 할지를 결정한 사람들이라면 그것을 더 잘할 수 있도록 준비하고 실행하면 되겠지만, 그렇지 못하다면 정말 난감할 수 있다. 그때는 새로운 것들을 해 보는 것이다. 무엇을 하면 좋겠다고 생각해 놓았다 하더라도 막상 해 보면 막연하게 생각만 했을 때와는 차이가 있을 수 있다. 나는 스포츠댄스가 무척 하고 싶었다. 그런데 3개월 정도 개인 레슨을 받고 실습을 하려고 보니 춤은 재미있었지만 파트너를 만나고 같이 춤을 추는 것이 참 어색하고 부담스러웠다. 결국 교습소에 놔 둔 댄스화도 찾아오지 않은 채 그만두고 말았다.

악기도 하나 정도는 연주를 하고 싶었다. 학생 때 기타를 좀 만져 보았고, 탈춤반을 하면서 장구와 꽹과리 연주를 해 보았고, 단소와 대금도 배워 봤다. 하지만 영 소질도 없고 발전도 없어서 그만뒀었다.

그러다가 우연한 계기로 색소폰을 접하게 되었다. 연습장을 마련하여 레슨을 받으면서 색소폰을 배우던 지인의 사무실을 방문했다가 그 자리에서 색소폰을 구입하고 레슨 스케줄을 잡았던 것이다.

다른 악기와 달리 색소폰은 정말 재미있었다. 한창 재미를 붙일 때는 연습장이 없어서 공원 공터의 차 안에서 연주를 하기도 했다. 뮤트라고 하는 소리가 밖으로 나오지 않는 장비도 구입해서 아파트에서 밤새 불기도 했다. 내게 맞는 악기가 따로 있었던 것이다.

취미든 봉사든 돈 받고 하는 일이든 다 마찬가지다. 가능성을 열어 놓고 다양한 분야를 접해 보면서 적성에 맞는지 살펴봐야 한다.

그런데 이때 자우림의 〈일탈〉 노래 가사처럼 생소하고 새로운 분야를 경험해 보는 것이 더 효과적일 수 있다.

아버지의 수염

1934년생인 아버지는 올해 84세이다. 젊어서는 절구통이나 목탁, 제기 등을 깎는 목공예를 했다. 군 제대 후에는 지금 살고 있는 산정호수에 초기 정착자로 들어와서 50년 이상을 이곳에서 생활하고 있다.

처음에는 기념품 판매상을 하다가 식당으로 전업을 해서 20년간 했다. 내가 결혼할 무렵에는 농장을 사서 가축을 키웠다. 돼지 파동, 소 파동 등을 겪으면서 농장보다는 현금 수입이 확실한 민박으로 전환했다. 그리고 60세가 넘어 운전면허를 따고 엄마와 틈만 나면 전국을 유람 다니며 즐겁게 지냈다.

종친회 회장을 맡아 몇 년 동안 활동도 했다. 6.25 참전용사로서 일주일에 한 번씩 군부대에서 마련해 주는 식사 모임에 참석하며 지낸다. 80세가 넘어서 동네 노인회장도 하고, 아직까지도 집에 있는 날은 단 한순간도 허투루 보내지 않고 많은 일들을 찾아서 한다.

농사철에는 비닐하우스 두 동에서 고추 농사를 짓고, 100마리 정도 되는 토끼와 닭을 키우며 텃밭 농사를 직접 짓는다. 손재주도 좋아서 지금까지 열 채가 넘는 집을 손수 지었고, 아버지의 그 재능을 물려받은 동생들은 지금 건축업을 하고 있다.

아이디어도 많은데 내가 고향으로 내려온 것도 아버지의 영향이 크다. 내가 직장생활을 할 때 주변에 좋은 땅이 있다고 소개를 해서 산 땅이 지금 주막집 자리이다.

처음 고향으로 내려온다고 했을 때 반대했던 아내와 어머니와 아들과 달리 적극적으로 귀향을 반겼던 이도 아버지이다. 당신이 원하는 방식으로 주막을 운영하지 않는다고 살짝 화가 나 있기는 하지만, 지금도 수시로 주막 운영 아이디어를 준다. 예를 들면 토종닭 요리나 토끼 요리, 민물생선 요리를 제안한다.

최근에 귀가 잘 안 들리는 것 말고는 특별히 건강에 이상이 있지는 않다. 가까운 곳은 직접 운전해서 다니고, 집 근처 직장에 출근하는 둘째아들의 딸인 손녀 출퇴근을 시키고 있다. 그런데 올해 가을 김장을 하러 갔는데 아버지 외모가 달라진 것을 알았다. 수염을 기른 것이다.

나는 10여 년 전부터 수염을 길렀는데 수염에 대해 별 말씀 없으시더니 갑자기 당신도 수염을 기른 것이다. 혹시 며칠 면도를 안 해서 그런가 해서 물어봤더니 앞으로 수염을 기를 계획이란다. 엄마는 그렇지 않아도 주름이 많아 보기 싫은데 수염까지 길러 더 보기 싫어졌다며 제발 깎으라고 성화가 이만저만이 아니다. 왜 수염을 기르는지 내 아내인 며느리가 물어봤더니 친구들이 많이 세상을 떠나고 몇 명 남지 않았는데 그중에 수염을 기른 사람은 한 명도 없다면서 자신은 꼭 수염을 길러 보겠다고 했다.

며칠 전 동네 주민들과 함께 설악산으로 여행 갈 기회가 있었다. 관광버스 세 대를 빌려 꽤 많은 인원이 갔는데 대부분 연세가 많은 노인들이었다. 아버지와 내가 같은 차를 탔는데 이장과 내가 주도해서 진행한 행사라 버스에서 주민들에게 내가 인사를 하고 나의 다음 차례로 수염을 멋있게 손질한 아버지가 인사를 했다. 그런데 동네 사람들이 나와 수염이 같다고 다들 웃었다.

빨간 구두를 신고 수염을 기르고 모자를 쓰고 다니는 내가 사실은 끊임없이 뭔가에 새롭게 도전하는 아버지의 DNA를 그대로 물려받은 것 같다.

정말 나이는 숫자에 불과하다. 84세에 수염을 기르기로 하고 자신만의 외모를 꾸미며 차별화를 시도하는 이 같은 모습이 내가 주장하는 은퇴 후의 바람직한 삶의 모습이라 생각한다.

30일 동안 작지만 새로운 도전하기

많은 이들이 새해가 되면 새로운 결심을 한다. 은퇴를 앞두고도 무언가를 새롭게 해 보려한다. 다이어트, 금연과 금주를 결심한다. 그런데 작심삼일로 끝나는 경우가 많다. 혹시 작년에 결심했던 일을 올해 또 결심하고 있지는 않은가 보자. 그렇게 해서는 성공하지 못한다. 여기 결심을 성공시키는 좋은 방법이 있다. 30일간 생전 처음 하는 일이나 꼭 해 보고 싶었던 일에 새롭게 도전하는 방법을 알아보자.

난생처음 하는 일 시작하는 방법

무언가 새로운 일을 하고 싶은데 어디서부터 시작해야 할지 몰랐던 적이 있는가? 지금 당장 할 수도 있는데 하고 싶은 일을 생각만 하면서 시간을 낭비하기에는 인생이 너무 짧다. 몇 가지 아이디어를 브레인스토밍 해 보고 약간 조사를 하면 새로운 것을 하려는 계획을 실천에 옮길 수 있다!

아이디어 브레인스토밍 하기

아이디어를 자유롭게 떠올리면서 버킷 리스트를 작성한다. 산악자전거나 이탈리아 요리를 배워 보고 싶었던 적이 있는가? 포커나 새로운 외국어를 배워 보고 싶었을 수도 있다.

그게 무엇이든 관심 있는 일을 브레인스토밍을 통해 모두 적어 본다. 브레인스토밍brainstorming을 할 때 지켜야 할 규칙은 다음과 같다.

1. 아이디어를 자유롭게 적는다.
2. 아이디어에 대한 평가를 하지 않는다.
3. 새로운 방식으로 생각해 본다.
4. 나쁜 아이디어는 없다.
5. 생각이 떠오르는 대로 제시한다.

브레인스토밍은 아이디어를 평가하거나 억지로 특정한 방법으로 생각하는 것이 아니다. 브레인스토밍은 전적으로 독창적인 아이디어를 얻는 방법이다. 지금 당장은 새로운 일의 실현 가능성을 따지지 않는다. 그냥 즐겁게 아이디어를 낸다.

친구들의 의견 묻기

아이디어가 잘 떠오르지 않으면 친구에게 도움을 구한다. 아는 사람 중에 새로운 것을 시도하는 걸 좋아하는 사람을 떠올린다. 남에게 아이디어를 빌려와도 괜찮다. 친구들을 초대해 가장 좋아하는 취미에 대해 말해 달라고 부탁한다. 친구들의 말에서 아이디어를 얻을 수도 있다! SNS에 메시지를 올려 친구들에게 도움을 구해도 된다.

인터넷에서 아이디어 찾아보기

간단히 '새로운 일'에 대해 검색해서 검색 결과를 살펴본다. 예를 들어 커플 여행, 여러 가지 헤어스타일 등에 관한 아이디어를 얻을 수 있다. 인터넷 검색을 하다 보면 가입을 해야 정보를 볼 수 있는 서비스도 있다.

필요한 것 알아보기

새로 하고 싶은 일을 모두 적었으므로 그 일을 실현하기 위해 필요한 것을 생각해 볼 차례이다. 시간을 내서 사야 하는 장비, 준비해야 할 것 등을 조사한다.

금전적인 측면을 고려한다. 금전적으로 넉넉하지 않아도 아이디어를 포기할 필요는 없다. 대안을 찾는다. 예를 들어 로마에서 요리를 배우고 싶은데 비행기 표 살 돈이 없다면 가까운 곳에서 이태리 요리 강좌를 듣는다.

새로운 일을 한 가지 이상 할 수 있고, 해야 한다. 아이디어를 모두 조사하고 시작한다.

시뮬레이션을 해 보거나 시험 삼아 해 보기

새로 하고 싶은 일이 비용이 아주 많이 든다면 시뮬레이션을 해 보면 좋다. 비행기 조종 같은 일은 시뮬레이션을 해 보면 실제로 비행 강좌를 듣기 전에 그것이 얼마나 마음에 드는지 알아볼 수 있다.

이는 모든 사람에게 적용되는 방법은 아니다. 미리 시험 삼아 해 보지 못하더라도 걱정할 필요는 없다. 예행연습 없이 해 보는 것도 재미있다.

경험자에게 물어보기

여전히 더 배워 보고 싶다면 이미 해 봤거나 가 본 사람에게 물어본다. 내가 하고 싶은 일을 이미 해 본 적이 있는 사람을 특별히 알지 못한다면 인터넷 카페와 같은 커뮤니티에 참여한다. 인터넷 카페는 공통된 관심사를 가진 사용자들의 글을 읽을 수 있는 온라인 커뮤니티이다. 마땅한 인터넷 카페가 없다면 정보를 알아가면서 스스로 개설해도 된다. 요즘은 인터넷 카페 개설 매뉴얼이 있어서 아주 컴맹이 아니라면 그리 어려운 일이 아니다.

하나의 도전을 30일 동안 지속하기

좋은 습관이 몸에 익을 때까지는 21일간 의식적으로 노력을 기울여야 한다. 사람의 생체시계가 교정되는 데는 최소한 21일이 소요되기 때문이다. 그러니까 21일은 뇌에서 생각이 대뇌피질에서 뇌간까지 내려가는 데 걸리는 최소한의 시간인 것이다.

생각이 뇌간까지 내려가면 그때부터는 심장이 시키지 않아도 뛰는 것처럼, 의식하지 않아도 습관적으로 행하게 된다는 것이다. 21일 이상 지속해야 습관의 기반이 형성될 수 있다는 점에서 30일 도전은 큰 의미가 있다.

그렇다면 30일 동안 어떤 방식으로 도전할 것인가? 크게 두 가지로 나누어 볼 수 있다. 새로운 습관을 추가하거나, 기존의 습관을 버리는 것이다. 매일 자전거 타기, 매일 한 장의 사진 찍기 등이 새로운 습관의 범주에 속한다. 당분 금지No sugar, TV 시청하지 않기 등은 기존의 습관을 버리는 것이다.

새로운 도전을 할 때는 우선 최대한 도전의 크기를 줄이면 좋다. 즉 작은 도전부터 시작하는 것이다. 맷 커츠라는 사람은 30일간의 도전에서 처음 시도한 것이 '매일 직장까지 자전거 타고 출근하기'였다. 이 작은 도전을 통해 그는 자전거에 재미를 붙이게 되었다. 그러다가 나중에는 아프리카에서 가장 높은 산인 킬리만자로 산까지 등반하기에 이른다.

만약 처음부터 킬리만자로 산을 등반하려 했다면 까마득한 목표 때문에 계속해서 미뤘거나 중간에 포기했을 가능성이 크다.

계획을 실행에 옮기기

시간을 낼 때다. 준비는 다 되었다. 이제 새로운 일이나 아이디어를 실행에 옮길 차례이다. 실수할까 봐 두려워하면 자꾸만 뒤로 미루게 된다. 새로운 일을 한다는 것은 두려움을 유발할 수도 있지만 계속 꾸물거리지 말자. 그냥 해 버리자!

달력에서 날짜를 선택해서 그 날짜에 새로운 일을 실행에 옮긴다. 친구나 가족과 함께하면 더 좋다. 다른 사람들과 함께하면 계획을 실행에 옮기는 데 도움이 된다.

친구에게 같이하자고 하기

새로운 일을 시도할 때 친구와 같이하면 좋다. 추억을 만드는 좋은 방법일 뿐만 아니라, 새로운 일을 할까 말까 망설이고 있을 때 마음을 안정시켜 준다.

배우자, 애인, 단짝 친구, 어머니에게 같이하자고 할 수도 있다. 새로운 일을 같이하면 가장 즐거울 사람을 생각해 본다.

작은 것부터 성취하기

일단 작은 것부터 성취하면 그 후에는 점점 더 자신감이 붙어서 더 큰 목표를 향하게 된다. 작은 성취를 하면서 얻은 자신감으로 큰 성취에 도달하는 것이다.

크고 기발한 도전도 좋지만, 작지만 지속적인 변화가 더 오래 지속될 수 있다. 우리는 작은 도전을 계속해서 시도함으로써 충분히 변화를 만들어 갈 수 있다.

재미있게 즐기기

처음 새로운 일을 했을 때 잘 안 되도 괜찮다. 살면서 새로운 것을 해 보는 것도 다 재미이다!

작성해 둔 버킷 리스트를 계속 참조한다. 최대한 많이 버킷 리스트의 항목을 지워 나간다. 시간이 지나면 하고 싶었던 일을 실천에 옮겼다는 것 자체에 감사하게 될 것이다.

난생처음으로 해 보는 일을 완벽하게 못 해낼까 봐 걱정하지 말고 즐거운 시간을 보내는 데 집중한다!

새로운 일을 시도하는 것은 좋다. 하지만 계속하기로 마음을 굳힐 때까지는 새로운 활동, 취미, 관심사에 너무 많은 돈을 쏟아붓지 않도록 한다.

빅토리아 폭포에서 번지점프를 하다

번지 점프Bungee Jump는 고무로 만든 긴 줄의 한쪽 끝을 발목과 몸통에 묶고 한 끝을 물체에 고정한 뒤 높은 곳에서 뛰어내리는 것이다. 남태평양 바누아투의 펜테코스트 섬의 부족이 전혀 탄력이 없는 칡이나 나무줄기 등을 엮어 발목에 묶고 뛰어내리는 성인식에서 유래되었다. 본격적으로 스포츠로 즐기기 시작한 것은 1979년 영국

옥스퍼드대 학생 4명이 미국 금문교에서 줄을 묶어 뛰어내린 것부터라고 한다.

2017년 3월 잠비아와 짐바브웨 국경을 사이에 둔 빅토리아 폭포Victoria Falls에서 같이 간 동갑내기 친구와 60세 기념 번지점프를 하기로 했다. 평소 텔레비전에서 번지점프대에서 뒷걸음질 치며 망설이던 사람들의 심정을 100퍼센트 공감했던 나였다. 하지만 그날 어떻게 그런 용기가 났는지 모르겠다. 빅토리아 번지점프대는 로프의 길이가 111미터이다. 그런데도 나는 시커먼 강물이 휘몰아치는 모습이 발아래 밑으로 훤히 들여다보이는 번지점프대에 섰다.

빅토리아 폭포는 악어가 살고 있을 뿐 아니라 최근 번지점프 줄이 끊어지는 사고가 있었다는 이야기를 들었기에 두려움은 두 배로 컸다. 잠비아 측에서는 사고 발생 확률이 50만분의 1이라고 하지만 말이다. 아무튼 아프리카까지 왔는데 빅토리아 번지점프는 나름의 의미가 있을 것 같았다. 그렇게 어떤 사고에 대해서도 책임지지 않는다고 쓰인 각서에 서명하고 번지점프대에 서 있었다.

그리고 "five, four, three, two, one, Jump!". 줄 하나에만 의지해 허공으로 날아올랐다. 친구가 먼저 뛰어내렸는데 폼이 별로였던 것 같아서 나는 폼생폼사라고 나름 폼을 잡고 뛰어내렸다. 다행히 일행 중의 한 분이 동영상으로 그 순간을 촬영해 주어서 페이스북에 올렸더니 4,300회의 조회 수를 기록하고 300여 명이 댓글을 달아 주었다.

떨어지는 5~6초 동안 정말 하늘을 난다는 것이 이런 것이구나 하는 느낌이 들긴 했지만, 구조대원이 로프를 타고 내려와서 구조용 벨트를 걸기까지 로프에 거꾸로 매달려 강물 위에서 흔들거리는 동안에는 금방이라도 발에 걸린 로프가 빠져 버릴 것 같은 두려움에 떨기도 했다.

무사히 출발점에 돌아와 촬영한 동영상을 보니 뛰어내릴 때의 감정이 고스란히 되살아났다. 이후 강의 시간에 많은 이들에게 이 영상을 보여 준다. 그리고 기회가 된다면 한번 번지점프에 도전해 보라고 권한다.

빅토리아 폭포에 언제 다시 가겠는가? 그리고 그곳에서 언제 다시 번지점프를 할 수 있겠는가? 점프대에서 잠깐 망설였던 순간의 두려움, 그리고 거꾸로 강물 위에 매달려 있으면서 느꼈던 두려움보다 몇 배 더 큰 감동을 얻은 도전이었다.

Five years before Retirement

6장

나만의
라이프스타일을
구축하라

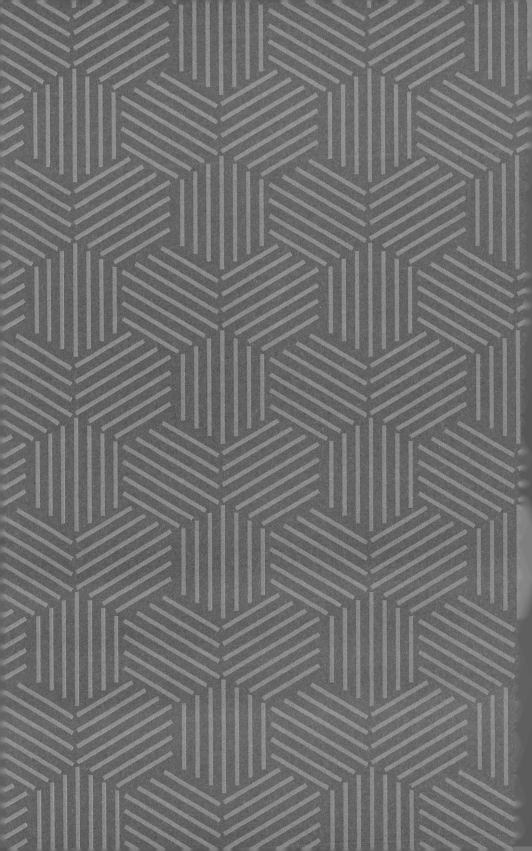

사람들이 자신의 일을 통해서 얻으려고 하는 것은 저마다 다르다. 평소 이에 대해서 진지하게 생각해 본 사람도 있고 조금 고민해 본 사람도 있겠지만 일하는 이유에 대해 자세히 살펴보면 다음과 같이 분류해 볼 수 있다. 한번 자기가 왜 일해왔는지 앞으로 왜 일할 것인지를 생각해 보면서 살펴보기 바란다.

활동

감정을 자극하는 것을 즐기는 '활동'의 영역이 있다.

· 일로부터 끊임없는 생존의 에너지를 얻는

· 끊임없는 전진을 즐기는

권한

전문가로 존경받거나 어드바이저로 신뢰받기 때문에 일한다.

· 어드바이저로 보이는 것을 즐기는

· 특정 분야에서 전문가로 인정받는 것을 좋아하는

혁신가

최신의 사고를 하고 싶어하는 혁신가가 되기 위해 일한다.

· 주변 정리하는 것을 좋아하는

· 최신 뉴스를 즐기고 새 영화를 처음에 보는 것을 좋아하며 새로
  운 레스토랑을 찾고 새로운 아이템을 사는 것을 즐기는

경험

새로운 것을 시도하기 위해 일한다.

· 새로운 상황과 의견을 찾는

· 다양한 사람과 차별화된 미팅을 즐기는

차이를 만드는

세상을 더 좋게 만드는 데 도움을 주기 위해 일한다.

· 소명에 대해, 유산에 대해 생각하는

· 다른 사람들의 삶이 더 좋아질 수 있도록 그들을 돕는 어떤 일을
  하는 것을 좋아하는

열정

사람들의 열정과 흥미와 취미를 따라 하기 위해 일한다.

· 일은 개인적인 열정과 흥미와 취미 혹은 과거와 관계된 것

· 심지어 무보수로도 일한다.

사람

사람들과 어울리고 싶어서, 혼자 있는 것은 감당이 안 되어서 일한다.

· 다른 이들과 함께 있는 것이 더 좋은

· 다른 사람들에게서 에너지를 얻는

· 가족적인 팀 멤버와의 삶이나 공동 작업, 연합, 혹은 구성원으로의 활동 등에 대해서 흥미를 갖는

인생관과 가치관, 성향과 취미 등에 따라 일하는 이유는 제각기 다를 것이다. 이 중에서 당신이 가장 중점을 두는 그 일하는 이유는 분명 자기 자신에게 가장 큰 혜택이나 성취감을 돌려줄 것이다. 만약 은퇴 이후에 새로운 일을 하고자 한다면 자신이 왜 그 일을 하는지 위의 일하는 각각의 이유들을 살펴보고 무슨 일을 할지 선택해야 할 것이다.

후반전에 역전승하기

은퇴하기 전은 인생 전반전, 은퇴한 후는 인생 후반전이다. 그런데 많은 은퇴자들이 전반전의 승리감에 도취되어 후반전에 임하는 방식에 잘못 접근해 큰 낭패를 보곤 한다.

운동경기에서 가장 짜릿한 것은 역전승을 하는 것이다. 반면에 역전패는 가장 가슴 아프다. 역전패를 당하지 않고 전반전에 이어 후반전도 이기는 압도적인 경기는 좋은 것이기는 하지만, 역전승만큼 화끈함은 덜하다.

야구경기에서 케네디 스코어가 있다. 8:7로 끝난 경기를 말하는데 일방적으로 8점을 내주고 7점을 따라가는 경우도 있겠지만, 대부분 서로 점수를 주고받으면서 엎치락뒤치락하다가 만들어진 결과일 것이다. 이보다 더 점수가 많이 나면 긴장감이 떨어진다. 또 점수가 너무 나지 않는 투수전은 긴장감은 크지만 흥미는 떨어진다.

축구경기에서는 3:2의 스코어를 펠레 스코어라고 하는데, 이 역시 일방적이지 않은 한 점 차의 아슬아슬한 경기를 말한다. 케네디 스코어나 펠레 스코어로 지는 팀은 그만큼 충격이 클 것이다. 물론 상대적으로 이긴 팀은 사기가 올라갈 수밖에 없다.

축구경기에서 전반전에 2:0으로 지고 있던 팀이 후반전에 3:2로 이긴다면 그것도 연장전에서 결승골을 넣는다면, 또 야구경기에서 9회 말 투아웃에서 역전 홈런으로 케네디 스코어로 이긴다면 더 극적인 승리가 될 것이다.

인생 전반전의 시기, 직장생활을 하는 동안에 보면 같이 입사한 동기 중에 시간이 지나면서 격차가 벌어져서 나중에는 아예 동기 밑에서 부하직원으로 일하는 사람도 많다.

퇴직할 때도 대부분 정년을 채우지 못하고 여러 가지 이유로 조기 퇴직을 한다. 물론 운 좋게 직원으로서 갈 수 있는 최고의 자리인 부장으로 퇴직하는 사람도 있다. 또 누구는 정년도 더 지난 나이에 임원으로 퇴직을 하기도 한다. 직장생활의 직급만을 놓고 보자면 임원으로 정년 이후까지 근무한 사람과 부장도 못해 보고 조기에 퇴직한 사람은 분명 큰 스코어 차이라 볼 수 있다.

그런데 인생 후반전에서도 전반전의 스코어가 그대로 지속되는 것은 아니다. 비록 직장생활에서 부장도 못 달고 퇴직했으나 일찍 퇴직한 것이 오히려 전화위복이 되어 임원 퇴직자보다 훨씬 더 성공적인 후반전을 살고 있는 이들도 많다.

인생 후반전에 역전승한 몇 가지 사례가 있다.

첫째, 종전에 종사하던 종목에 그대로 머물거나 관련 업종에 종사해서 성공한 경우이다. 이는 적응이 쉽다는 장점이 있다. 은퇴자들 중에 종전에 일하던 종목의 대리점 같은 비즈니스로 성공한 이들이 많다.

후배 한 명은 40대 후반에 명퇴를 했다. 이후 보험 대리점을 시작했고 마침 생손보 겸업이 허용되면서 손해보험업에 진출했다. 생명보험 영업 기법을 손해보험에 적용하면서 그 틈새를 적절하게 공략했다. 10여 년이 지난 지금 그 후배는 몇 백 명의 직원이 근무하는 금융판매회사의 회장으로 직원들을 데리고 일 년에 몇 번씩 우수직원들 격려행사차 해외여행을 다니고 있다. 동기들보다 늦게 진급해 부진자로 명퇴 대상자 명단에 들어갈 수밖에 없었던 전 직장의 아쉬움을 날려 버리고, 오히려 전 직장에서 잘나가던 몇 명의 동기들과 동료들을 자기 직원으로 데리고 와서 같이 근무하고 있다. 더구나 이 직장은 자신이 포기하지 않는 한 아주 오랫동안 근무할 수 있는 명퇴나 정년퇴직이 없는 완벽한 근무처가 되어 주고 있다.

퇴직 후 만나는 많은 OB들 중에 그나마 현재 어느 정도 안정적인 활동을 하고 있는 사람들을 보면 대부분 대리점을 하고 있다.

둘째, 종전에 종사하던 업종과 아예 다른 업종에서 성공하는 경우다. 대부분의 퇴직자들이 이 길을 선택하는데 성공률은 낮다. 그러나 같은 종목에서 성공할 가능성이 없다면, 또 그런 종목 선택이 아예 어려운 업종이라면 완전히 다른 종목을 선택하는 것이다. 전 직장에서 성공하지 못한 것은 여러 환경 요소도 있겠지만 그 업종이 자신과 맞지 않아서일 경우가 더 많기 때문이다.

그런데 새로운 종목을 선택하기 위해서는 준비할 것들이 많다. 그렇지만 대부분은 전 직장에서의 작은 성공 경험치를 가지고 무모하게 시작한다. 그런데 이 정도 준비로는 경쟁이 치열한 시장에서 살아남기가 쉽지 않다. 자기에게 맞는 수준의 경기장을 거쳐서 서서히 성장해야 하는데 빨리 성공해야 한다는 강박감을 갖기 때문이다. 또는 근거 없는 자신감이 화근이 되기도 한다. 자신의 격에 맞지 않게 수준 차가 큰 그라운드에서 경기를 시작하기 때문에 시작도 하기 전에 사실상 실패하는 것이다.

자연계의 법칙으로 보아도 그곳이 어디든 새로운 환경에 적응하고 대처하는 것은 결코 쉬운 일이 아니다. 더구나 누구나 할 수 있는 경쟁이 심한 종목이라면 더더욱 그렇다. 이렇게 치열한 종목에서 성공하려면 새로운 종목이 어떤 종목인지 그리고 어떤 경기장에서 어떤 방식으로 경기를 해야 하는지 알아야 한다. 사실 이것은 기초 중의 기초이다. 그럼에도 불구하고 그 종목에서 성공하려면 현재 뛰고 있는 선수들보다 나은 무언가를 가지고 임하지 않으면 안 된다는 그 기본적인 사실조차 잊고 있는 것이다.

축구선수였던 사람이 야구경기에 대해 대강 알고 시합에 임한다면 과연 평생 야구만을 해온 야구선수들보다 야구를 더 잘할 수 있을까? 충분히 야구선수를 이길 만큼 준비가 되어 있지 않은데도 야구장에 들어선다는 것은 말이 안 되는 일이다.

많은 이들이 직장생활에서 적당하게 성공했다는 이유만으로 가장 경쟁이 심한 프랜차이즈 업종에 뛰어든다. 주방에서 일어나는 가장 기본적인 업무조차 이해하지 못하면서 음식점을 오픈한다. 우리나라 최고의 홈런타자였던 박병호 선수도 현재 메이저리그에 들어가지 못한 채 마이너리그에서 활동하고 있는데 말이다.

그러므로 새로운 분야에서 성공을 거두기 위한 가장 좋은 방법은 직장생활을 하는 동안 미리 준비하는 것이다. 한 지인은 직장생활을 하면서 제안 제도를 통해 회사 물류 시스템을 크게 변화시켰다. 결국 자신의 제안을 아웃소싱해서 회사의 물류 시스템을 맡기로 하고 퇴직했다. 내가 직장생활을 하는 동안 그는 회사 빌딩의 지하에서 물류회사를 운영하고 있었다. 평소 성실한 데다 회사에 대한 충성도도 높아서 계열사까지 업무가 확대되면서 그의 사업은 크게 번창했다. 현재는 몇 개의 리조트를 운영하는 사업가로 변신했다.

앞에 설명한 대리점 출점 사례도 사실 자신의 격에 맞게 초보 단계부터 서서히 준비한 사람들은 성공 확률이 훨씬 높았다. 반면에 퇴직 시 직급만 믿고 크게 시작한 사람들은 많이들 실패했다.

예로 든 사례처럼 경제적인 성공으로 거둔 역전승도 있지만, 경제력과는 무관하게 자신이 좋아하는 것으로 지금까지 없던 종목을 스스로 만들어 인생 후반전을 멋지게 장식하는 사람도 있다.

촉망받는 축구선수였던 한 지인은 큰 부상으로 운동을 그만두게 되었다. 한참 방황하던 그는 술에 관심을 갖고 전국의 유명한 양조장을 찾아다니며 술 빚는 사람들을 만났다. 그리하여 이 지인은 『식객』이라는 만화에도 등장하게 되었다. 그는 나중에 전통주 만드는 방법을 가르치는 연구소를 만들고, 가양주를 좋아하는 사람들에게 술 빚는 방법을 가르치며 너무나 즐겁게 살고 있다.

신문기자를 그만두고 좋아하는 음식을 찾아다니다가 맛 칼럼니스트로 성공한 사람도 있다.

적성이 맞지 않아 인생 전반전의 시기에 고전하는 가운데 생계를 유지하느라 어쩔 수 없이 시간만 채우며 월급날을 기다렸는가? 언제 잘릴지 몰라 전전긍긍하며 살았는가? 그러나 희망은 있다. 자신의 적성에 맞는 일로 당당하게 스스로를 탈바꿈하여 후반전에 통쾌

한 역전승을 거둘 수 있는 것이다. 이러한 삶을 살기 위해 우리는 진지하게 고민해야 한다.

은퇴 초기의 라이프스타일이 중요하다

대부분의 은퇴자들은 은퇴 초기 3년간은 종전의 라이프스타일과 큰 차이가 없는 지출을 한다. 그중 일부는 은퇴 초기 보상심리로 여행을 다니고, 그렇게 꿈꾸던 평일 골프를 즐긴다. 평소 가지고 싶었던 용품이나 그동안 직장에서 눈치를 보느라 구입할 수 없었던 외제차를 구입하기도 한다. 시골에 주택을 구입하는 등 과다 지출을 하기도 한다. 또 같이 퇴직한 동료들과 많은 시간을 어울려 지낸다. 사실 은퇴 초기에는 대부분의 사람들이 이러한 지출이 꼭 필요한지 생각해 보지도 않은 채 군중심리에 휩쓸린다.

퇴직 전에도 이 정도 지출은 가진 자산에 큰 영향을 미칠 수 있는 사건이었다. 그래도 그때는 판단력이 작동했다. 더구나 조심스런 배우자 덕분에 자동 방어가 가능했다. 하지만 퇴직이라는 사건은 이런 방어막까지도 순간적으로 해제시켜 버린다.

친구나 동료들과 어울려 퇴직 초기 몇 달을 보내다 보면 가계에는 그동안 모아 두었던 목돈이 순식간에 빠져나가 버린다. 정신을 차리고 보면 같이 어울리던 동료들의 요구를 충족시키기에는 자신의 처지가 그들과 다르다는 것을 깨닫게 된다. 지출은 직장생활 할 때보다 특별하게 늘어나 버린 반면, 수입은 그야말로 제로가 된 사람들도 많다.

더구나 동료들 중에는 자신과는 달리 임대소득이나 맞벌이로 별도의 수입원이 있는 이들이 있다. 이처럼 설혹 비슷한 상황으로 퇴직했다 해도 가정마다 경제적 여건은 다르게 마련이다. 누구는 늦게 결혼해서 아직도 대학에 가지 않은 자녀가 있고, 누구는 부모님의 간병비를 보조하고 있다. 그러므로 퇴직 전의 상황을 기준으로 각자의 경제적 상황이 비슷할 거라 가정하는 것은 매우 위험한 일이다.

여기에 몇 번 어울리던 친구들과 정기적으로 무언가를 하기로 했다면 이를 지속하기란 쉽지가 않다. 퇴직할 때의 헛헛함과 동료의식으로 의기투합해 모임을 결성하기는 하지만, 결국 여기에는 금전과 시간을 투자해야 하는데 각자의 상황이 많이 다르기 때문이다.

여기에 부부 동반 모임이라면 오래 지속하기가 더욱더 힘들다. 모든 배우자들이 퇴직한 남편과 함께 예전 동료 부부들과 어울리고 싶어 하는 것이 아니기 때문이다. 20여 년 동안 다니던 직장을 동시에 명퇴로 조기퇴직한 친구들이 평일 골프 행사를 곁들인 월례 모임을 만들었다. 초기에는 평일 라운딩 비용이 저렴한 군부대 골프장과 퍼블릭골프장에서 행사를 갖고 저녁에 뒤풀이를 했다. 지방에서 올라온 친구들까지 모여 정말 성대하게 진행됐다.

하지만 이런저런 이유로 평일에 일이 생기기 시작한 친구들의 불참이 늘어나면서 골프 라운딩 참가자들이 눈에 띄게 줄어들고, 저녁 모임에 얼굴만 비치는 사람들도 있었다. 결국 흐지부지돼 골프 모임은 없어지고 회비를 갹출하는 저녁 모임만 유지됐다. 친구들 중에서 임원으로 승진해서 아직 퇴직하지 않은 친구들이 스폰서가 되는 날에는 그래도 어느 정도 사람이 모였다. 하지만 나중에 스폰이 끊기자 이 모임도 유지할 수 없는 지경이 되어 버렸다. 자영업을 시작한 친구들이나 유사 업종에 재취업한 친구들도 사업이 바쁘거나 아예 문을 닫고 다시 실직하게 되어 더 이상 모임에 얼굴을 보이기가 어렵게 되었다.

따라서 은퇴 초기에 주변 동료들과 어울리며 분위기에 휩쓸리는 라이프스타일을 가져서는 안 된다. 오히려 은퇴 초기는 특별히 자신의 처지에 맞게 은퇴 이후의 생활을 미리 계획해야 할 중요한 때이다. 이 시기가 남은 은퇴생활 기간 전체에 대한 중요한 기준이 될 수 있기 때문이다.

퇴직 전이라면 어느 정도 특별한 지출을 했다고 해도 몇 달간의 수입으로 보충할 수 있다. 하지만 은퇴생활 중에 목돈 지출을 계획 없이 했다가는 남은 은퇴 기간 동안 절대로 복구하지 못할 수도 있다. 목돈뿐만이 아니다. 고정비도 적절히 선택해야 한다.

퇴직 후 강남 사무실을 처음 시작했는데 한참 시간이 지나 보니 이것은 망할 수밖에 없는 여러 요인들을 복합적으로 섞어 놓은 대표적인 실패 사례였다.

개업식에 참석한 한 친구가 나에게 이런 말을 했다. "야, 이 정도 사무실을 운영할 만큼 수입이 가능한 거야?" 이 한마디가 사실 이

사업의 전부를 설명하기에 충분한 말이었다는 것을 사무실 문을 닫고 나서야 알게 되었다.

물론 그 얘기를 듣는 순간 그 말을 한 친구에게 별걱정을 다한다며 걱정 말고 술이나 많이 마시라고 허세를 부렸다. 나중에, 그랬던 내 모습이 정말 한심하게 생각되었다. 이미 그 친구는 몇 번 사업 실패를 경험했던 터라 개업식에 와서 재수 없는 소리를 한다고 생각한 것이다. 하지만 사업을 시작하고 얼마 되지 않아 임대료를 감당할 수 없었고, 결국 고정비 때문에 사업을 접고 말았다

양조장을 하면서도 여러 가지 실수를 했다. 전기설비를 한전에 의뢰하면서 기본 용량을 얼마로 할까가 첫 번째 문제였다. 복잡한 전기료 책정 방식 때문에 건축을 하는 동생에게 일임을 했다. 그런데 양조장과 주막의 전기료를 몇 달간 지불하는데 그 금액이 만만치 않았다. 그래서 검침원에게 왜 이렇게 많이 나오느냐고 했더니 기본료가 높아서라고 했다. 그래서 이걸 조정할 수 있느냐고 물었더니 자기가 해줄 수는 없고 한전에 직접 전화해서 상담하면 가능하다고 했다. 상담 결과 전기료를 반으로 낮출 수 있었다.

집에 설치한 전화와 인터넷, 주막에 설치한 CCTV와 POS 시스템도 마찬가지였다. 그냥 내가 예상했던 매상을 기준으로 계약했다. 5, 6개월이 지나고 나서야 터무니없는 조건으로 계약했음을 알게 되었다. 이것들은 대부분 의무 약정 기간이 있어서 중도 해지를 하거나 변경을 하면 위약금을 많이 내야 했다. 결국 의무 약정 기간이 지나고 나서야 우리 상황에 맞는 조건으로 다시 계약했다. 처음 계

약금의 절반 정도로 가능했다.

일상생활도 마찬가지였다. 처음 주막을 오픈해서 영업시간을 정할 때 아침 골프 손님부터 밤 술 손님까지를 모두 받으려고 했다. 골프장이 6시쯤 문을 여는데 그 손님들을 받으려면 4시경부터 준비해야 했다. 밤에는 11시까지 영업했는데, 정시에 문을 닫기도 쉽지가 않았다. 마감 시간에 임박해서 들어온 손님들이 "10분만 더", "10분만 더" 하면서 12시를 넘기기가 일쑤였다.

하루에 두세 시간밖에 잘 수가 없었다. 그렇다고 문을 열어놓은 동안 계속 손님이 있는 것도 아니었다. 손님은 드문드문 오는데 거의 20시간을 문을 열어 놓고 기다리는 일을 더는 할 수가 없었다. 그래서 아침 장사는 포기하기로 하고, 우리의 주력인 양조장 술을 파는 야간 시간에 집중하기로 했다. 도우미도 처음에는 주변 식당에서 일하고 있는 막내동생 제수씨를 매니저로 스카우트해 왔다. 한두 달 장사를 하다 보니까 수입의 대부분이 인건비로 다 지출되는 것 같았다. 결국 몇 달 되지 않아 제수씨를 원래 근무하던 곳으로 보낼 수밖에 없었다. 음식점을 처음 해 보는 사람들은 대부분 오픈할 때 인력을 필요 이상으로 둔다. 그러다 힘들어지면 나중에 줄이는 것이다. 이들도 거의 나와 똑같은 실수를 한 것이다.

이와 같이 은퇴 초기에는 시간사용계획이나 금전사용계획들이 기대했던 것과 다르게 돌아갈 수 있다. 이때 다행히 바로 수정 가능한 것도 있지만, 일정 기간 동안은 어쩔 수 없이 그대로 진행해야 할 경우도 많다. 그래서 가급적이면 은퇴 전에 은퇴생활에서 일어날 수 있는 여러 가지 문제들을 세밀하게 검토해 보고, 이를 바탕으로 자신이 감당할 수 있는 범위 안에서 은퇴생활 계획을 세우고 이를 실천하려고 노력해야 한다.

스스로에게 그동안 수고한 것에 대해 보상해 주기 위해 특별한 여행을 가거나 값비싼 물품을 구매하고자 한다면 별도의 예산 범위 내에서 지출이 이루어지도록 해야 한다. 소득이 줄어든 만큼 생활수준을 조절하는 용기가 필요한 것이다. 이는 단지 본인 혼자만의 의지로 해결될 문제는 아니다. 배우자의 협조가 필수적이다.

노인복지센터의 아침, 500원 순례길

종로구 인사동 모 종교단체에서 운영하는 복지센터 앞. 아침 8시경인데 끝이 보이지 않을 정도로 긴 줄이 늘어서 있었다. 그 줄은 건물 앞을 지나 옆의 천도교회관 앞을 지나 허리우드 극장이 있는 곳까지 정말 길게 늘어져 있었다. 그리고 줄의 중간 중간마다 자원봉사자들이 행렬의 질서 유지를 돕고 있었다.

그들은 복지센터에서 낮 12시부터 배식하는 점심식사를 먹기 위해서 이른 아침부터 줄을 서는데, 정확히는 9시부터 나누어 주는 배식표를 받기 위해서다. 그런데 12시부터 주는 점심을 먹기 위해 일찍 온 사람들은 아침 7시부터 줄을 선다. 늦게 오면 배식표를 받을 수가 없어서다. 급식 인원이 적어서 그런가 보다 하겠지만 이곳에서 하루 급식 인원은 무려 2천 명이다. 그런데도 일찍 오지 않으면 번호표를 받을 수가 없는 것이다. 그렇다고 아무나 일찍만 오면 급식을 받을 수 있는 것도 아니다. 서울시에 거주하는 60세 이상 회원들만 해당된다.

9시부터 나누어 주는 배식표를 받아 12시까지 근처에서 기다리다 점심식사를 한다. 아침 7시부터 줄을 선 이들은 아침식사는 하고 나왔을까? 또 돌아가서 저녁식사는 할 수 있을까? 아마 그렇지 못할 확률이 높을 것이다.

날씨가 괜찮으면 그래도 견딜 만하지만, 비가 오거나 추운 날에는 줄을 서서 기다리기도 어려울뿐더러 배식표를 받고 나서 몇 시간 동안을 보낼 장소가 여의치 않다. 내가 근무하던 학교가 복지센터 바로 옆 건물이었는데 주상복합건물로 공용으로 사용하는 정자가 있다. 이 정자는 많은 노인들의 휴식처이다. 정자에 들어가지 못한 노인들은 건물 입구 통로에서 신문지를 깔고 삼삼오오 모여 앉아 소주 파티를 벌이곤 한다. 별다른 안주도 없이 소주 한두 병을 여러 명의 노인들이 나누어 마시며 시간을 보낸다.

복지센터 내부는 여러 가지 편의 시설이 있는데 이곳들도 북새통을 이루기는 마찬가지다. 당구장, 탁구장 등의 체육시설과 문화시설, 치료시설 등을 갖추고 있는데, 시설마다 이용객이 너무 많아 여기도 대기표를 받고 순서대로 사용하도록 되어 있다. 특히 날씨가 궂은 날은 복지센터 안에서 대기하는 인원들로 그야말로 발 디딜 틈이 없다.

오전 7시 반, 서울 이촌동의 한 성당 앞에 노인들이 긴 줄을 만들었다. 노인들은 무언가를 받고 황급히 발길을 돌린다. 그들의 손에는 500원짜리 동전 하나가 쥐어져 있다. 백여 명에 가까운 노인들이 성당에서 한꺼번에 나와 300여 미터 떨어진 서울 반포동의 한 공원에 도착했다. 아침 8시 반인데 9시 반부터 돈을 나눠 주기 때문에 아직 한 시간가량 남았지만 어디가 끝인지 알 수 없을 정도로 이렇게 긴 줄이 벌써 만들어진 것이다. 날씨가 워낙 춥다 보니 바닥에 신문지와 박스를 깔고 앉아서 기다리고 있다. 자리 잡기 경쟁이 치열해 싸움이 벌어지기도 한다.

또다시 노인들은 500원을 주는 곳을 찾아 뿔뿔이 흩어진다. 신촌, 이대, 아현동, 서대문, 연신내 등지에서 비슷한 일이 벌어진다. 이곳 저곳 돌아다니며 받는 액수는 천차만별이다. 능력껏 받는 셈인데 하루 7000~8000원 노인들에게 이른바 '짤짤이 순례길'로 불리는 행사다.

매주 배식과 용돈 봉사를 하는 종교단체들은 지하철역과 가까운 곳에 있는데 여기에는 이유가 있다. 거동이 힘든 가난한 노인들이 무료로 지하철과 교외선을 타고 올 수 있기 때문이다. 노인들은 돈을 받은 즉시 다른 곳으로 이동한다.

오전 10시에 돈을 나눠 준다고 하면 대부분의 노인들은 9시 이전부터 교회 앞에서 진을 치고 기다린다. 최대한 빨리 돈을 받고 다른 곳으로 이동하기 위해서다. 게다가 요즘에는 젊은 노숙자들도 '동전 받기' 대열에 끼어들어 경쟁이 더 치열해졌다. 제각기 다른 사연을 안고 거리로 나선 어르신들의 수첩에는 '공짜 동전 주는 곳 리스트'가 빼곡하게 적혀 있다.

최근 교회나 성당 등 종교단체의 무료 배식 현장을 찾으면 대개 60~80대 노인들이다. 종교단체가 1997년 외환위기 때 동전을 나눠 주기 시작한 게 벌써 20년이 흘렀다. 대상자도 실직자에서 노년층으로 바뀌었다. 20년이 지난 지금은 교회를 찾는 노숙인은 많이 없어졌다. 그 자리를 가난한 노인들이 대신하고 있다.

우리가 이런 나이가 됐을 때 '짤짤이 순례길'의 등장인물이 되어서는 안 된다. 물론 이런 곳에 나오는 사람들이 모두 자립을 할 수는 없겠지만, 이렇게 대가 없는 소득으로 생활을 영위한다는 것은 절대로 바람직한 모습이 아니다.

노인들은 역할을 상실했기 때문에 누군가가 보조해 주어야 생활할 수 있다고 이론적으로 주장할 수는 있다. 하지만 복지제도로 해결하는 데는 한계가 있을 수밖에 없다. 서울 시내에서 전철을 타고 여러 곳을 순회하며 이렇게 줄을 설 정도라면 적어도 자신의 생계는 스스로 해결할 수 있는 활동력은 있다고 판단할 수 있다. 단지 나이가 많다는 이유로 이런 행동이 합리화될 수는 없는 것이다. 70, 80의 나이에도 사업 실패를 딛고 재기하는 많은 이들의 사례에서도 알 수 있다. 활동 능력이 있는 노인조차도 자립심을 상실하게 하고 의존성만 부추기는 제도적인 문제도 크다고 본다.

자신이 하고 싶은 일을 하며 단 한순간도 앓아눕지 않고 신발을 신은 채로 죽고 싶다는 떳떳한 노인들이 활발하게 활동하는 사회가 되었으면 좋겠다. 사실 이런 제도가 없는 시골에서는 80, 90세 노인들도 무엇인가 일을 하며 스스로 생활하고 있는데, 시사하는 바가 크다.

부모님과 나누기

내가 살고 있는 주막집 앞에 노인 요양원이 있다. 시설이 잘되어 있고 관리도 잘해서 근방에서 꽤 유명하다. 입주 대기자가 줄을 설 정도다.

그런데 이 요양원에 격주로 면회를 오는 자녀들이 있다. 두 명의 누이와 남동생 한 명인데 주로 세 명의 자녀가 격주로 일요일에 면회를 와서 점심시간부터 저녁시간까지 어머니와 같이 보낸다. 이들은 저녁 수발을 들고 나서 주막에 들러 식사를 하고 간다. 간혹 세 명 중 한 명이 못 오기도 하고 가끔은 큰 누나와 작은 누나의 가족 모두가 같이 면회를 오기도 한다. 두 누이는 출가를 해서 자녀들이 고등학생과 대학생 정도로 보였고, 막내 남동생은 결혼을 하지 않고 혼자 지내고 있다고 했다.

그런데 세 명 모두 살림살이가 그리 넉넉해 보이지는 않았다. 특히 혼자 살고 있는 남동생은 성격이 활발하고 누나들에게 깍듯해서 보기가 좋았지만, 사십이 넘어 혼자 살고 있는 모습에서 궁색함이 언뜻언뜻 보이기도 했다. 음식을 주문할 때 양을 좀 넉넉하게 해 달라고 해서 남는 음식은 남동생이 포장을 해 갔다. 처음 그런 일이 있고 나서 다음부터는 으레 음식을 좀 넉넉하게 해 주었고 항상 남은 음식을 싸 가곤 했다.

많은 가족들이 오는 날은 거의 큰 누나의 남편이 계산을 한다. 그런데 타고 오는 차량이나 옷차림으로 미루어 보건대 그리 넉넉해 보이지는 않았다. 그래서 세 자녀들에게 어머님 병원비는 어떻게 하느냐고 물어봤다. 세 명이 같이 부담한다고 했다. 예전 같으면 아들이 어머님을 모시는 것이 당연하지만 지금은 그러지도 않고 특히 아들은 미혼이어서 누나들이 같이 어머니를 모시게 되었다.

처음 요양원으로 어머니를 모실 때는 어머니의 반대가 심했다고 한다. 독신 아들이 직장생활을 하면서 치매노인을 모시는 것이 현실적으로 너무나 힘들어 누나들과 상의해서 요양원으로 모시기로 했는데 어머님이 반대를 한 것이다. 그래서 아들은 일주일에 한 번씩 요양원 체험을 해 보기를 어머니에게 권했다. 실제로 가서 식사도 해 보고 시설도 체험하면서 서서히 요양원과 익숙해지는 과정을 거쳐 요양원에 모셨다고 했다.

상태가 심해져서 우리 집 앞의 요양원으로 다시 옮기게 되었는데 누나들 외에 가족들은 더 부담스러운 상황이 되어 버렸다. 두 누나의 남편들은 사실 생각지도 않았던 장모님의 병원비를 부담하고 면회까지 다니게 된 것이다. 물론 며느리나 사위도 같은 자식이라 생각하고 그렇게 지내는 가족들도 많지만 그래도 사위 입장에서는 자기 자녀들의 교육비와 장모님의 병원비까지 감당하는 것은 아무래도 부담이 될 것 같아 보였다. 물론 계산을 하는 큰 사위나 같이 온 둘째 사위가 면회를 부담스러워 하거나 병원비를 부담스러워 하는 내색을 보이지는 않았지만 대부분은 그렇지 않을 것 같다는 생각이 많이 들었다.

우리가 경제활동을 하는 동안 모아 둔 자산은 수명이 연장되면서 대부분 자기들만을 위해 사용하기에도 부족할 것이다. 우리도 부모님과 같이 생활한 지가 한 3년 되는데, 시골살이를 하니까 우리 부부의 생활비 지출은 서울에서보다 분명 줄었다. 그런데 부모님 관련 경비는 오히려 더 늘었다. 가까이 왔다고 특별히 용돈을 더 많이 드리는 것은 아니지만, 우선 김장 비용은 전보다 훨씬 많이 든다. 일년에 두 번인 부모님 생신과 두 번의 제사, 두 번의 명절, 어버이날, 절에 다니시는 어머님의 등값, 서울에 있으면 몰라도 될 부모님 친구분들의 관혼상제 등등의 지출이 총 지출에서 차지하는 비중이 상대적으로 커진 것이다. 우리 부부 생활비가 줄어들어 총 생활비는 줄어들었는데 부모님과 관련된 경비는 더 늘어난 것이다.

수명 연장으로 우리의 노후 생활만 길어진 것이 아니고, 부모님들의 노후도 같이 길어진 것이 문제의 본질이다. 부모 세대는 자신의 노후는 당연히 자식들이 책임져 주는 것이었기에 대부분 그럴듯한 은퇴자산은 생각지도 못했다. 결국 자녀들이 자기 자신을 위해서 쓰기에도 부족한 노후 자금을 부모님과 같이 나누어 쓰거나 아예 부모님의 어려움을 외면해야 하는 상황이 된 것이다. 위에서 말한 사례는 정말 우애가 좋은 형제들의 이야기이다.

아내의 환갑

얼마 전 아내의 환갑이었다. 아내와 결혼할 당시 장인·장모님과 내 부모님도 환갑 전이었다. 장인, 장모의 환갑 잔치는 꽤 성대하게 치렀다. 원래 처가 쪽 가족들이 많아서 여러 처가 친지들이 모두 모여 잔치를 했다. 당시 결혼 초여서 우리 부부가 장인·장모님께 해 드린 것은 형제들이 십시일반하여 잔치 비용을 부담한 정도였다.

이후 장인, 장모보다 연배가 연하였던 부모님 환갑이 있었다. 서울에 있는 호텔에서 아버지의 환갑잔치를 시골에 있는 친지들과 내 지인들이 모여 성대하게 했다. 마침 내가 지점장으로 승진한 시점이어서 경제적으로도 여유가 있던 시절이다.

3년 뒤 어머니의 환갑잔치가 아버지만큼은 아니지만 나름대로 격식을 갖추어 치러졌다. 그리고 장인, 장모의 칠순잔치와 부모님의 칠순잔치, 장인의 팔순잔치와 부모님 팔순잔치, 장인의 구순 행사까지 치렀다. 그런데 나보다 6개월 생일이 빠른 아내의 환갑은 오로지 우리 부부만 알고 지내는 행사가 되고 말았다.

결혼해서 분가한 외아들 내외는 환갑 당일 오후 늦게 며느리가 만든 케이크를 들고 집에 왔다. 그리고 바로 옆에 살고 있는 어머니를 모시고 외식을 하러 가족이 차를 타고 이동했다. 며느리 생일을 정확히 기억하지 못했던 어머니는 손자 내외가 왜 왔는지 궁금해 하다가 식당에서 나누는 대화를 듣고 집에 돌아와서 슬며시 봉투를 하나 주었다. 며느리 생일 선물이란다.

내가 장남이고 밑으로 세 명의 동생이 있는데 내 형제들 사이에서는 내 아내가 첫 번째로 환갑을 맞았다. 그것을 알리면 앞으로 환갑마다 형제들에게 어떤 모델을 만들 것 같아서 번거로운 것을 좋아하지 않는 나와 아내도 그냥 조용히 넘기기로 한 것이다.

그런데 정작 아들 내외는 그 이후로도 오랫동안 아내의 환갑을 눈치 채지 못했다. 사실 나라도 귀띔을 해 주고 싶었지만 더 민망해 할 것 같아서 입을 꼭 닫고 있는데 아내는 서운한 눈치다.

아들 내외가 대기업을 그만두고 나와서 스타트업 초기 단계라 금전적으로 어렵다고 생각한 아내는 오히려 아들 내외가 부담스러워 할까 봐 그냥 넘겼으면 한다고 내게 얘기했다.

외아들이라 아내는 아들에게 많이 집착했었다. 아들이 결혼할 때도 내 반대를 무릅쓰고 별도의 금전적 지원도 해 주고 결혼 후에도 여러 번 어렵다고 하는 아들에게 돌려받지 못할 돈을 꿔 주었다. 그런데 정작 아들 내외의 아내에 대한 생각은 그렇지 못한 것 같다.

환갑을 전후해서 아내는 아들이 결혼한 직후 장모 환갑에 100만 원을 주었다는 이야기를 기억하고 있었다. 내리사랑이라는 말들을 한다. 부모가 준 만큼 자식들이 돌려주지 못할 것이라는 뜻일진대 그래도 서로 챙길 것은 챙겨야 한다. 적어도 환갑이나 칠순 같은 행사는 누가 경비를 지불하든 기억이라도 하는 것이 중요한 것 아닐까. 아내는 사돈과 비교해서 못 받은 것보다 아들 내외가 기억해 주지 않는 게 더 서운할 것이다.

우리는 부모 세대와 같이 늙어 가고 있다. 그러나 부모들이 늙는 동안에 자식으로서 우리가 했던 것들을 우리는 자식들로부터 받아 누리기 힘들 것이다. 그러니 자녀들과의 관계에서 이렇게 한없이 주면서 작은 것에 서운해 하는 태도를 지양하자.

주는 것도 정도껏, 기대하는 것도 정도껏 하는 태도로 살아 보는 것이다. 너무 삭막하다, 야박하다 할 수 있다. 하지만 우리가 살아갈 날이 너무 많이 남았다. 그래서 제안하는 것이다.

칠순 잔치는 기대할 수 있을까? 아니면 팔순 잔치는 기대할 수 있을까? 기억도 못하는 아들 내외에게 기대하지 말고, 우리 부부는 우리끼리 잘해 보기로 했다. 그래서 6개월 뒤 내 환갑에는 부부 합동 환갑 기념으로 세계일주 여행을 떠나기로 했다.

20여 년 전 가입한 개인연금에서 환갑 기념 축하금이 나온다. 이 돈은 아들 내외에게 주지 않고 우리 둘만 쓰기로 했다. 세계일주를 하며 보란 듯이 쓸 것이다.

연금 수령자가 이렇게 갑일 줄이야

공무원 은퇴자를 대상으로 상담을 해 보면 이들도 은퇴 후 가장 두려운 것이 경제적인 문제라고 한다. 물론 은퇴 전 소득에 비해 은퇴 후 수령하는 연금액은 매우 적을 수 있다. 하지만 이를 단순하게 은퇴 전 소득과 비교하지 말고 일반 은퇴자들과 비교해 보자고 답한다. 연금과 같은 안정적인 소득원으로 우리는 임대소득이나 이자소득을 생각해 볼 수 있다. 그런데 33년 공무원 연금의 수급 최고 조건을 충족한 일반 공무원들이 퇴직 후 받게 되는 연금은 일반적으로 월 300만 원 정도이다. 이를 연간으로 환산해 보면 3600만 원이 된다.

이만큼의 세후 수입을 임대소득으로 얻으려면 임대 수익률을 연간 3% 정도로 가정할 때 12억 원 정도의 건물이 필요하다. 물론 임대를 위한 일반 관리비나 세금 그리고 기타 사회보험료 등을 고려하면 액수가 달라질 수 있다. 이를 금융기관에서 이자로 받는다면 금리를 2.5% 정도 예상했을 때 15억 원 정도를 예금해야 한다.

그런데 60세에 정년퇴직하는 공무원들의 친구 중에 과연 이 정도의 금액이나 빌딩을 순수한 은퇴자산으로 가지고 있는 사람이 몇이나 되겠느냐고 묻는다. 그러면 그때서야 연금의 가치를 조금은 인정한다.

그런데 실제 퇴직자들을 만나 보면 연금 수령자들의 생활이 가장 여유롭다. 금융자산가나 임대소득자들은 안정적이지 못하다. 이를테면 금리나 부동산 경기 등에 영향을 받기도 하고, 주변 가족들의 등쌀도 무시할 수 없는 무언의 압력이 된다.

친구 중 한 명이 공무원으로 정년퇴직했다. 한동안 부동산 중개업을 하다가 갑자기 개인택시를 인수했다. 3일 중에 이틀을 운행하는데 그렇게 재미있을 수 없다면서 연금 수령자들에게 이만한 은퇴생활이 없다고 했다. 연금액에 택시 수입까지 합치면 부부가 각자 그리고 함께 좋아하는 일들을 즐기면서 남부럽지 않게 지낼 수 있다는 것이다. 일도 자신이 하고 싶은 대로 조절하면서 할 수 있다고 했다.

그 친구가 젊은 시절에는 공무원이라고 항상 경제적으로 뒷줄에 서곤 할 때 사업을 하는 친구들이 스폰서가 되고 모임을 주도하곤 했었다. 그런데 퇴직 시점이 되고 보니 사업을 했던 친구들은 사업의 부침으로 경제적으로 어려워져 일용직을 하는 이도 있다. 한 친구는 정년이 될 때까지 다니다가 퇴직했지만 국민연금이 유일한 노후 대책이다. 그것도 62세나 되어서 공무원 연금액의 반도 안 되는 금액이 나온다고 그 친구를 부러워했다.

한 친구는 고등학교를 졸업하자마자 공무원이 되었다. 정년까지 열심히 근무해 지방 도시의 구청장까지 되었다. 정말 출세한 것이다. 정년을 1년 앞두고 연말에 명예퇴직과 공로연수를 선택하는 시점이 되었다.

공로연수는 1년간 일정액의 급여를 받으면서 집에서 생활하는 특혜를 주는 것이다. 명예퇴직은 일정액의 명예퇴직금을 받고 즉시 퇴직하는 것이다. 그런데 일반적으로 생각하면 급여도 받고 일년간 공무원 신분이 유지되는 공로연수가 더 좋을 것 같은데, 그 친구는 명예퇴직을 선택했다. 이유를 물어봤더니 40년 가까이 직장생활을 하며 특히 말년에는 고위직으로 근무하며 여러 의사결정을 했는데 그 일들 중에 만에 하나 자신이 잘못한 것이 있어서 공로연수 기간 중에 문책을 당하면 공무원연금 수령에 문제가 생길 수도 있다는 것이다.

몇 십 년간 직장생활을 해서 남게 된 유일한 자산인 연금을 받지 못할까 봐 명예퇴직을 선택했다는 것이다. 실제 퇴직 후 언론에 오르내리는 많은 공직자들을 보면서 이 친구의 선택이 이해가 되었다.

농업기술센터에서 만난 공무원 퇴직 선배들은 현재 사업을 하고 있는 동기생들을 제외하고는 가장 씀씀이가 좋고 모임에서 스폰이 되는 경우가 많다.

노후 소득원으로 연금이 좋지만 그중에서도 공적연금은 사적연금에 비해 여러 가지 면에서 유리한 측면이 있다.

우선 종신형이라는 점이다. 두 번째는 물가 상승률이 반영된다는 것인데 정액 정기연금이나 금융소득으로 노후 생활을 하면 그 끝이 두려워 연금액을 원하는 대로 지출하지 못하는 경우가 많다. 하지만 공적연금의 경우에는 자신이 사망한 이후에도 배우자에게 유족연금이 나오고 물가가 오르는 만큼 연금금액이 보정된다는 것이 정말 좋은 점이다. 그래서 연금을 수령하면 이 돈을 자신이 쓰고 싶은 곳에 마음대로 쓸 수 있다는 것이다. 하지만 기간이 정해지고 연금 액수가 일정한 사적연금의 경우에는 연금이 끝나거나 정액연금의 가치가 감소할까 봐 연금액을 자신을 위해 쓰기보다는 다시 미래를 위해 저축해야 하는 모순에 빠지게 된다.

오래전 일이기는 하지만 일본에서 꽤 유명한 100세가 넘은 쌍둥이 자매가 방송에 출연해서 방송 출연료를 어디에 쓸 거냐고 질문했더니 노년을 위해 저축한다고 했다. 100세 이후 노년을 위해서도 저축이 필요한 것이다. 이는 정기적인 소득이 없는 이들의 가장 큰 걱정거리가 무엇인지를 잘 보여 준다.

바람직한 은퇴라 할 만한 10가지 경우

1. 결코 은퇴하지 않고 자신의 분야에서 교수로 직무 연장하기

그는 같은 회사의 입사 6개월 후배였다. 내가 임원으로 본부장을 하고 있을 때 그는 나보다 몇 해 늦게 CFP 자격증을 따서 내가 만든 재무설계센터의 웰스매니저를 하고 있었다.

내가 회사를 나와 자산관리회사를 하고 있을 때 사무실로 찾아와서 진로 상담을 하곤 했다. 내가 대학원을 다니는 것을 알고 석사과정에 입학해서 학위를 마치고 다시 대학원에서 박사과정에 입학했다. 그는 내가 예전에 하던 CFP 강사로도 꽤 유명해서 여러 교육기관의 전문강사로도 활동하고 있었다. 내가 대학 교수를 하고 있는 동안 박사과정 재학 중인 그를 외래교수로 초빙해 학교 강의를 맡겼다.

그가 55세 정년퇴직을 하는 날 남들과 달리 회사의 공식적인 행사는 아니지만 후배들이 마련해 준 퇴직기념식장에는 회사 후배들과 외부 교육기관의 많은 담당자들이 참석해 새로운 출발을 축하해주었다. 당시에 박사학위 재학 중이었는데 성실함을 바탕으로 퇴직 다음 해에 학위를 받았다. 그리고 본인이 학위를 받은 대학의 서울 캠퍼스의 대학원 교수로 임용되었다.

그는 자신과 함께 근무했던 많은 후배들을 석사과정과 박사과정에 입학시켜 진로 가이드가 되기도 했다. 55세에 정년퇴직해 잠깐 동안 본인 업무와 연관이 있던 회사의 교육 담당자로 근무한 것을 제외하고는 주로 강의를 하다가 다시 대학교수로 65세 정년까지 재직할 수 있는 새로운 경로를 찾은 것이다.

한 후배는 대전에서 부동산 감정평가사로 직장생활을 하는 동안 학위를 받았고 전공 관련 학회 활동을 열심히 했다. 그러다가 지인의 소개로 원주에 있는 대학의 부동산학과 교수로 임용되었다. 당시에 후배는 40대 후반이었는데 스트레스를 많이 받는 직장보다는 소신껏 일할 수 있는 대학교수로서 자신의 분야에서 새로운 경로를 만들고 있다.

모 공사에 다니던 한 친구는 정년퇴직을 하고 인천시 산하 연구소장으로 근무했다. 2년의 임기를 마치고 다시 부산에 있는 대학의 관광학과 교수로 채용되었다. 그때가 57세였는데 65세 정년까지 계산해 보니 8년 이상을 대학교수로 재임할 수 있었다. 비록 서울과 부산을 오가는 주말 부부이지만 해외 주재원으로 생활할 때 부부가 떨어져 지냈던 그때 그 시절로 돌아간 느낌이라면서 그런 생활 자체를 즐기고 있다

한 선배는 모 경제연구소가 주관하는 CEO 등산 모임에서 버스 옆자리에 앉았던 인연으로 알게 된 분인데, 삼성에서 근무하다가 원주에 있는 대기업에서 운영하는 리조트 대표로도 근무했다. 그 후 국내 굴지의 건설사 대표로 재직 중이었다. 선배가 자신의 은퇴 상담을 위해 초대한 타워팰리스에서 자신의 인생 이력을 자세히 설명해 주었다. 건설사로 오기 전에 리조트 사장으로 있었는데 고향 이웃집에서 생활하던 고향 선배가 전문 경영인으로 자신의 회사를 맡

아 달라고 부탁해서 그 회사에 오게 되었다며 이 회사에서 오래 근무하게 될 것 같다고 했다.

향후 삶에 대한 몇 가지 조언과 팁을 드리고 돌아온 지 얼마 되지 않아 뜻밖의 소식을 듣게 되었다. 만나자고 해서 약속 장소에 갔더니 회사를 그만두고 지방에 있는 대학의 교수로 가기로 했다는 것이다. 그 회사에 가게 된 경위나 오너와의 관계를 알고 있기 때문에 회사를 그만둔다는 것이 이해가 되지 않았다. 당시 나는 대학교수를 그만두고 양조장을 하려던 시점이라 더더욱 이해가 되지 않았다.

그런데 선배는 어렸을 때부터 꿈이 대학교수였고 그동안에도 직장생활하는 동안 취득한 박사학위로 대학에서 겸임강사로 강의를 하고 있었다고 한다. 마침 그 학교에서 전임을 맡아 달라는 부탁을 받고 전임 대학교수를 하고 싶은 자신의 꿈이 실현될 수 있을 것 같다는 것이다. 그래서 회사를 맡겼던 선배에게 양해를 구하고 대학교수로 가기로 했다고 한다.

2. 누구에 의한 은퇴가 아니라 스스로 오너가 되어 새로운 사업 시작하기

동기 중의 한 명인 한 친구는 대학 시절 ROTC 병영 훈련장에서 알게 되었다. 3학년, 4학년 여름방학 동안 4주간 문무대에서 진행하는 훈련 기간 동안 학교는 다르지만 같은 중대에서 생활한 인연이 깊은 친구였다. 그런데 이 친구를 다시 만난 것은 학교 졸업하고 20여 년이 지나서 모 경제연구소가 주관하는 조찬 모임에서였다.

한 달에 한 번씩 장충동의 특급호텔에서 조찬 모임을 진행하는 담당자가 바로 이 친구였다. 처음에는 만난 지 너무 오래되어 기억이 나지 않았는데 몇 차례 모임에 참석해서 여러 사람들로부터 이야기를 듣고 보니 바로 그 친구였다. 학생 시절에도 아주 특별한 친구로 기억에 남아 있었는데 대한민국 조찬 모임 중 손꼽힐 만한 행사를 주관하는 데 막힘이 없었다. 참석자들도 칭찬을 많이 했다.

상무에서 전무로 승진하는 과정을 옆에서 지켜볼 수 있었는데 어느 날 이 친구가 퇴직하게 되었다는 소식을 접했다. 퇴직하고 천안에 있는 의료기기 회사의 대표로 근무한다고 했다. 그 후 다시 서울에 있는 연구소의 대표로 재직하기도 했던 친구는 결국 자신의 회사를 만들고 새로운 분야의 사업을 시작했다. '나를 깨우는 5분'이라는 주제로 고전을 동영상으로 제작해 SNS를 통해 서비스를 제공하고, 대학과 기업에서 교육을 진행하는 자신만의 새로운 사업체를 운영하고 있다.

한 선배는 같은 회사에서 근무하면서 텔레마케팅TM 분야의 업무를 총괄하다가 명퇴로 회사를 나갔다. 그 이후 TM 사업을 시작했고 한창 붐이 일던 TM 아웃소싱 사업을 여러 곳으로부터 수주를 받아 의외로 빠른 시간 안에 사업의 기반을 굳힐 수 있었다.

로타리클럽 활동을 하며 만난 한 친구는 건설사의 경리부에서 근무했다. 손재주가 좋았던 그 친구는 소품으로 제작해 본 바이올린에 푹 빠졌다. 바이올린을 몇 개 제작하다가 회사를 나와 바이올린 제작과 수리를 하는 공방을 열었다.

그런데 악기 수리를 맡기러 온 사람들이 기술이 괜찮은지를 보기보다는 어디서 배웠는지 자꾸 묻는 것을 보고 이태리에 가서 악기 수리를 제대로 배워 보고 싶었다고 한다. 가족의 생계만을 유지할 수 있는 최소한의 경비만 남겨 두고 부인의 양해를 구한 뒤 이태리로 유학을 떠났다. 이태리 말도 몰랐던 그 친구는 그야말로 고생고생하며 도제로 악기 수리 기술을 배워 왔다. 지금은 우리나라 최고의 현악 연주자들의 악기를 직접 수리하는 전문가로 성장했다.

아빠의 유학으로 어린 시절 어려운 시기를 보냈던 아들도 악기 수리를 배우기 위해 이태리에서 유학 중이다. 친구는 아들에게 가업을 물려주고 싶었는데 그 원대로 되어 가는 것이다.

3. 새로운 사업을 준비하기 위해 10년 전 조기 은퇴하기

내가 본 직장인 은퇴식으로는 가장 화려한 은퇴식을 했던, 사회에서 만난 동생이 있다. 세무대학을 나와 세무공무원으로 재직 중이었던 이 동생은 퇴직 10년을 남기고 과감히 퇴직을 선택했다. 동기들 중에 가장 승진도 빨랐고 여러 선후배들로부터 사랑받았던 이 친구는 안정적이고 틀에 박힌 공무원 생활이 너무 지루해서 자신만의 사업을 해 보고 싶다고 했다.

그래서 선배가 세무서장으로 있는 직장에서 선배가 후배를 위해 퇴직행사를 해준 것이다. 세무서의 많은 선후배 직원과 가족을 비롯해 지인들을 초청해 정말 의미 있는 퇴임식을 진행했다. 그런데 퇴임식을 진행하는 그 시점에 벌써 이 친구는 새로운 사업 구상을 마쳐 놓고 있었다. 고위직으로 퇴임하는 자신의 선배들을 스카우트하기 위해 사무실 공간을 마련하고, 후배들을 위해서도 공간을 준비했으며, 상당수의 선후배들이 동참하기로 이미 약속이 되어 있었다.

사무실 인테리어는 평소 알고 지내던 우리 모임에서 방송국 미술 감독 출신의 조언을 받아 내가 찍은 사진들 중 몇 작품을 벽지로 사용해 여의도에 멋진 사무실을 꾸미고 개업했다. 기존의 세무사 사무실과는 차별화해 세무 컨설팅을 주력으로 하는 새로운 비즈니스 모델을 만들었다. 얼마 지나지 않아 강남에 2호점을 내는 등 사업 수완을 발휘하고 있다.

동갑인 한 친구는 탤런트 이순재 씨가 원장으로 있는 MBC칼프라는 모임에서 만난, 대구에서 사업을 하는 친구이다. 삼성에서 연구원으로 근무하다가 나와서 삼성 납품업체로 사업을 시작했지만 갑을의 관계가 부담스러워 자체 기술로 새로운 제품을 생산하는 사업 변신을 꾀했다. 블루투스를 사용하는 이어폰을 개발하는 사업이다. 엄청난 기술개발비를 투자해 외국 제품에 뒤지지 않는 품질로 국내 판매뿐 아니라 해외 수출까지 하고 있다.

같은 회사에서 상품 개발을 담당했던 한 후배는 40대 중반에 명퇴로 회사를 나와 보험소비자연맹을 만들었다. 보험계약을 자기의 의도와 다르게 해석하는 회사에 대항하기에는 힘이 부치는 많은 보험소비자의 권익을 보호하는 단체이다. 초기에는 보험소비자 중심으로 활동하다가 점차 범위를 넓혀 은행, 증권·카드사, 저축은행까지 확대해 공정한 금융 시스템을 확보하고 소비자의 정당한 권리를 찾는 데 힘쓰고 있다.

교육기관에서 영업을 담당했던 한 지인은 IMF 직후 교육기관을 나와서 국내 금융회사들의 글로벌화에 관심을 갖고 금융자격증 도입에 관심을 가지게 되었다. 같은 교육기관에서 근무하던 동료 몇 명과 같이 그 당시만 해도 국내 자격증과정 정도에 머물러 있던 재무설계Financial Planning 분야에 국제적인 자격증을 도입하기로 결심했다.

협회를 만들고 관심을 가질 만한 금융기관을 찾아다니면서 회원 확보에 힘썼다. 금융업계에서 지명도가 높은 시중 은행 회장 출신 인사를 회장으로 영입하고 은행, 증권·보험사를 대상으로 마케팅을 전개했다. 2000년 AFPK라는 자격증을 시작으로 2002년 CFP 자격제도를 시행했다.

초기에는 금융기관 중심으로 회원을 많이 확보해 금융 종사자의 수준을 한 단계 높이는 데 기여했다. 그 후에는 금융기관 입사를 희망하는 대학 학부에 과정을 개설했다. 금융기관 직원들이 어느 정도 자격증을 갖게 된 이후 금융기관 입사를 희망하는 대학생들의 필수 자격증으로 각광받으면서 다시 한번 도약했다. 최근에는 자격증 이외에 다양한 교육 사업을 병행하며 빌딩을 소유한 협회의 실질적인 오너로 활동하고 있다.

4. 조기은퇴하고 새로운 경력 쌓기

우리 동네에 경찰지구대가 있다. 옛날 지서 자리가 지구대로 바뀌면서 하루에 몇 번씩 순찰차로 순찰을 다니는 식으로 치안이 바뀌었다.

하루는 주막 앞에 순찰차가 서더니 경찰관이 주막에 들어왔다. 얼마 전 주막에 좀도둑이 들어 신고한 적이 있는데 혹시 그 일 때문에 방문했나 싶어 기다렸더니 자기가 지구대장이라며 인사를 했다.

자기가 원래 목공을 좋아하는데 우연히 주막에서 얼마 떨어지지 않은 내 막내동생 집 앞에서 목공을 하고 있는 막내동생을 만났단다. 자기가 목공을 좋아하고 퇴직한 뒤 목공 일을 하고 싶다고 이야기했더니 큰형이 저 밑에서 주막집을 하고 있는데 행복한은퇴연구소장이니까 한번 만나 보라고 해서 왔다는 것이다.

그는 자기의 미래에 대해서 상담을 해 보고 싶다고 했다. 자기는 원래 목공을 좋아해서 오랫동안 목공 작업을 해 왔는데 이제는 전문적으로 해보고 싶다고 했다. 자기가 목공 일을 좋아한다는 이야기를 듣고 공사 현장에서 괴목이나 나무뿌리 등이 나왔다고 연락을 주면 자기가 차로 실어다 자기 집 마당에 작업실을 차리고 작업하고 있다고 했다. 그런데 앞으로 퇴직까지 십년 정도 남았는데 그동안 계속 근무를 할 것인지 아니면 지금 당장이라도 그만두고 하고 싶은 일을 할지 고민 중이라는 것이었다.

현재 만들어 놓은 작품도 꽤 여러 점 있고, 대형 탁자로 쓸 만한 작품들도 만들고 있다고 했다. 이것들이 당장은 큰돈이 되지는 않겠지만, 점차 금전적인 소득도 기대한다고 했다. 그리고 십년 정도 이 분야에 집중하면 십년 후에는 지금보다 경제적으로나 생활 만족도 측면에서 훨씬 좋을 것 같다고 했다. 사실 내가 해줄 말이 별로 없었다. 그 사람이 생각하는 것이 내가 생각하는 것과 다르지 않았기 때문이다.

지금 당장 공무원을 그만두면 경제적으로 어려운 점은 일부 있겠지만, 십년 동안 자신이 좋아하고 하고 싶어 하는 새로운 분야에 집중하는 것은 모험이기는 해도 한 번은 도전할 만한 일이라고 조언을 해주었다.

5. 그 일을 너무 사랑하기 때문에 은퇴 시점에서 자신이 좋아하는 일로 재근무 협상하기

학교 동기 중에 장기 군 복무를 했던 한 친구는 공병으로 복무하다가 중령으로 예편했다. 퇴직 후 군 시설을 건축하는 회사에 취업했다. 창원에 있는 큰 부대가 이전하기 위해서 벌인 큰 공사가 2년 이상 진행되는데 이 사업의 현장소장으로 다시 근무하고 있다.

한 선배는 은행 부행장으로 근무하다가 관계사의 대표로 부임했다. 엔젤 투자를 하는 투자 자문사였는데 일정 기간이 지나 이 회사의 부회장으로 자신의 직위를 바꾸고 전문 경영인을 두고 자신도 아직 회사에 출근하고 있다.

6. 자신의 일 중에서 가장 나쁜 부분은 제외하고 최고의 부분만으로 파트타임으로 일하기

회사 생활하는 동안 프로젝트 진행을 위해 미국 금융기관 연수를 간 적이 있다. 그 사무실에는 시니어 컨설턴트 공간이 따로 있었다. 그들은 일반 컨설턴트와는 다르게 근무 시간이나 일인당 소화해야 할 목표가 부여된 매우 유연한 근무제로 일하고 있었다.

금융 컨설턴트들에게 가장 힘든 일 중 하나가 주간 계획을 세우고 그 목표를 주간마다 달성했는지를 평가하는 과정이다. 시니어 컨설턴트들은 이미 이런 과정을 수없이 반복하여 습관화가 되어 있고, 나름의 생산성도 유지하고 있으므로 인생의 여유를 즐길 수 있는 자기만의 시간이 필요하다고 인정을 해주는 것이다. 그래서 그들은 자신이 출근하고 싶은 시간에 출근하고, 하고 싶은 만큼의 성과만 내면 되었다. 다만 이들도 사무실 유지를 위한 최소한의 성과 목표는 달성해야 한다.

한 대학 선배는 MBC 방송국 기자였다. SBS가 생기면서 이적해 북경아시안게임 중계방송을 진행했다. 볼링이 한창 인기를 끌던 시기에 볼링 중계방송을 하다가 골프 채널이 생기면서 골프 전문 아나운서로 이름을 알렸다. 정년 이전에 퇴직을 하고 모교에서 지은 골프장 사장으로 부임했다. 골프장 허가와 오픈까지 마치고 초대 사장으로 부임했다. 지리적으로 서울에서 좀 멀다는 불리함을 극복하고 단체 팀들을 유치해 성공적인 운영을 해 나갔다.

그런데 자기를 밀어 주던 모교의 재단에서 여러 가지 문제가 발생해 결국 그 자리에서 물러나고 말았다. 그 후 본인이 근무하던 골프장 근처의 전원주택에서 텃밭 농사를 지으며, 방송국에서 필요한 시기에 골프경기 중계방송을 하는 프리랜서로 활동하고 있다.

7. 서서히 단계적으로 은퇴하기

독일계 자동차 부품업계에 근무하던 한 지인은 65세가 될 때까지 우리나라 자동차 업계가 진출한 여러 나라를 다니며 영업을 했다. 독일 회사 소속으로 탁월한 성과를 내던 지인은 65세에 사직하기로 하고 본사에 본인의 의사를 알렸다. 본사에서는 근무 조건을 종전보다 완화시키는 조건으로 재계약을 하자고 요청했다.

다시 3년간의 재계약으로 종전보다는 좀 수월한 업무 수행을 했다. 그동안 시간을 내기가 힘들어서 하지 못했던 부인과의 여행도 다녔다. 나도 그 부인과 지인이었던 아내를 통해 그 지인 부부와 해외여행도 같이하는 기회를 갖기도 했다. 추가 3년간의 계약이 끝나자 회사는 종전보다 더 나은 근무 조건을 제시하며 다시 1년 재계약을 요청했고, 1년간의 근무를 끝내고 70세가 다 되어서 은퇴했다.

8. 매년 특별한 기간에 또는 특별한 프로젝트를 수행하기 위해 은퇴를 되돌리기

내가 지점장을 하고 있을 때 매년 2월이 되면 재미있는 계약이 들어오곤 했다. 단체계약으로 우리 지점 한 달치 업적에 해당하는 계약이 들어오는 것이었다. 그 계약을 가져오는 사람은 오래전 회사에 있던 단체보험 설계사이다. 이제는 일반적인 업무는 거의 하지 않고 1년마다 재계약이 채결되는 이 계약만 관리하고 있었다.

1년에 한 번 단 한 건의 계약으로 일반 근로소득자의 연봉에 해당하는 수입을 올리는 것이다. 물론 그 계약을 체결하는 계약자인 그 기업은 이 설계사와는 특수한 관계에 있고, 이 사람이 아니고는 어느 누구도 이 계약에 접근할 수 없도록 관계가 형성되어 있었다. 계약을 위해 신경 써야 하는 며칠간을 제외한 시간들은 대부분 에베레스트 등 세계의 명산을 등반하는 전문 산악인으로 지내고 있었다.

다른 한 사람은 내가 인생의 멘토로 삼고 있는 분인데, 그의 전 직장은 중소기업을 총괄하는 공단이었다. 58세 정년퇴직 후 그는 자신이 일하던 분야의 컨설턴트로 변신했다. 그 일은 현직에 있을 때도 하던 일이다. 그런데 그는 그 일을 더 잘하기 위해 해외의 여러 곳을 다니며 직무 관련 지식을 쌓았고 퇴직 후에도 그 일을 계속하게 되었다.

처음부터 기업들이 그를 환영한 것은 아니었다. 회사의 대표를 만나 자신이 그 회사에 해줄 수 있는 일이 무엇이고 그것이 왜 필요한지 설명했다. 그리고 자신이 그 부족한 부분을 채워 주겠다고 제안했다. 그리고 자신에게 지급하는 급여는 컨설팅을 통해서 얻은 이익의 10%만 달라고 했다. 10개의 기업이 그 요구를 받아들였고, 그는 지금도 한 달에 열흘 일한다. 계약을 맺은 회사에 한 달에 한 번만 가서 컨설팅을 한다. 그렇게 해서 일반 직장인들의 연봉 10배에 가까운 소득을 올린다.

그는 1년에 많은 기간을 중국 운남성에서 차를 만들며 지낸다. 짬짬이 나와 같이 해외 출사도 간다. 동티베트의 많은 지역과 최근 다녀온 부탄 등지를 동반한 이가 바로 이 사람이다.

9. 은퇴한 후 유연한 계약을 통해 종전 업무와 관련된 과거 직장이나 계약된 조직을 위해 컨설턴트로 일하기

대학 동기였던 한 친구는 나와 같은 해에 제대하고 당시 처음 시작하는, 지금은 세계적인 회사가 된 전자회사에 입사했다. 24년간 그 회사에서 근무하다가 부장으로 명예퇴직을 했다. 이후 관련 부품회사에 스카우트되어 그 회사의 신제품 개발 업무를 맡았다. 초기 개발비용이 많이 지출되고 단기 성과가 없자 그 회사의 실제 오너였던 회장 부인의 견제로 분사를 했다.

다행히 분사한 회사에서 신제품이 크게 성공해 자신의 입지를 굳힐 수 있었다. 그러나 그 회사의 성장에 다시 이전 회장 부인의 간섭이 시작되어 결국 몇 년 만에 회사를 나오고 말았다. 회사 후배들의 도움으로 인천에 있는 새로운 부품회사에 고문으로 취업했다. 자신이 원래 근무하던 회사의 본사와 공장이 있는 지방에 한 달에 한 번씩 가서 자기 회사의 상품을 설명한다. 지금 고문으로 일하고 있는 회사에는 한 달에 한 번 출근하기로 해서 총 3일을 출근하는 조건으로 상당한 연봉을 받는다. 그야말로 대부분의 퇴직자들이 꿈꾸는 환상 같은 근무를 하고 있는 것이다.

대학선배 한 사람은 같은 과 출신으로 제대 후 바로 취업한 건설회사에서 임원까지 올라갔다. 현장소장으로 오래 근무했던 선배는 최근 정년퇴직을 하고 하청을 주었던 회사의 감리 감독관으로 근무하고 있다.

보험회사에 같이 근무했던 한 친구는 자기가 퇴직 전 담당했던 관계사의 교육 담당자로 재취업했다. 그 회사에서는 여러 곳의 대리점을 운영하고 있었는데 대리점을 순회하며 신입 직원들을 대상으로 교육을 해주는 업무를 맡았다. 이 일은 퇴직 전에도 하던 일이다. 은행이 방카슈랑스라는 보험 업무를 취급하면서 각 지점 창구 담당자들에게 보험교육을 시키는 조직이 필요해졌다. 물론 보험사에서 파견 교육을 나오기는 했지만 전속으로 진행할 교육 담당자들이 필요했던 것이다. 그래서 보험사 교육 업무를 하던 그 친구는 은행으로 스카우트되었다.

10. 은퇴한 후 예전에 다니던 회사와 관련된 고객의 회사 혹은 경쟁사를 위해 일하기

보험회사를 퇴직한 많은 이들이 상조회사나 보험 대리점 업계로 진출했다. 상대적으로 관리·영업 능력이 취약할 수 있는 이들 업계에서 관리자로 새로운 인생을 시작한 것이다. 퇴직 전 회사만큼의 복리후생이나 급여가 보장되지는 않지만, 자신들이 잘 알고 잘할 수 있는 일을 퇴직 전 근무하던 회사의 후배들과 같이 협조하며 일을 진행하는 것이 참 좋다고들 했다. 그들 중 일부는 옮긴 회사에서 임원으로 승진해 전 직장보다 더 좋은 조건으로 일하고 있다. 이곳에서 업무를 배워 독립해서 자신만의 회사를 차린 이들도 있다.

내가 선택할 은퇴 라이프스타일

똑같은 시간을 산다 해도 누구는 주인으로, 누구는 고용살이로 생을 산다.

미국에서 노예해방을 위한 남북전쟁이 끝나고, 주인들은 노예를 해방시켜 주었다. 그러나 많은 수의 노예들이 다시 주인을 찾아와 종전대로 살고 싶다고 했다.

남북전쟁을 승리로 이끈 링컨 대통령은 1865년 미국 전역에 노예해방령을 선포했다. 240년 동안 신대륙 경제의 밑거름 역할을 한 흑인 노예들은 기나긴 노예 생활을 마감하고 자유의 몸이 되었다. 그러나 법적 지위에 있어서만 자유의 몸이 되었을 뿐, 그들의 고달픈 삶은 전혀 바뀌지 않았다. 경제적으로는 전혀 나아진 것이 없었던 것이다.

노예해방 후 법적으로 더 이상 노예를 소유할 수 없게 된 백인 농장주들은 어쩔 수 없이 노예들을 풀어 주었다. 하지만 소위 그 해방이라는 것은 그동안 목숨 바쳐 수고한 흑인들을 아무런 보상 없이 자기 소유의 영지에서 쫓아내는 식이었다.

오랫동안 직장생활을 한 은퇴자들의 삶도 그 방식에 있어서는 노예생활을 했던 흑인들의 삶과 크게 다르지 않다. 정해진 시간에 출근해서 상사의 지시를 받으며 눈치를 보다가 퇴근하는 일상에서는 벗어났지만, 그렇다고 해서 자기 삶의 주인으로 살고 있다고는 생각하기 힘든 날들을 보내는 경우가 더 많기 때문이다.

근로자나 노예로 산다는 것은 결코 대단한 일이 못 된다. 하지만 근로자든 노예든 그래도 일을 하는 한 기본 의식주는 해결이 되었다. 그런데 해방이 되었다는 이유로 그전에는 농장에서 기거하며 일하던 노예들은 하루아침에 아무것도 없이 길거리로 나앉게 되었다. 퇴직자도 남은 인생은 많은데 가진 것은 적기 때문에 결국 다시 근로 조건이 어려운 새로운 근로자로서의 삶을 기대하게 된다.

노예해방의 실질적인 결과를 다시 보자. 아프리카 흑인 후예들은 자신의 의지와 아무런 상관없이 북미주에 끌려 와 노예 신분으로 농장에 예속되어 살았다. 노예해방 이후 무엇이 달라졌는가? 갈 곳 없는 빈민으로 바뀐 것뿐이다.

퇴직 후에 새롭게 얻은 일자리는 직장생활할 때처럼 보수나 복지가 보장되지 않는다. 그저 무늬만 근로자인 삶을 사는 것조차도 감사해야 하는 상황이 생길 수도 있다.

특별한 교육을 받지도 못했고, 변변한 기술도 없었던 흑인들에게는 별다른 선택의 여지가 없었다. 그들에게는 그동안 하던 일을 계속하는 것이 가장 안전한 길이었다. 그래서 자신들이 일하던 곳으로 돌아갔다. 하지만 그들을 맞은 이전의 주인들에게는 예전처럼 그들을 먹이고 재워 줄 의무가 없었다. 또 그들에게 정당한 노동의 대가를 제공할 이유도 없었다.

결국 흑인들은 이전에는 노예로 부림을 받으며 고생했다면, 이제는 노동력을 착취당하며 살아야 하는 일용직 근로자로 전락한 것이다. 그렇다면 근로자의 현실은 어떤가? 정년이 연장되었다고는 하지만 임금 피크제로 임금 총량을 정해 놓고 근속 기간만 연장해 후배들의 눈총을 받아 가며 무능한 선배로 가늘고 길게 사는 삶을 종용당하고 있는 실정이다.

다시 미국의 과거로 돌아가 보자. 경제적인 보상이 전혀 논의되지 않았던 것은 아니다. 남부에서는 백인 농장주에게서 환원받은 농토를 노예에게 분배토록 하는 법안이 나오기도 했다. 하지만 배분된 필지의 단위가 너무 커서 해방된 노예의 능력으로는 도저히 구매할 길이 없었다. 간혹 해방된 노예에게 주어진 땅이 있더라도 얼마 후 백인들이 빼앗아 버렸다.

근로자의 경우도 약간의 퇴직금이 주어지지만, 번듯한 경쟁력을 갖출 만한 사업체를 소유한다는 것은 쉽지가 않다. 그나마 쌈짓돈을 털어 어렵게 시작한 자영업도 규모의 경제에 밀려 금방 문을 닫고 만다. 이러한 삶에서 벗어나려면 준비를 해야 한다. 노예들도 해방 당시에는 준비가 없어 어렵게 살았지만 그들 중 상당수의 흑인들은 교육을 받고 인텔리로 성장했다. 링컨도 남북전쟁이 끝나는 시점에 이들에게 참정권을 주겠다고 주장하기도 했다.

수많은 이들의 목숨을 잃어 가며 얻어진 노예해방이지만, 무지했던 많은 노예들은 정작 그것을 원하지 않았다. 누군가의 지시로 이루어지는 직장생활에서 일할 수 있는 기간을 정한 정년은 노예해방처럼 복합적인 의미를 담고 있을 수 있다. 정년 제도는 충분히 활동할 수 있음에도 단지 나이가 되었다는 이유로 인위적으로 일할 권리를 제한한다는 점에서 문제가 크다. 하지만 새로운 일자리를 찾는 젊은 세대를 위해서 일자리를 창출하는 역할도 한다. 그리고 은퇴자들로 하여금 이제는 자신만의 삶을 살도록 여유로운 시간을 준다는 측면도 있다.

하지만 많은 은퇴자들이 자유로운 시간이 주어진 것을 좋아하기보다는 경제활동이 중단된 것만 아쉬워한다. 노예해방이나 정년이 개인이 대항할 수 없는 어쩔 수 없는 제도라면 이에 대응할 전략이 필요하지 않겠는가? 누구는 그저 어쩔 수 없는 상황이라며 체념하지만, 다른 누군가는 둘도 없는 기회로 활용한다.

주어진 상황에 관계없이 주인으로 사는 삶을 우리는 주도적인 삶이라 한다. 반면에 근로자로서 누군가에게 종속되어 사는 삶을 대응적인 삶이라 한다. 산업사회에서 모두가 주도적인 삶을 살기란 힘들다. 그러므로 정해진 기간 동안은 어쩔 수 없이 대응적인 삶을 살 수도 있다. 그러나 그 기간이 끝났다고 생각되는 은퇴 이후의 삶에서는 주도적으로 인생을 살 필요가 있다.

대응적으로 사는 사람들의 특징은 무엇인가? 그들은 '내가 취할 방법이 없다', '이게 내가 할 수 있는 전부야', '어쩔 수 없다', '다른 사람도 다 그럴 거야'라고 생각한다. 이러한 생각을 가지고 취하는 행동들은 거의가 다 수동적이고 자신감이 없을 수밖에 없다.

하지만 주도적인 삶을 사는 이들은 어떤가? 똑같은 상황에서 내가 취할 방법이 없다고 하기보다는 "자, 대안을 찾아보자"고 한다. '이게 내가 할 수 있는 전부야'라고 생각하는 대신에 '나는 다른 방법을 선택할 수 있어'라고 자기를 격려한다. '어쩔 수 없다'고 여기는 대신 '다른 방법이 분명히 있을 거야'라고 생각한다. '다른 사람도 다 그럴 거야' 대신 '나는 끝까지 해볼 거야'라고 다짐한다.

결국 대응적인 삶은 타인의 염려와 우려에 민감해져서 정작 자신의 영향력은 축소시키고 종속적인 삶을 사는 것이다. 반면 주도적인 삶을 사는 이들은 타인의 우려와 염려에 크게 반응하지 않는다. 그들은 자신의 의지대로, 자신만의 삶의 방식대로 끊임없이 영향력을 키우며 살아간다. 은퇴 이후의 삶은 자신이 설계한 대로 주도적으로 살아야 한다. 더 이상 남의 눈치를 보지 않는 주인으로 살아야 하는 것이다.

얼마 전 방문했던 케냐의 마사이마라에서 만난 원주민들은 온통 소똥밭 마당으로 둘러싸인 흙집에서 맨발로 지내고 있었다. 하지만 가이드의 말로는 그들의 행복지수는 우리보다 훨씬 높다고 했다. 외부인의 눈치를 보지 않고 자신만의 삶의 방식을 고수하는 그들은 자신의 있는 그대로의 모습을 공개하는 것에 대해 두려움이나 망설임이 전혀 없어 보였다.

지금까지 주변의 눈치를 보며 남과 비교하면서 자신의 행복의 크기를 가늠했다면 이제는 좀 더 자유로워져야 한다. 아내의 잔소리나 자신의 체면 때문에 좋아하는 것들을 미루는 삶에서도 벗어날 필요가 있다. 주도적인 사람들의 삶을 보면 대략 이렇다. 퇴직 후 동문 모임에서 밴드 모임을 만들어 위문공연 다니기, 자기 집 지하실을 개조해 연습실을 만들고 색소폰 배우기, 아내의 반대를 무릅쓰고 주택관리사 시험에 합격해 아파트 관리소장으로 일하기 등등.

이 친구들은 주도적으로 자신의 인생 후반전을 이끌어 가는 사람들이다.

그러나 주도적으로 산다는 것은 그리 간단치가 않다. 시키는 대로 하던 삶, 정해진 범위 안에서만 책임을 지던 삶에서 완전히 벗어나야 한다. 그리고 이제는 모든 것을 스스로 결정해야 하며 그 결과에 대해 온전히 책임져야 한다. 이를 위해서는 무엇을 할지 많은 고민이 필요하다. 특히 우선적으로 자신에게 맞는 은퇴 라이프스타일이 무엇일까 숙고해 보아야 한다.

은퇴 라이프스타일의 유형

재취업 근로자

이 생활을 가장 많이 꿈꾼다. 하지만 이렇게 되기는 쉽지 않다. 설혹 그렇게 됐다 하더라도 남은 은퇴 기간 전부를 그렇게 보내기는 어렵다. 더구나 새롭게 시작한 일은 그전 일보다 보수나 일의 만족도가 더 높기가 쉽지 않다. 본인 입장에서도 은퇴를 했는데 은퇴 전과 같은 근로자가 다시 되었다면 사실 은퇴했다고 말할 수 없는 것이다. 우리는 은퇴를 통해 나만의 삶을 위한 기회를 얻는다. 그런데 이렇게 어려운 근무 환경에서 희생하는 것이 과연 옳은 일인지 잘 생각해 보아야 한다.

그래도 정말로 은퇴 후에 새로운 근로자로서 자신의 역할을 변화시키고 싶은가? 그렇다면 일을 단순하게 급여 중심으로만 생각하지 말고, 일에서 얻을 수 있는 다양한 혜택을 같이 고려하도록 하자.

확실히 사람들은 돈을 벌기 위해 일한다. 그러나 급여 외에 다른 무언가가 전문적으로 하는 그 일 속에 있다. 사람들은 자신의 일에서 대출금 상환금보다 더 많은 것을 얻으려 하는 것이다.

기업 오너

누구나 꿈꾸는 최상의 그림일 수 있다. 그러나 아쉬운 점은 그것이 단지 꿈으로만 끝날 확률이 매우 높다는 것이다. 물론 60세 이후에 창업해서 세계적인 기업으로 성장한 사례들도 있기는 하다. 하지만 그것은 현실성이 매우 떨어진다.

65세에 파산하고 다시 사업을 시작해 세계적인 기업으로 성장시킨 KFC의 할랜드 데이비드 샌더스Harland David Sanders나, 65세에 설립한 캘러웨이 골프용품 회사를 세계적인 기업으로 성장시킨 엘리 켈러웨이 주니어Ely Callaway Jr.가 있기는 하다. 그러나 우리나라에서는 아직 이런 사례를 찾기가 힘들다. 물론 자신이 근무하던 회사에서 나와 동종업계에서 새로운 바람을 일으키고 있는 종합금융판매회사인 에이플러스에셋 같은 회사의 오너는 전 직장을 은퇴하고 새롭게 시작한 사업에서 전 직장과 같은 조건으로 협상이 가능한 규모로 성장했다. IMF 시절 국내 최초로 뮤추얼 펀드를 도입해 국내 최고의 금융회사로 성장시킨 미래에셋금융의 사례도 있기는 하다. 하지만 당시 미래에셋 오너는 40대였다.

대리점주

은퇴자들 중에 가장 안정적인 생활을 영위하고 있는 직업군이다. 그중 독점적인 사업을 하던 기업체나 공공기관의 은퇴자들에게 기업이 특별히 제공하는 대리점이 제일 안정적이다.

특히 공공기관이 운영하는 KGC 인삼공사의 대리점은 대기자가 있을 정도로 인기리에 운영되고 있다. 화장품 회사의 대리점이나 보험사들이 퇴직자들에게 제공하는 대리점 프로그램도 성공 확률이 높다. 물론 대리점을 한다고 모두 안정적이라고 할 수는 없다. 이 경우에도 경영자의 능력이 매우 큰 변수가 될 수 있기 때문이다.

한 지인은 퇴직 후 처음 보험대리점을 시작해서 큰 성공을 거두었다. 엊그제는 자기와 거래하는 보험사의 담당 임원들을 초청해서 1박 2일간 행사한 사진을 SNS에 올렸다. 회사를 다닐 때는 상대하기조차 힘들었던 사람들을 자신의 파트너로 삼고, 이제는 행사 주최자의 입장으로 그들을 초대한 것이다. 특히 행사 참여자 가운데 한 사람은 다니던 회사를 그만두고 은퇴 준비를 하고 있던 차였는데 격려 차원에서 그 사람까지도 초대해서 1박 2일간 리조트에서 골프를 치며 성대한 행사를 치렀다. 이제는 자신이 근무하던 회사에서 찾아와 회사 상품 판매를 많이 해 달라고 부탁하는 상황이니 갑을의 관계가 완전히 뒤바뀐 것이다.

고액 상속자

이렇게 되면 얼마나 좋을까? 거액을 상속받는다는 것은 로또에 당첨된 것과 같을 수 있다. 그런데 로또에 당첨된 사람의 행복지수가 사고로 사지가 절단된 사람들의 행복지수와 비교해 보면, 장기적으로는 사지 절단자의 행복지수가 더 높았다는 연구 결과가 있다. 이는 우리에게 시사하는 바가 크다.

커다란 행운 또는 크나큰 불운을 경험한 사람들이 우리가 생각하는 것보다 자신의 삶을 현저하게 더 행복하거나 더 불행하다고 느끼지 않는다는 것이다. 왜냐하면 급격한 삶의 변화를 겪더라도 결국 그런 삶에 적응을 해야 하기 때문이다.

일정 시간이 지나면 특정한 쾌락의 경험은 일상생활 속에서 그 감흥이 묻혀 버리게 된다. 상속은 불로소득이다. 노년에 불로소득으로 남은 생애를 편안히 지내게 된다면 큰 행운이 될 수 있다. 그러나 이렇게 얻어진 불로소득이 은퇴 후 행복을 보장하지는 않는다. 행복이 보장되지 않더라도 고액 상속자가 되고 싶다고 말하겠지만, 결국 부모가 자산가가 아니면 도저히 성립되지 않는 꿈일 뿐이다.

프랜차이즈 오너

많은 이들이 실제로 은퇴 후 프랜차이즈를 선택한다. 프랜차이즈는 여러 가지 측면에서 창업하기에 좋은 조건들을 가지고 있다.

프랜차이즈 창업의 장점은 다음과 같다.

본사의 시스템

외식업 창업을 하려는 사람 중에는 주방에서 일하며 현장 상황을 잘 파악하고 있는 사람도 있겠지만 그렇지 않은 사람들이 더 많다. 은퇴 후 창업 계획을 세울 때 아무런 정보 없이 무리하게 창업하기보다는 체계화된 시스템과 레시피 등을 갖춘 본사를 통해 프랜차이즈 창업을 하는 것이 폐업률을 낮추는 하나의 방법이 될 수 있다.

창업 본사의 다양한 지원

프랜차이즈 창업 시 본사를 통해 다양한 지원을 받을 수 있다. 창업할 장소에 대한 컨설팅, 창업 자금, 마케팅, 물류 배송 등 독립 창업 시 직접 알아봐야 하는 것들을 지원받을 수 있다.

재료비 원가 절감

프랜차이즈 창업의 장점은 대량 구매에 따른 원가 절감 효과이다. 독립 창업 시에는 재료를 대량으로 구매하기 어렵다 보니 재료비가 많이 나갈 수밖에 없고, 재료를 어디서 구해야 할지 많은 조사가 필요하다. 하지만 프랜차이즈 창업을 하면 본사를 통해 원재료를 보다 저렴하게 구매할 수 있다.

브랜드 파워

특정 음식을 떠올리면 같이 생각나는 브랜드가 있다. 이러한 브랜드 파워는 매출에 큰 도움이 된다. 독립 점포는 이러한 인지도가 생기는 데 상당한 노력과 시간이 필요하기 때문에 이미 경쟁력과 인지도를 갖춘 프랜차이즈 창업을 하는 것이 좋을 수 있다.

프랜차이즈 창업의 단점도 꼭 살펴보아야 한다.

창업 비용

프랜차이즈 창업의 대표적인 단점은 독립 창업에 비해 비용이 많이 든다는 것이다. 본사의 경영 노하우를 교육받고 본사의 상품을 판매하는 대신, 가맹비와 로열티 등 금전적인 대가를 지불해야 하기 때문이다. 그래서 개인이 하는 독립 점포에 비하면 돌아오는 마진이 적다.

가맹 계약 기간

프랜차이즈는 보통 계약 기간이 2~3년이다. 계약 기간에는 가맹점이 매출이 나지 않아도 매장을 운영해야 한다. 매출이 나지 않는데 매장을 운영해야 된다면 적자가 더욱 커질 수밖에 없다.

최근 프랜차이즈 매장 난립

프랜차이즈 아이템이 조금 인기가 있다 싶으면 유사 프랜차이즈가 난립한다. 또 같은 가맹점끼리도 생존 경쟁을 벌여야 하는 경우가 늘고 있다. 그러므로 인기 있는 아이템이라고 무작정 시작하기보다는 프랜차이즈 업체의 점포별 매출과 폐점률 등을 꼼꼼히 따져봐야 한다.

호화 은퇴생활자

매일의 생활이 호텔 수준이고, 1년의 절반 이상은 해외여행으로 보내며, 이를 SNS에 실시간으로 중계한다. 가끔은 가든파티도 열고, 크리스마스와 신년맞이 행사는 크루즈에서 연다. 많은 모임에서 회장을 맡아 동창회를 주도하고, 사업은 전문 경영인이나 자녀들에게 물려주고 자신은 그저 즐기기만 하는 삶을 사는 것이다.

실제로 이런 사람이 있다. 같은 회사에 2년 선배로 회사 생활하는 동안에도 번뜩이는 아이디어로 프로젝트를 주도하고, 대리 시절에는 우리나라 금융업계에서 새로운 시도라 할 수 있는 신용보증 담보 대출제도를 도입해 회사 전 직원이 한동안 이 일에만 전념해야 할 정도로 큰 성과를 내기도 했다. 한창 붐이 일던 주택조합사업도 몇 개의 회사와 합동으로 진행해 조합장을 맡아 그 역량을 보이기도 했다.

그 후 이른 나이에 회사를 나와 자신이 잘하던 투·융자사업에 관여하는 자회사에서 경력을 쌓은 후 자신이 직접 신탁회사를 설립해서 전문 경영인에게 회사를 맡기고 자신은 이사회 의장으로 활동하면서 동기 회장이나 모임 회장을 하며 틈나는 대로 골프장 라운딩 사진을 올리기도 한다.

그런데 이 선배가 주도하는 모임에 참석한 이들 중 상당수가 이 선배의 독단 때문에 거부감을 갖는다는 사실을 본인은 모르고 있는 걸 보면 이런 삶이 꼭 좋다고 말할 수는 없을 것 같다. 그리고 많은 이들이 이런 은퇴 생활을 꿈꾸지만 현실적으로 그렇게 되기란 쉽지 않다. 우선 경제적인 기반을 갖추어야 한다. 설혹 경제적으로 조건이 갖추어졌다고 해도 이런 생활로 접어들기도 쉽지 않다.

모임 중에 PGA라는 모임이 있다. 회원은 16명이고 회원들의 평균 연령은 60대 후반, 인당 평균 자산도 몇 십억은 넘는 모임이다. PGA는 원래 Professional Golfers' Association의 약자로 남자 골프선수들의 협회를 말하는데, 요즘은 이 말이 다른 의미로 사용되고 있다. 평일 골프 치는 아저씨들의 모임 혹은 평일 골프 애니타임 애니웨어라는 의미로도 사용된다. 직장생활을 하는 동안 감히 상상할 수 없었던 평일 골프를 마음대로 칠 수 있는 은퇴자들을 빗댄 용어로 쓰이고 있는 것이다.

그런데 우리 모임의 PGA는 그런 뜻은 아니고 Photo, Golf, Alcohol의 약자로 사진과 골프와 술을 좋아하는 모임이라는 뜻이다. 모임이 만들어진 지 10년이 넘었는데 초기에는 기업체의 CEO나 임원이었던 회원들이 지금은 많이 퇴직했다. 회사의 오너이거나 지분을 많이 가진 임원 몇 사람만 아직까지 현직에 있다.

그런데 모임의 인당 평균 자산 액수를 높이는 데 결정적인 기여를 한 자기 회사를 운영 중인 한 회원은 자기가 설립한 회사를 IMF를 거치면서 급성장시켜 코스닥에 상장해 큰 차익을 남기기도 했다. 그 이후 자식들이 어려 친인척 중에 적격자를 물색해서 전문 경영인으로 맡기고 자신은 새로운 투자처를 찾는 일을 하고 있었다. 그런데 전문 경영인의 경영 능력이 영 미덥지 못해 결국은 자신이 다시 그 회사를 맡을 수밖에 없게 되었다. 우리 모임이 한 달에 한 번 정기적으로 사진 출사와 골프 행사를 갖는데, 그 모임에도 자주 나오지 못한다. 특히 1년에 한 번 정도 나가는 해외 출사는 아예 엄두도 내지 못한다.

그는 입버릇처럼 이 모임에서 가장 부러운 사람이 나라고 말한다. 어디에 크게 얽매이지 않고 자기가 하고 싶은 일들을 거침없이 하기 때문이란다. 자신은 단 하루도 자리를 비우기가 힘들다면서 내 주업이라 할 수 있는 주막과 양조장 문을 닫고 여행을 떠날 수 있는 것이 정말 부럽다고 했다.

냉정하게 생각해 보면 회원들의 평균 자산을 높이는 데 가장 기여한 사람이 평균 자산을 낮추는 데 가장 큰 영향을 미친 사람을 부러워 한다는 것이 이해하기 힘든 일일 수도 있다. 잃을 것과 가진 것만을 기준으로 판단해 보면 내가 해외 출사를 통해 잃을 것은 여행 경비와 주막과 양조장의 매출액 정도다. 하지만 그 사람은 며칠만 자리를 비워도 엄청난 피해를 볼 수 있다. 피해가 막대할지 아닐지는 좀더 생각해 봐야겠지만 그 사람 입장에서는 꼭 그럴 것 같다고 생각하는 것이다. 이는 결국 호화로운 은퇴생활이라는 것이 단지 경제적인 조건만으로 결정되는 것은 아님을 보여 준다.

시간이 자유로운 나 또한 은퇴생활을 넉넉히 즐길 수 있을 것 같지만 그런 생활은 오래 지속되기 어렵다. 그런 삶을 뒷받침할 만한 경제적인 여유가 없기 때문이다.

실버타운 입주자

많은 은퇴자들이 실버타운 입주를 희망한다. 비슷한 처지의 사람들이 모여서 생활하고, 특히 이들만의 라이프스타일이 고려된 여러 가지 편의 시설이 갖추어져 있어 은퇴자들에게 특화된 주거 환경이기도 하다.

하지만 여기에서 지내는 것도 여러 가지 고려할 사항들이 있다. 우선 입주 비용이 해결되어야 한다. 실버타운은 다양하다. 입주비를 내면 모든 것을 해결해 주는 곳도 있고, 일부 금액은 실비로 요구하는 곳도 있다. 또 도심 한가운데서 호화로운 시설을 갖추고 한 건물 안에서 모든 것이 해결되는 복합 주거공간 식이 있고, 한적한 시골에 공기 좋고 경치 좋은 곳에 세워진 실버타운도 있다.

비슷한 수준의 노인들이 모여서 똑같은 생활을 반복하는 것이 싫다는 사람들도 있다. 실버타운이 최초로 만들어진 미국의 선시티에서도 유사한 일이 벌어졌다. 1960년 애리조나의 목화밭 자리에 세계 최초로 대단위로 지어진 실버타운인 선시티는 연금을 받으며 퇴직한 중년층에게 폭발적인 인기를 얻어 가장 빠른 시간 안에 성장한 도시로 기억되고 있다.

그런데 초기 선시티의 이러한 성장세를 보고 정말 입주자들도 그만큼 만족하고 있는지 확인하기 위해 한 기자가 잠입취재한 적이 있다. 실상을 보니 이른 아침부터 저녁 늦게까지 빡빡한 일정 속에서 지내고 있었다. 입주 노인들에게 왜 그렇게 바쁘게 지내는지 물었더니 다른 입주자들이 다들 그렇게 지내고 있어서 단 한순간도 한가로이 보낼 수 없다는 것이었다. 그래서 경쟁적으로 스케줄을 짜고 활동한다는 것이었다. 성취감보다는 경쟁심이 앞서서 서로들 바빴던 것이다.

우리나라에서도 사실 이와 다르지 않은 일들이 일어나고 있다. 가장 입주금이 비싼 실버타운으로 알려진, 도심 한가운데에서 제한된 가구 수만을 입주시켜 운영 중인 실버타운이 있다. 이곳에서 정말 바쁘게 운동복 차림으로 이동하고 있는 노인들을 보았다. 엘리베이터에는 그 주에 누군가가 스폰서로 진행하는 것으로 정원 몇 명에 여행지가 어디이고 몇 시에 출발하는지 등을 알려주는 여행 안내문이 붙어 있었다.

돛대 부러진 표류선의 선장

매일의 삶이 어둠 속 방황이다. 아무도 이 사람을 도울 수 없다. 작은 일에도 짜증을 내고, 가까이 오는 사람에게는 날카로운 발톱을 드러낸다. 거의 원망과 증오로 가득 차 있다. 시간이 지나면서 차차 의욕을 상실하고, 사람을 피하고, 외출하기를 두려워한다. 중독에 빠질 가능성이 크다. 이러한 사람의 인생은 그야말로 돛대가 부러져 표류 중인 배에 타고 있는 것과 마찬가지다.

한 지인은 외국 주재원으로 파견돼 가족들이 함께 갔고, 일하는 사람을 두고 외국에서 흔히 말하는 황제 같은 삶을 살았다. 현지 업무가 종료되면서 국내 본사 권력 다툼에서 밀린 지인은 귀국 후 얼마 지나지 않아 회사를 나왔고 자기 사업을 시작했다. 하지만 의욕만 앞선 도전이었고 얼마 지나지 않아 새로운 사업은 문을 닫았다.

이후 두문불출하며 인터넷 카페 운영에만 골몰한 채 가장의 임무는 포기해 버렸다. 졸지에 가족의 생계를 책임지게 된 아내로부터 이혼당하고 결국은 연로한 어머니와 같이 골방에서 지내고 있다.

탑골공원 상근자

탑골공원은 서울 실버벨트의 중심지다. 노인들을 위해 저렴한 가격으로 서비스를 제공하는 여러 시설들이 모여 있다. 가까운 거리에서는 무료로 점심식사를 제공해 준다. 노인들이 즐길 수 있는 공간이 마련되어 있는 종로복지센터도 있고, 길 건너편 콜라텍이 있는 국일관과 바로 위쪽에 종로3가 종묘공원 등도 있어서 서울 시내에서 노인들이 가장 많이 모이는 장소가 되었다.

그곳에는 정말 다양한 노인들이 모인다. 학벌 좋고 경제적 또는 사회적으로 성공했던 사람부터 일용직 경험자까지 가지각색이다. 그러나 이제는 단지 할 일 없고 갈 곳 없는 노인이라는 공통점으로 이곳에 모인다. 서울에 사는 노인들만 모이는 것은 아니다. 서울 근교 전철이 닿는 의정부나 동두천, 수원 멀게는 천안에서도 온다. 이들의 하루는 너무나 단조롭다.

주변에서 제공하는 무료 급식으로 점심을 해결하고 그나마 소주 한 병 값이라도 생긴 노인들이 주도해서 신문지를 깔아 놓고 강소주를 마신다. 장기나 바둑을 두기도 한다. 그러면 주변에는 훈수꾼들이 빙 둘러선다.

주변에 지자체에서 운영하는 복지관들이 있다. 여러 가지 동호회와 교양강좌들이 진행된다. 이곳에서 진행하는 모든 강좌를 두루 섭

렵하는 노인들도 있다. 문 여는 시간에 맞춰 출근했다가 복지관 직원들이 퇴근하는 시간에 그들과 같이 퇴근한다. 거기서 만난 동료가 가장 친한 사이이다.

독특한 나만의 라이프스타일(욜로)

욜로족, 욜로라이프라는 말이 유행이다. 욜로는 You Only Live Once의 줄임말로, 한 번뿐인 인생이라는 뜻이다.

욜로는 카르페 디엠carpe diem, 현재를 즐겨라과 같이 삶의 철학이자 태도라고 볼 수 있다. 지금을 즐긴다면서 단순히 충동적으로 소비하고 생활하는 것이 아니라, 후회 없는 삶을 살기 위해 지금 자신의 인생에 충실하겠다는 것이다.

캐나다 출신 가수 드레이크의 노래 한 소절에서 따온 표현이라고 한다. 오바마 미국 대통령이 건강보험 개혁안인 오바마 케어를 홍보하기 위한 동영상에서 'YOLO'를 말하면서 더욱 유명해졌다.

가진 것에 상관없이 현재를 충실하게 산다는 의미를 내포한 이 욜로는 여러 가지로 어려운 젊은 세대들의 라이프스타일을 뜻하기도 한다. 그런데 요즘은 이 같은 욜로 라이프를 즐기는 노인들이 실제로 늘고 있다.

'쓰죽족'이 바로 노인 욜로 라이프 족이다. 쓰죽회란 '자식에게 재산을 물려주지 말자'를 모토로 한, 황혼의 나이에 다다른 사람들의 모임이다. 쓰죽회는 '남은 삶 아끼지 말고 다 쓰고 죽자'라는 말의 줄임말이다. 이들은 재산을 자식들에게 물려주지 않고 은퇴 후 여유 있는 삶을 즐기다가 남은 재산은 모두 사회에 환원하기로 결정했다. 평소 해 오지 못했던 것들을 하면서 삶을 여유롭게 즐기는 것이 목표이다. 쓰죽회 회원들은 함께 해외여행을 떠나기도 하고 운동, 공부, 봉사활동 등 다양한 일을 하면서 삶을 즐긴다.

재산 분할을 둘러싸고 자식들 간에 분쟁이 커져 가는 사회 분위기 속에서 오히려 자녀의 자발적인 독립을 위해 이러한 모임에 가입하는 사람들이 많아지고 있다. 이들은 주택연금을 최대한 활용한다. '가진 재산 중 집 한 채는 자식들에게 물려주어야 한다'에서 이제는 '자식들에게 민폐 끼치지 않는 부모가 더 멋진 부모다'라고 생각이 바뀌어서 주택을 담보로 자신들의 노후를 즐기는 것이다.

2017년 상반기 주택연금 가입자 수가 역대 최고치를 기록했다. 주택연금은 만 60세 이상 고령자가 자신이 소유한 주택을 담보로 매달 노후 생활 자금을 받는 역모기지론이다. 주택금융공사는 2017년 상반기 주택연금에 5942명이 가입해 지난해 같은 기간(5317명)보다 가입자가 11.8% 늘었다고 밝혔다. 이로써 2017년 6월 말까지 주택연금 누적 가입자 수는 4만 5371명을 기록했다.

최근 3년간 상반기 기준 주택연금 가입자 수는 지속적으로 증가하고 있다. 2015년 3065명, 2016년 5317명, 2017년 5942명으로 점점 증가 추세다. 증가 속도도 점점 빨라지고 있다. 주택연금 시행 후 첫 1만 번째 가입자가 나오기까지는 5년여 시간이 걸렸으나, 3만에서 4만으로 가입자가 느는 데는 11개월밖에 걸리지 않았다.

주택연금 출시 이후 2017년 6월 말까지의 주택연금 이용 현황을 보면, 가입자의 평균 연령은 만 71.8세였으며 70대 가입자가 47.3%로 가장 많았다. 60대가 36.5%로 그 뒤를 이었다.

주택연금을 받아 해외여행을 다니는 동호회도 있고, 여러 가지 취미활동을 하는 동호회도 있다. 이들의 슬로건은 공통적으로 '쓰죽'이다. 한 번뿐인 인생 아끼기만 하고 빈곤에 찌들어 사는 것보다는, 호화롭지는 않지만 자신이 하고 싶은 것들을 하며 즐겁게 사는 욜로족의 삶이다. 이러한 새로운 삶의 방식에 대해 은퇴자들이 한번은 검토해 보아야 하지 않을까?

Five years before Retirement

— 에필로그 —

상상하고
설계하고
실현하라

은퇴준비란 노년기에 필요로 하는 자원을 미리 준비하는 것이다. 즉 행복한 은퇴생활을 하기 위해 계획을 짜고 그대로 실행에 옮기는 과정으로 정의할 수 있다. 또한 은퇴준비란 노년기에 발생할 가능성이 있는 다양한 문제에 대비하기 위해 구체적이고 체계적으로 계획을 수립하고 실천하는 것을 말한다.

노년기에 접어들면 자신의 삶을 의미 있게 마무리해야겠다는 과제를 안게 된다. 은퇴를 대비한다는 것은 노년기의 생활을 만족스럽게 영위하기 위한 것이다. 즉 노년기의 삶의 질을 향상시키기 위한 것이다.

은퇴를 맞게 되는 중년기는 사회에 대한 영향력이 최고조에 이르고, 동시에 노화로 인한 생물학적 변화도 느끼는 때이다. 보통 자녀

양육과 교육에 대한 책임을 마친 후 은퇴 준비를 하게 된다. 중년기는 은퇴에 대비할 중요한 시기인데, 이때 충분한 준비 없이 은퇴를 맞게 되면 사회활동 중단, 가정경제 문제, 가정 내 지위 하락 등의 문제가 야기된다. 은퇴준비는 경제생활, 건강생활, 여가생활, 가족생활, 주거생활 차원으로 나누어 볼 수 있다.

은퇴의 긍정적인 측면을 보면 사회적으로 가지고 있던 무거운 책임, 의무, 역할에서 오는 스트레스로부터 자유로워질 수 있다는 것이다. 또한 개인이 그동안 가지지 못했던 자아성찰의 시간과 새로운 삶을 시작할 수 있는 도전의 기회가 될 수 있다. 은퇴 후의 시간적 여유는 잃어버린 신체적, 정신적 건강을 되찾을 수 있는 기회가 될 수도 있다.

은퇴의 부정적인 측면을 보면 한 개인과 가정이 직업을 통해 그동안 가지고 있던 사회적 지위와 경제적 안정을 더 이상 유지할 수 없다는 것이다. 자세히 말하면 첫째, 경제적인 수입원의 감소로 인해 소비생활이 위축되는 등 경제적 어려움에 처할 수 있다. 둘째, 사회적 지위와 인정, 유대관계의 상실로 자존심과 사기가 저하되고 외로움과 소외감을 느낄 수 있다. 셋째, 사회적 역할 상실로 인해 자아정체성과 자기효능감을 상실하게 된다. 또한 타의에 의해 은퇴하게 된 것이라면 사회에 대해 부정적인 시각을 갖게 되고 은퇴 이후의 삶에 잘 적응하지 못하는 경향이 있다.

은퇴생활을 행복하게 영위하기 위한 은퇴준비를 하는 과정을 은퇴설계라 한다. 은퇴설계 과정을 건축물을 건축하는 과정과 비교해 생각해 보자. 건물을 세우는 데는 정형화된 프로세스가 있다. 먼저 어떤 건물을 지을지 상상하고 그 상상을 설계도에 표시해 설계도대로 시공하는 것이다. 물론 다른 사소한 차이는 있을 수 있겠지만 크게 보면 이 프로세스대로 건축이 이루어진다.

건축물은 정말 다양하다. 쌍둥이 빌딩처럼 같은 건물도 있지만 대부분의 건물들은 용도에 따라 각각의 다양성과 독특성을 가지고 있다. 건축물의 이런 다양함은 건축 과정의 프로세스 중 어떤 요소가 가장 큰 영향을 미쳤을까? 분명히 첫 단계인 상상의 영역이 가장 큰 영향을 미쳤을 것이다. 상상한 대로 설계하고, 설계한 대로 시공했다면 분명 상상이 가장 큰 영향을 미쳤다고 볼 수밖에 없다.

프랑스에 롱샹이라는 성당이 있다. 이 성당의 설계자인 르 꼬르뷔지에는 20세기 전반에 활동한 프랑스 건축가로서 20세기 최고의 거장으로 추앙받고 있다. 그는 현대건축의 새로운 세계를 열었고, 전 세계를 무대로 수많은 훌륭한 작품들을 남겼으며, 지금까지도 현대건축에 엄청난 영향을 끼치고 있다. 그가 세상을 떠나기 10년 전에 완성된, 그리고 20세기 건축사에 엄청난 반향을 일으킨 이 성당은 그의 수많은 작품들 중에서도 가장 훌륭하고 감동적인 건물로서 현대건축의 최고의 걸작으로 평가되며, 지금도 세계의 모든 건축가들이 반드시 가 봐야 하는 작품으로 손꼽힌다. 지금도 신앙의 순례자들뿐만 아니라 수많은 건축의 순례자들의 발걸음을 모으고 있으니 훌륭한 작품은 결코 시대의 유행을 타지 않고 영원히 아름답게 존재할 수 있음을 보여 주는 대표적인 작품인 셈이다.

그런데 이 건물 건축 과정이, 스케치 단계부터 완성 단계까지 자료들이 남아 있다. 이를 보면 훌륭한 건축물을 구축하는 프로세스를 이해할 수 있다. 우선 설계를 위한 상상의 영역을 살펴보자. 아이디어를 구현하는 스케치도는 뛰어난 관찰력으로 원하는 조형물의 공통적인 요소를 찾아내는 과정을 보여 준다. 특히 우리 주변에서 누구나 볼 수 있는 아주 평범한 사물에서 건물 설계에 필요한 특별한 아이디어를 찾아내는 탁월한 능력을 보여 준다.

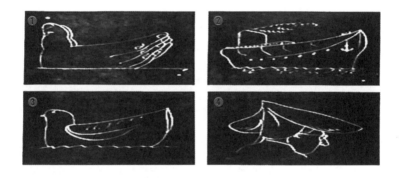

　　1번 스케치는 두 손바닥을 모으고 있는 모습이고, 2번은 증기 기선이다. 3번은 오리, 4번은 모자 쓴 사람이다. 이것들에서 건축가는 롱샹의 내부 모습을 상상하고 아이디어를 얻는다. 이렇게 평범한 스케치를 통해서 기둥도 없으며, 빛의 예술을 표현했다고 하는 건물 내부의 설계도가 만들어졌다.

　　행복한 은퇴생활을 위한 은퇴설계도 마찬가지다. 특별하고 이상한 것을 통해서 얻어지는 것이 아니다. 주변의 보통 사람들로부터 사소한 작은 행복의 요소들을 찾아내 자신만의 삶에 필요한 요소로 결합하는 상상력이 필요한 것이다.

사람은 실제 사실에 의해서가 아니라 그 사람이 마음속으로 사실이라고 믿는 상像에 따라 행동하고 느낀다. 우리가 행동하거나 행동하지 않는 것은 우리가 흔히 생각하듯이 의지 때문이 아니라 상상 때문이다. 그래서 그 상상을 기초로 설계를 한다. 건축 설계를 할 때 많은 건축주들이 오해하는 것 중에 하나가 '설계란 도면을 작성하는 작업'이라는 것이고, 다른 하나는 '설계란 건축허가를 받기 위한 한 과정일 뿐'이라는 것이다. 이는 건축 설계라는 분야의 극히 일부분만을 고려해 설계를 단순히 기능적으로만 인식한 결과이다.

건축이 갖춰야 할 3대 요소가 아름다움, 안전함(튼튼함), 그리고 편리성(기능)이라고 한다. 그런데 건축의 이 핵심 요소는 기본 설계 단계에서 결정된다. 형태와 재료 등 건축에 대한 거의 모든 사항이 기본 설계 단계에서 결정되는 것이다.

은퇴설계에 건축의 3대 요소를 접목해 보자. 아름다움은 우리가 행복한 모습이어야 함을 의미할 것이다. 안전함은 은퇴생활이 체계적이고 경제적이며, 심리적으로 만족스럽도록 구성되어야 함을 뜻할 것이다. 편리성은 자주적이고 개별적인 자신만의 특성이 고려되어야 함을 의미한다.

그런데 은퇴설계를 할 때는 은퇴 이후 삶에 대한 자신만의 꿈이 반영되어 있어야 한다. 기능적이고 안전하지만 아름답지 못하다면 이것 역시 아쉬움이 남는 설계다. 은퇴생활이 아름답게 보이게 한다면서 멋진 보석들로 치장한다면 어떨까?

인생의 보석은 여가이다. 은퇴생활 전부를 여가로 채울 수는 없지만 온통 일로만 채워져 있던 은퇴 전과 달리 여백의 미가 가미된 은퇴설계가 필요하다. 그래서 여유가 된다면 해외여행, 그렇지 못하다면 여건에 맞게 가까운 곳이라도 떠나도록 해 일상을 벗어나 새로운 경험을 할 수 있도록 설계해야 한다.

건축 설계로 돌아가 보자. 설계도를 기초로 장인들이 모여 시공을 한다. 최대한 설계도에 맞게 설계자의 의도대로 시공이 되도록 한다. 그 결과 '작품'이 완성된다. 롱샹 성당의 건축 과정을 참고해서 우리의 인생 후반전을 건축한다면 큰 도움이 될 것이다.

누구나 행복한 은퇴생활을 꿈꾼다. 행복한 은퇴생활을 영위하기 위해서는 자신만의 독특한 은퇴생활을 상상하고 설계하고 시공해야 한다. 한데 정작 은퇴를 앞둔 많은 이들은 상상은 적게 하고 설계는 거의 하지 않으면서 시공에만 관심이 있다. 이는 마치 자신이 살고 싶은 건물을 백지에 그려 보라고 하면 대부분 지붕부터 스케치하고 벽체를 세우는 것과 비슷하다. 기초를 다지고 기둥을 세우고 벽체를 만들면서 지붕을 올리는 것이 건물을 건축하는 너무나도 당연한 순서 아니겠는가? 그런데도 허공에 지붕을 그려 놓고 집을 지으려고 한다.

우리 은퇴설계도 이와 다르지 않다. 가장 중요한 상상을 적게 하고 시공에만 관심을 갖는 오류를 범하는 것이다.

르 꼬르뷔지에가 손바닥과 오리를 보고 롱샹의 내부 설계 아이디어를 찾아냈듯이, 성공적인 은퇴생활을 영위하는 이들을 통해 자신만의 은퇴에 도움이 되는 아이디어를 얻어 자기 나름대로 상상해 보

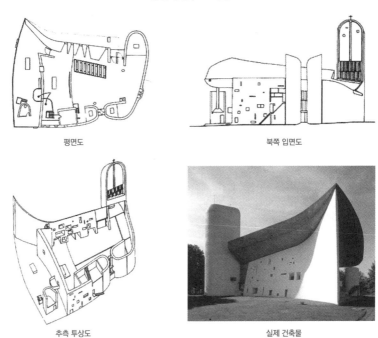

롱샹 성당(1955년)

평면도

북쪽 입면도

추측 투상도

실제 건축물

자. 행복으로 가득 찬 자신만의 은퇴생활을 상상하고 그것을 설계하자. 그리고 그대로 실현될 수 있도록 행동으로 옮기자.

선명한 꿈이 은퇴 후 삶의 성공률을 높인다

꿈은 삶에 불꽃을 일으키며 활력을 준다. 꿈이 있는 사람은 다른 사람들에게는 환상으로 느껴지는 것을 실제처럼 상상한다. 알람시계를 던져 버리고 깊은 숲속에 통나무집을 짓기도 하고 세계일주 여행을 떠나기도 한다.

에필로그 311

어렸을 때 우리는 대부분 어른이 되면 특별한 곳을 여행하고 훌륭한 일을 하고 있을 것이라고 진실로 믿는다. 하지만 커 가는 동안에 겪는 실수와 시련이 우리의 꿈을 뿌리째 흔들어 버린다. 물론 실제 꿈을 놓친 것은 나 자신이다.

그러나 우리는 꿈을 잃은 채 살아갈 수 없다. 그만큼 우울하고 절망적인 삶이 어디 있겠는가? 그러므로 그게 무엇이든 우리는 꿈을 꾸어야 한다. 은퇴 후의 꿈과 그 꿈을 이룰 목표를 써 보자. 은퇴생활의 성공 확률은 꿈이 명확할수록 더 높아진다.

은퇴목표 세우기

꿈과 목표는 바늘과 실과 같은 존재이다. 목표는 꿈에 시간을 부여하면 된다. 무언가를 하고 싶다는 것은 그 사람의 꿈이다. 그런데 그것을 언제까지 하겠다고 하면 그것은 꿈에서 목표로 바뀐다.

꿈은 돈이 들지 않는다. 꿈 부자가 되자. 그리고 그 꿈을 목표로 바꾸고 목표를 이루기 위해서 노력하자. 그러면 금전적인 부자보다 행복한 은퇴생활에 더 빨리 도달할 수 있다.

은퇴목표는 사회초년생일 때 혹은 더 어린 시절 인생 목표를 세운 것과 크게 다르지 않다. 우리는 어느 학교를 가고, 무슨 직업을 갖고, 언제 어디까지 승진할지 목표를 세운다. 은퇴목표도 그렇게 세우면 된다.

그런데 대부분의 사람들이 은퇴목표를 그렇게 세우지 않는다. 대부분은 계획 자체가 없다. 그리고 그나마 생각한 계획도 살펴보면 허술하기 짝이 없다.

은퇴목표는 연령대별로 입체적으로 세워야 한다. 은퇴생활은 활동의 시기, 회상의 시기, 간호의 시기로 나눌 수 있다. 각각의 시기를 언제까지, 어디서 할지 고려해야 한다. 물론 건강하게 생을 마칠 수도 있지만, 그보다는 보편적인 관점에서 노년의 삶이 검토되고 계획되어야 하는 것이다.

상상을 해야 한다. 노년의 삶의 모습에 대해서 어디서, 어떻게, 누구와, 무엇을 하면서 지낼지 많이 상상해야 한다. 지나치게 긍정적인 면만 고려하다 보면 위험 요소들이 방치될 수 있다. 잠재적인 위험도 고려해서 자신만의 은퇴생활을 상상하고 이를 설계해 보자. 이를 위한 한 방법이 묘비명에 대해 생각해 보는 것이다. 묘비명은 한 사람의 인생을 요약한 글이 될 수 있다. 너무 철학적인 이야기가 될 수도 있지만 묘비명에 무엇을 쓸 것인지가 인생의 목표가 될 수 있다면 은퇴목표는 좀 더 쉽게 찾을 수 있을 것이다.

인생을 성인이 된 이후를 기준으로 본다면 직장생활을 하는 동안과 은퇴생활 기간으로 나눌 수 있다. 누군가는 인생 전반부인 직장생활만으로 자신의 삶을 정의하기도 하고, 누군가는 직장생활에 이어지는 인생 후반부의 삶을 합쳐 자신의 인생을 정의하기도 한다. 하지만 자신만의 특별한 인생으로 차별화가 가능한 시기는 자신만의 생활 설계가 가능한 은퇴 이후의 삶이 될 가능성이 크다. 직장생활을 하는 사람들은 대부분 삶의 모습이 비슷하지 않은가?

가족의 생계와 출세를 위해 생활했던 은퇴 전과는 달리 자신이 원하는 자신만의 삶을 살 수 있는 절호의 기회가 은퇴 이후의 삶이다.

또한 은퇴 후의 삶은 은퇴 전과는 조건 자체가 판이하다. 은퇴 전에는 부모님이나 가족에게서 영향을 많이 받았고, 사회적인 추세나 직장 내 경력 개발 등에 의해 어느 정도 밑그림이 흐릿하게라도 그려져 있었다. 그러나 은퇴 후의 삶은 완전 백지 상태다. 은퇴 전은 직장과 직업 중심으로 그리고 직책에 따라 구분되는 삶이었지만, 은퇴 후는 좀 더 철학적인 관점에서 개인차를 만들 수 있는 삶이다.

은퇴 후의 그림을 그린다면 무엇을 그릴지를 먼저 결정해야 한다. 추상화인지 정물화인지, 수채화인지 수묵화인지 결정한 후에 그림을 그려야 한다. 그렇지 않고 산도 그리고, 사람도 그리고, 바다도 그리고, 차도 그리고, 그저 마음 가는 대로 물감을 쓰다가 페인트를 쓰다가 먹물을 뿌리기도 하고 펜으로 그리다가 연필로 그리다가 붓으로 그린다면 어떨까? 누구도 이해하지 못하는 난해한 낙서장이나 쓰레기가 되고 말 것이다.

당신은 은퇴를 맞을 준비를 하고 있는가? 은퇴를 자신의 가치를 실현시킬 의미 있는 삶으로 전환할 기회로 삼기를 바란다. 미리 준비해서 자신 있게 은퇴하고, 은퇴 후 삶도 사랑스럽고 아름답게 꾸며 나가기 바란다.

Five years
before retirement

은퇴 5년 전에
꼭 해야할 것들

초판 1쇄 발행 2018년 4월 20일
초판 3쇄 발행 2019년 11월 30일

지은이 | 전기보
펴낸이 | 박수길
펴낸곳 | ㈜도서출판 미래지식
디자인 | 플러스

주 소 | 경기도 고양시 덕양구 통일로 140 삼송테크노밸리 A동 3층 333호
전 화 | 02-389-0152
팩 스 | 02-389-0156
홈페이지 | www.miraejisig.co.kr
전자우편 | miraejisig@naver.com
등록번호 | 제 2018-000205호

ISBN | 979-11-90107-47-1 13320

이 도서의 국립중앙도서관 출판예정도서목록(CIP)은 서지정보유통지원시스템 홈페이지(http://seoji.nl.go.kr)와
국가자료종합목록 구축시스템(http://kolis-net.nl.go.kr)에서 이용하실 수 있습니다.
(CIP제어번호 : CIP2019044107)

미래지식은 좋은 원고와 책에 관한 빛나는 아이디어를 기다립니다.
이메일(miraejisig@naver.com)로 간단한 개요와 연락처 등을 보내주시면
정성으로 고견을 참고하겠습니다. 많은 응모 바랍니다.